西方大国崛起的文化再生机制

汤正翔 著

海洋出版社

2019年·北京

图书在版编目（CIP）数据

西方大国崛起的文化再生机制/汤正翔著.—北京：海洋出版社，2018.11
ISBN 978-7-5210-0231-7

Ⅰ.①西⋯　Ⅱ.①汤⋯　Ⅲ.①文化事业-研究-西方国家　Ⅳ.①G11

中国版本图书馆 CIP 数据核字（2018）第 246125 号

责任编辑：高显刚　张　欣

责任印制：赵麟苏

海洋出版社 出版发行

http：//www.oceanpress.com.cn

北京市海淀区大慧寺路 8 号　邮编：100081

北京朝阳印刷厂有限责任公司印刷　　新华书店发行所经销

2019 年 5 月第 1 版　2019 年 5 月北京第 1 次印刷

开本：787mm×1092mm　1/16　印张：17.5

字数：230 千字　定价：68.00 元

发行部：62132549　邮购部：68038093　总编室：62114335

海洋版图书印、装错误可随时退换

谨以此书献于

上学总共两年半却能升至五年级的父亲大人汤汉荣
和从未上过学却身体力行儒、道、释三种价值观近八十载的母亲大人薛颜香
以及他/她们坚持把四个子女送进学校直至分配工作的那个渐行渐远的温饱时代

——作者

此书系
浙江省哲学社会科学规划课题"大国崛起的文化再生机制研究"（15NDJC246YB）和
浙江越秀外国语学院首批科研启动项目"大国崛起的文化兼容机制研究"（QA002）的
研究成果。
此书出版得到浙江越秀外国语学院出版基金资助。

目录

001	引　言	
001	第一章	西方大国原型初始值——维京海洋商业文化实体
027	第二章	维京文化植入与不列颠民族国家生成
053	第三章	维京诺曼文化植入与法兰西民族文化再生
075	第四章	维京瓦良格东扩与俄罗斯民族文化生成
104	第五章	维京扩张与荷兰、葡萄牙和西班牙生成崛起的关联机制
132	第六章	维京诺曼文化引领地中海文明商业化和世俗化进程
158	第七章	维京扩张与德意志民族国家原型生成机制
179	第八章	欧洲强势民族国家原型的文化再生机制
204	第九章	维京文化在弥散泛化过程中主导欧洲地缘文化演变
231	总结论	西方大国崛起的文化再生机制

引 言

1. "西方大国"概念的界定和大国崛起原因的探讨

"西方大国"特指1500年以后依次崛起的、具有全球投射力的九个现代大国：意大利、葡萄牙、西班牙、荷兰、英国、法国、德国、俄罗斯/苏联和美国。日本科技史学家汤浅光朝《科学文化史年表·解说》和中国学者赵红洲依据一国科技生产成果占同期世界总量25%及以上作为界定"世界科学中心"的标准，排列出过去五百年间占据"世界科学中心"地位的大国依次是：意大利、英国、法国、德国和美国，这些均属西方国家。2006年中国中央电视台播出的纪录片《大国崛起》排列出过去五百年间的现代大国依次是：葡萄牙、西班牙、荷兰、英国、法国、德国、美国、俄罗斯/苏联和日本。以具备全球投射力和主要指标位居当时世界第一为界定全球大国的标准，日本从未具备全球投射力，只是国际大国，而不是全球大国，故不列入；而俄罗斯/苏联在20世纪曾对当世大国美国构成过严重威胁，故列入。

为寻求大国崛起的奥秘，2006年中国中央电视台《大国崛起》栏目组遍访中外一百多位学者、资深政治家和外交家。寻访的结果，统而言之，大国盛衰原因可归结为海洋优势和经济实力兼及军事、科技、民族国家统一、政治稳定、内部凝聚力、制度健全、国家规模、思想文化影响力、国民教育水准、创新能力、适合的现代化路径、不殖民不称霸等因素。被访的中外学者几乎都提及"文化"因素，但又都语焉不详。

稍加深入，西方大国崛起与欧洲/西方文明膨胀以及基督教传播并行不悖。两者的扩张与欧洲中世纪及以后一系列关联现象经常被人们提及：文艺复兴运动、地理大发现、宗教改革、民族国家产生、科学革命、工业革命、启蒙运动、"欧洲奇迹"和社会主义运动。迄今为止，各种解释多因遵循用前一个现象说明后一个现象的规律而流于表面化；用个别特例说明重大现象的动因，如发现欧洲罕见且利润丰厚的香料刺激了海外贸易和地理大发现、又如"黑死病"造成欧洲人口锐减是"商业革命"发生的重要社会原因之一、再如西欧的沿海条件等因素是工业革命、甚至是资本主义兴盛的社会根源。这些就事论事的论断更显得牵强附会；或者，抽象出"西方文化的张力"、"攻势文化"或"海洋文明"试图解释欧洲的扩张主义、殖民主义和帝国主义的兴盛。略作比较，不难看出，包括香料在内，奥斯曼帝国当时几乎垄断了东方与西方之间的贸易、"黑死病"肆虐亚欧大陆给亚洲造成的人口损失更大、蒙古帝国席卷欧亚大陆的强势力量令整个欧洲惊愕不已，至于西欧的沿海条件等因素世界各地比比皆是：经验化和碎片化的阐释无法揭示现代西方大国依次崛起并主导此后全球文明演化方向的根源。

2. 大国盛衰"百年周期律"

全球大国盛衰与科学中心转移是合二为一的事情。过去五百年间，世界知识中心在民族国家之间转移的路线是：意大利—法国—英国—德国—美国，平均滞留时间100年，最长120年（美国现在已超过120年），全部集中在西方文化范围内。自从上世纪50年代英国学者J. D. 贝尔纳在《历史上的科学》一书中首次提出科学活动随着时间延续而更迭的现象、60年代日本学者汤浅光朝运用统计法计算出世界科学中心转移周期、70年代中国学者赵红洲也独立地提出了类似观点以来，探讨世界科学中心形成和转移的原因就一直未中断过。概括起来，原因主要有：文艺思想的先导作用、思想启蒙的引领作用、经济的支撑作用、哲学思潮的推动作用和科学家群体转移的带动作用。研究者还注意到世界科学中心形成和转移的其他因素：社会文化语境、教育和科技关系、GDP与科学中心之间的关联性、制度创新等。艾米·蔡在《大国兴亡录》一书中，从文化整体上论证了大国兴衰的一个文化之谜：尽管从波斯到美国的各大国文化形态差异极大，但是至少有一点是相通的，即它们在所处的那段时期都是最为多元化及宽容的，"大国因宽容而兴盛，因狭隘而衰败"；同时也揭示了一个巨大的讽刺性规律：每个大国的多元文化宽容政策从本质上来说，都已经埋下了衰落的隐患。换言之，"任何大国的衰落都是注定的"。

3. 美国大国地位超越"百年周期律"的迹象

从"西方的衰落"到"马克思的报复"。当苏联崛起、社会主义处于"正午"的时候，西方文化和资本主义的衰落被人们普遍接受。正如梅格纳德·德赛所言，20世纪的整个西方世界都在提心吊胆地等待着即将到来的灭亡。上世纪50年代，苏联曾被预测将取代美国的霸主地位，而现在则普遍认为难以发现取代对象，尽管伯顿·克拉克等认为，确实存在着世界知识中心从美国转移出去的迹象。20世纪90年代美国学者亨廷顿提出的"文明冲突论"在全世界引发的轩然大波，其观点成为冷战后美国国家战略的理论基础时，关于文化兼容与冲突的属性得以深入研究。很多学者认为，文化延续有普世主义和多元化两种倾向，各非西方的后发民族国家通过三种方式，即西方化、本土化和融合西方文化与本土文化实现现代化。同时，社会依附理论认为，现代国际社会有强势与弱势之分，彼此之间存在依附关系。强势与弱势文化形态之间也存在彼此依附的关系。取得各方面优势地位的美国和西方文化完全可以通过自身调节来解决自身的问题，同时对外将这种优势建立在各弱势文化形态的基础之上。换言之，在当今全球文化生态圈内，强势西方文化与弱势非西方文化之间存在着依附关系。苏联于一夜之间解体，被德赛称为"马克思的报复"，从现实层面印证了"自由和民主世界"的优势，西方文化和资本主义似乎又不再成为"问题"了。无论如何，新世纪的西方世界和美国大国地位不可避免地"衰落"了，从绝对优势转到相对优势。大国之争从意识形态转向更为复杂、更为广阔的多维度之争，即上升为文化之争。

从"上帝的报复"到"信心的陷阱"。在科学兴盛的知识经济时代，又似乎是一夜之间，各种宗教在世界范围内普遍复苏，而且，如亨廷顿指出的那样，新的教徒（包括狂热的教徒）是以城市居民、受过中等以上教育的年轻人为主体，此现象被称为"上帝的报复"。科学兴起之前，见神不见人；科学兴起之后，见物不见人。于是，宗教和文化作为相同的人和不同的人的载体，再次引起世人的高度关注。作为9·11事件和新的金融危机的发生地，美国的超级大国地位和西方文明新形态的代表——北美变体再次受到质疑。资本主义和整个西方文明如朗西曼所言，似乎落入了西方和资本主义价值观的"信心的陷阱"。现在的美国不仅面临着亨氏所持的"文明的冲突"，还面临着兹比格涅夫·布热津斯基在《大棋局》中所述的，内部多元文化将美国解构的危险，以及外部欧洲方面可能的俄德或法的联合、亚洲方面中俄或中日联合起来挑战美国超级大国地位的潜在风险。但无论如何，当前的美国已超越了大国盛衰"百年周期律"，且没有迹象表明已经产生了潜在的替代国。

4. 拟从文化生态演化的角度寻求大国崛起的根源

尽管大国研究由来已久，但是，总体上大国研究有碎片化、机械化和循环论证之嫌，如国别研究和比较研究中对大国与经济总量、政治制度、教育人口的关联性研究就是如此。宏观综合研究又失之笼统化和表面化，如艾米·蔡反复揭示的大国崛起与文化包容之间的关系，大国崛起和大国地位维持的共同原因是包容，而大国衰落与崩塌也是源于包容，又如，亨廷顿指出了文化（文明）之间存在着冲突的属性，却没有揭示冲突的机制。察其缘由，盖因人类文化生态的演化原理和文化形态深层结构的研究没有取得突破性进展。至于从文化人类学的高度把握大国兴衰在人类文化整体演化史中的内在规律，还没有出现。

为从整体、动态的人类文化"有机体"的具体演化进程中，探究强势文化实体的再生机制，揭示大国崛起的内在规律，有必要从哲学-人类学高度，应用混沌理论、依附理论和文化生态学原理，具体、细致地探寻作为现代全球大国原型的文化实体的演化过程，包括文化属性和再生机制及其在地缘乃至全球文化生态系统变迁过程中与其他文化实体彼此依附而共生、冲突却融合、膨胀又腐蚀的并存关系，以揭示作为现代全球大国的强势文化实体的本质和再生机制。

运用混沌理论考察人类文化生态变迁过程，可以看出：部落、家庭或族群等初始文化实体模式，总是由非常简单的结构经过自组织不断复制出近似的简单结构，同时产生细微的变量；这些变量作为初始值加入简单结构的复制过程中，耦合生成较为复杂的新文化实体；特定的初始值进入特定的地缘文化圈也耦合生成新的文化实体，即文化移植，在不断复制后，引发"蝴蝶效应"，经过不断"膨胀"，最终突变为规模巨大的强势文化实体，同时也相应地造成已有文化实体的"腐蚀"、甚至消亡。文化生态学已经阐明，人类文化生态无论在分散状态下还是全球化状态下，都是一个动态的、共生的、有机交互作用的整体系统；该系统的基本结构模型是以特定社会（主体）为中心，由内向外，依次由价值观念、社会组织、经济体制和科学技术以及自然界构成；特定系统也存在着由内而外的主体作用和由外而内的环境作用而构成的交互作用。不同系统的交互作用再生出不同的文化类型和模式。依附理论进一步认为，在文化生态系统中存在着文化（文明）中心和文化边缘，中心和边缘彼此依附而共生；文化中心和文化边缘在各自范围内又存在彼此依附而共生的中心和边缘。文化生态渐变时，中心和边缘相对固定；文化生态突变时，中心和边缘将转移或转化。

研究 1500 年以来现代全球九个大国的依次崛起，不得不追溯生成九个大国原型的共同初始值——维京文化实体（Viking as a cultural entity）。

5. 维京文化实体——各西方大国原型生成的共同初始值

第一，维京文化的再生机制。综合文化人类学的跨文化传播"移民说"和对立的"扩散说"，在人类早期迁徙过程中，维京文化实体属于嫁接再生文化。维京文化再生机制是以强迫扩散为主，以战争方式直接移民为主要表征，以外来的动态文化为主导、以本土守成的农耕文化为主体嫁接而再生的新文化实体。维京文化能够再生的根本缘由在于强、弱地缘文化生态"集丛"（complex）的剧烈变化而引发地缘文化"圈"（circles）或"场域"（fields）"裂变"后重新"聚变"。再生的维京文化实体，属于日耳曼文化圈，在当时强势罗马文化视野中属于"蛮族"文化丛；文化关系上，维京文化处于地缘文化中心——罗马文化的边缘之外，或边缘的边缘，与同期中华文化丛中"化外之地"的情形大体相当。

第二，维京文化"集中"财富及荣誉的特质。在历次欧亚大迁徙诸多部族中，维京不是作为一个部落、部落联盟或民族，而是作为移民群体，先后多批次地汇聚至斯堪的纳维亚地区及周边，与本土文化结合而形成的文化实体。生成维京文化的主要部族除了日耳曼以外，至少还有萨克森、伦巴第、苏维汇、弗里西、朱特、法兰克、匈奴、阿瓦尔、斯拉夫、保加尔、阿兰、哥特、汪达尔、盎格鲁等。维京文化具有掠夺属性，即具有攫取他人财富和建立在财富基础上的荣誉的特质，以极具张力、追求自由、敢于冒险、张扬个性、崇尚谋略、不避冲突、不择手段和追逐利益最大化为文化显性特征，迥然有别于同期农耕、游牧等文化注重从自然经济活动中逐步积累财富的特性。

第三，维京文化结构的"海上商业模型"。在维京出发地斯堪的纳维亚及周边地区早已存在农耕渔猎等自然经济的文化模式，只是处于次要地位，占据主流/统治地位的维京文化结构模型可以称为"海上商业模型"，由一套彼此勾连而又松散的亚文化模式组合而成，包括五个亚文化模式：探险模式、劫掠模式、贸易模式、武士模式和殖民模式。这一连串文化模式，均不为维京文化所独有，而五个具有共同特质的亚文化模式组合成一个文化模型，却是维京文化的独一无二之处。

6. 三百年维京扩张与欧洲大国原型生成

前维京时代，欧洲大地先后有罗马文化和基督教文化作为初始值投入并扩散到地缘文化生态圈中，形成统治/主流欧洲文化。维京时代、后维京时代，欧洲地缘文化生态之外生成并崛起的伊斯兰世界和蒙古帝国作为不同维度的强势文化实体有力地冲击了欧洲文化圈。

8世纪后期至11世纪维京扩张三百年期间，维京文化沿着河海等水路在欧洲地缘文化圈的边缘地带传播，与各地文化分别耦合，生成多个维京文化的强势变异体即现代西方大国的原型。维京文化各变异体在继承各地文化的同时，更传承了维京文化模型的不同模式或其不同模式的组合，从而再生出虽属同一文化模型，却差异较大的文化实体。这些文化实体后来分别演化为不列颠、法兰西、荷兰、葡萄牙、西班牙、意大利、德意志和俄罗斯，还有更后来从这些变异体分离出来并汇集于北美大陆的维京二次变异体——美利坚。

维京时代和后维京时代，维京文化作为初始值，投入到欧洲文化圈及关联文化圈中，引发了持久的"蝴蝶效应"，包括基督教分裂和后来的宗教改革、商业革命、地理大发现、殖民运动、工业革命、科学革命、政治革命和"欧洲奇迹"等一系列文化生态的突变现象，尤其是自9世纪、最迟自13世纪起，一直延续至18世纪的商业革命，悄无声息地推动了欧洲文化生态圈、西方文化生态圈和全球文化生态圈渐变与突变的全部演化进程。

维京文化与各地文化耦合而生成变异体或大国原型的再生机制可简述为：维京文化作为初始值强行进入欧洲地缘文化生态后，与各地基督教会和各地王权形成共生关系、与各地本土文化构成依附关系。在这两种关系之中，维京文化居于主导地位，通过利用教会和王权强化对各地本土文化的统治、又利用对本土文化的统治壮大自身实力以制衡教会和王权。由此，维京各变异体即大国原型在欧洲地缘文化生态依附共生与"缠绕"制衡关系中总是循着阻力最小的方向运行和发展并迅速崛起。维京文化变异体一方面是改变欧洲文化的主导力量，另一方面也是维护欧洲文化圈抵挡蒙古帝国入侵和伊斯兰文明扩张的主体力量。

7. 维京文明"消失"与西方大国崛起

维京文化各变异体即大国原型再生后，大国原型在地缘文化生态的演变过程中陆续崛起为强势文化实体、依次成为当时具有全球投射力的超级大国。伴随维京扩张，维京文化主要沿着海洋和河流路线环欧洲传播并与各地文化碰撞并融合，同时接受基督教文化的逆向传播，启动了欧洲文明自罗马帝国衰落后的新嬗变进程。后维京时代，欧洲的维京—基督教文化同时面临着东方蒙古帝国扩张和南方伊斯兰哈里发帝国扩张的双重挤压。维京文明之所以"消失"，在于维京文化因追逐财富集中而特有的张力。维京在各地扩张时，不仅对外扩张、冲突，其内部不同维京群体彼此之间也互相征伐，均无意保持维京的"文化符号"，因而维京文明才"消失"——弥散到各地文化中并占据统治和主导地位。维京，其名虽无，其实犹存，且渐变渐大、渐变渐强。

在地缘文化生态的剧烈变动中，维京文化各变异体均循着阻力较小的方向运行，先是避开强势蒙古帝国、甚至依附蒙古金帐汗而自保并发展，后又回避与奥斯曼帝国正面碰撞，转而向西，通过海洋进行扩张，终于在地理大发现后，再次启动了第二次维京扩张的进程，最终重塑了全球文明单一化〔（单数 Global Civilization）即普世化（Universalization）实指西方化（Westernization）当前主要指美国化（Americanization）〕与全球文明多元化（复数 Global Civilizations）既冲突又耦合的双重趋势。

比较、对照维京文化和大国原型文化的构成、扩张方式和传播方式，可知：第一，各大国原型均秉承了维京文化"集中"财富的特质和为集中财富而衍生的张力，无论对内还是对外，均缺乏文化凝聚力，不得不借助外来基督教作为维系内外稳定的基础价值观。第二，各大国原型均嫁接了维京文化结构模型中的不同亚模式。第三，各大国原型均继承了维京扩张的方式。第四，各大国原型均遵循着维京文化传播的方式。通过揭示维京文化结构模式、传播方式和演变机制，有助于从文化根源上理解被现代西方社会语境无意或有意、甚至刻意回避的现代西方大国、现代西方文明或所谓"海洋文明"的文化属性和崛起规律。

第一章　西方大国原型初始值
——维京海洋商业文化实体

维京人（Vikings），古英语（wicing）即海盗（pirate），① 是擅长海事的斯堪的纳维亚人，操古斯堪的纳维亚语（Old Norse）。维京人原意是来自峡湾的人或来自维肯（Viken）的人。② 另一说，维京原意是两只船桨之间的距离，或海上的距离，相当于海里。③ 维京时代到达法兰克的维京人被称为诺曼人（Northman），北方人之意，或丹麦人（Danes）。④ 从法兰西出发扩张至意大利半岛建立西西里王国的诺曼人，仍被称为诺曼人。由于维京人船只由桉木制成，日耳曼各族称之为桉木人（Ashman）。维京东支，被斯拉夫人、阿拉伯人和拜占庭人称为罗斯人（Rus'），与划船（rowing）有关；斯拉夫人和拜占庭人也称维京人为瓦良格人（Varangians），意为"誓言忠诚"

---

① Dorothy Whitelock. *Sweet's Anglo-Saxon Reader*. Oxford University Press. 1967：p. 392.
② Walter Skeat. *Principles of English Etymology*. Clarendon Press. 1892：p. 479.
③ Hans Boas（13 May 2014）. "Indo-European Lexicon – PIE Etymon and IE Reflexes". Linguistics Research Center. The University of Texas at Austin.
④ Peter Sawyer, ed. *The Oxford Illustrated History of the Vikings*. Oxford：Oxford University Press. 1997：p. 2.

的人。①

  维京人不是一个部落或部落联盟，也不是一个民族，而是被强势地缘文化关系边缘化了的群体。从公元纪年之前一直到4世纪至6世纪多批次的欧亚大迁移时期，数十个民族部落在持续动荡不安的冲突过程中，聚集后而衍生出一个或数个群体，被一批次或数批次挤入严寒贫瘠、生存条件恶劣，相对于繁荣的地中海文明极为偏远的斯堪的纳维亚一带。啸聚于此的移民与原已定居该地的本土居民，融汇为一个文化实体，后一度被称为维京文化或文明。罗马帝国称之为野蛮人，基督教世界称之为异教徒。维京人集海盗、贸易、殖民和远距离探险于一身，以追逐财富、彪悍嗜血、善于海上航行为主要特征。经过从8世纪到11世纪约三百年的扩张，显现了维京海上商业文化形态五个主要的亚文化结构模式：探险模式、劫掠模式、武士模式、贸易模式和殖民模式。以10世纪前后的维京人建立的北海帝国为中心，从北海出发向西，跨越北大西洋到北美大陆；或沿欧洲西海岸南下，折入地中海；或东出波罗的海，沿河流南下，经黑海、里海地区，再汇集于地中海地区。三百年维京扩张和后来的再扩张所到之处，与当地文化碰撞融合，沉淀为后世西方现代大国原型。这些现代大国原型与同期地缘大国东罗马帝国和神圣罗马帝国不同，与蒙古帝国、奥斯曼帝国也不相同。根本区别在于以维京文化为核心生成的民族保留了维京特质、传承了维京精神，在地缘文化生态乃至全球文化生态中，经过博弈和扩张，不断复制出新的维京文化结构模式，再经过渐变和突变，崛起为现代大国。换言之，维京文化的传播和弥散过程就是现代大国生成和崛起的演化过程。

---

① Raffaele D'Amato. *The Varangian Guard* 988-453. Osprey Publishing. 2010：p. 3.

第一节 人类早期迁徙路线与早期欧洲"北方"地缘文化生态

人类迁移对人类生存方式即文化的生成与演化意义极大。已知人类的迁移路线，尽管缺少一致认同的观点，仍大致可辨。约一百七十五万年前，直立行走的"现代人"走出非洲大陆，走向欧亚大陆；约十五万年前，"现代智人"出现在非洲大陆并于七万年前越过红海，开启了在欧亚大陆上开枝散叶的进程；约公元四万年前，欧、亚、澳洲均发现这些非洲移民；一万五千年至两万年前移至美洲；两千年前才出现在太平洋诸岛，一千五百年前才有人定居在马达加斯加岛（图1-1）①。

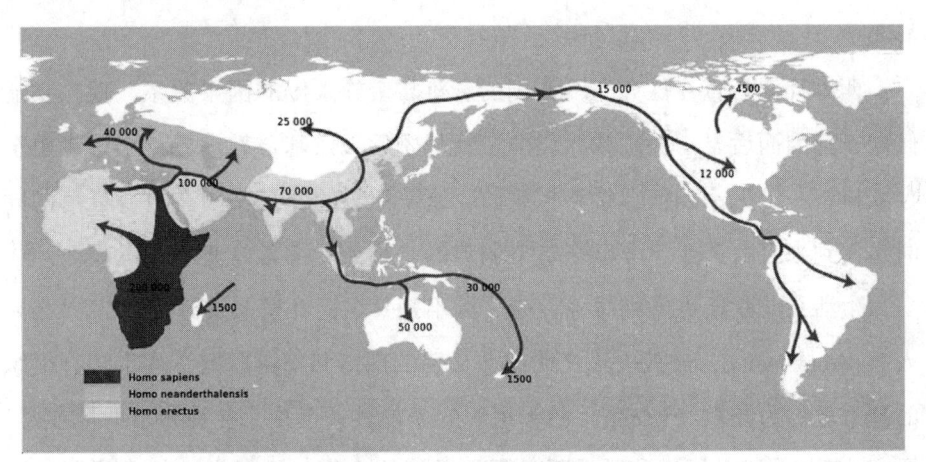

图1-1 人类早期迁移线路图

从非洲大陆走出来的"现代人"演进至真正意义上的现代，根据亨廷顿的划分，作为文化层次的最高级，主要尚存九个文明：西方文明、斯拉夫—东正教文明、伊斯兰文明、印度文明、非洲文明、拉丁美洲文明、中华文

---

① Literature: Göran Burenhult: Die ersten Menschen. Weltbild Verlag. 2000.

明、佛教文明和日本文明①。

为探寻隐藏在全球现存文明生态尤其是西方文明一家独大背后的混沌规律，回到罗马文明衰落过程中的欧亚迁徙时期极为必要。在约376—800②③年的欧洲大迁徙，也称罗马帝国和基督教世界称为"蛮族入侵"过程中，各文化群体碰撞耗时之久、规模之巨、程度之烈，史所罕见。起初参与迁徙的民族群体主要是日耳曼各部落，有哥特、汪达尔、盎格鲁、萨克森、伦巴第、苏维汇、弗里西、朱特、法兰克，后来这些部落被匈奴、阿瓦尔、斯拉夫、保加尔和阿兰各民族逼迫西向④（图1-2）。紧随大迁徙而来的是维京（狭义）、诺曼、匈牙利、摩尔、土耳其（突厥）和蒙古入侵。面对众多异教徒蛮族的长期入侵，产生了一个奇特的历史文化现象：一面是庞大的罗马帝国渐趋衰落，另一面是被罗马帝国尊奉的基督教却反向收拢了众多的蛮族异教徒。

西方社会一直在探究罗马帝国的衰落与蛮族入侵的因果关系，现在主流倾向于前因而后果。而主动入侵的蛮族却先后皈依基督教世界，个中缘由至今众口不一。无论如何，维京扩张前，繁荣强势的罗马文明在自身衰落的同时也遭到来自欧、亚、非众多贫瘠弱势的"蛮族"多波次地反复入侵。

生活在北欧斯堪的纳维亚一带，因不知其名而在罗马文献中称为"北方人"（Norsemen），被视为不文明或非文明的部落和部落联盟，信奉被有组织的基督教称为异教（Pagan）的无组织的多神教。至维京扩张前，"北方人"操"古北方语"，属于印欧语系日耳曼语族的一支，但无文字。最早可追溯

---

① Samuel P. Huntington. *The clash of civilizations and the remaking of world order*, Simon and Schuster. 1997：p. 43.

② John Hines, Karen Høilund Nielsen, Frank Siegmund. *The pace of change：studies in early-medieval chronology*. Oxbow Books. 1999：p. 93.

③ The delimiting dates vary, often cited are：410, the Sack of Rome by Alaric I; and 751, the accession of Pippin the Short and the establishment of the Carolingian dynasty.

④ J. B. Bury. *The Invasion of Europe by the Barbarians*. Norton Library. 1967.

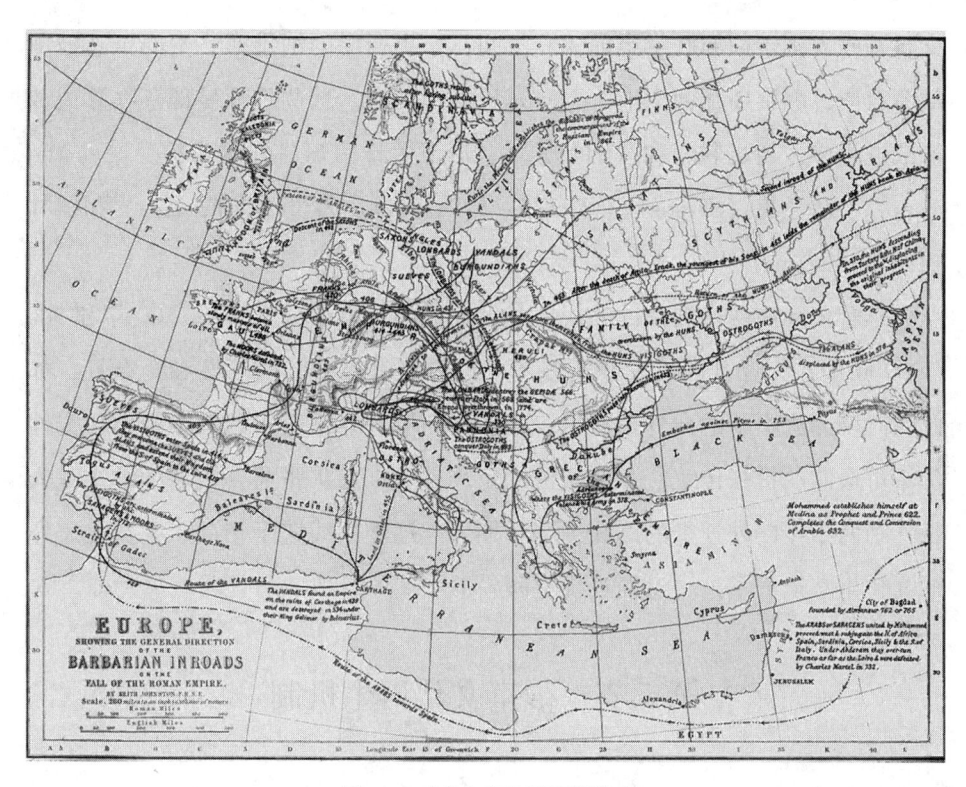

第一章　西方大国原型初始值——维京海洋商业文化实体

图 1-2　蛮族入侵欧洲路线详图

Keith Johnston（1844–1879）– Ginn & Company's Classical Atlas, Keith Johnston, cartographer（Boston, 1894）（该图已被后世修改）

到前1000年，日耳曼各部落就已经开始从斯堪的纳维亚南部和现在的德国等地①出发，向西、向南迁徙，约前200年将当地居民凯尔特人向西驱逐到莱茵河一带，约前100年南向进至罗马高卢省，后被罗马共和国盖乌斯·马略（Gaius Marius）和尤利乌斯·凯撒（Julius Caesar）截停。这一西支日耳曼群落的历史可见于罗马历史学家塔西佗（Tacitus）以及凯撒的描述。另一

---

① Anatolien war nicht Ur–Heimat der indogermanischen Stämme – Eurasisches Magazin http：// www.eurasischesmagazin.de/artikel/Anatolien-war-nicht-Ur-Heimat-der-indogermanischen-Staemme/ 20040313.

支日耳曼人则于前600年至前300年间，东出斯堪的纳维亚，南向抵达波罗的海对岸，溯维斯瓦河而上，至喀尔巴阡山附近。这些日耳曼部落在移民和征战过程中，通过联合和联姻等方式，形成了日后知名群体阿勒曼尼（Alemanni）、法兰克（Franks）、萨克森（Saxons）、弗里西（Frisians）和图林根（Thuringians）。[1]

不管公元前两个波次的移民还是公元后两个波次（300年~500年和500年~700年）大迁徙的移民或入侵罗马地界具有怎样的间断性和复杂性，如此长时期源源不断的向外拓展至少表明了斯堪的纳维亚人具有强烈的攻击性和不可遏制的扩张传统。令人费解的是，截至维京扩张前，斯堪的纳维亚人长达约两千年向外迁徙的路线，与早期人类迁徙路线完全相反。究竟是怎样的文化生态造就了这一逆向迁徙进程？

第二节　维京文化再生机制

斯堪的纳维亚地区史前移民文化可以从其神话、本土宗教和传说中得到反映。在移出、扩张之前，该地区的移民应该是移入。根据库尔干假说（The Kurgan hypothesis）或库尔干理论、库尔干模式，印欧语族源于约前4000年东欧大草原的游牧文化，分数个波次，约于前1000年才沿多瑙河一带扩展至波罗的海地区，最后到达斯堪的纳维亚南部（图1-3）。该地区本土神话、宗教和传说，无论作何种解释，均包括先期到达的原住民与后来者之间的冲突和融合，尽管也可能反映了后来移民的祖先在一路迁徙过程中流传下来的移民与各地原住民之间冲突和融合的故事。正是这种史前两千多年的移民与本土文化的冲突和融合而生成的文化基因，奠定了维京文化的基础。换言之，史前日耳曼语族的迁徙之路是维京文化属性的缘起。

---

[1] J. B. Bury. *The Invasion of Europe by the Barbarians* (Ch. 1). Norton Library, 1967.

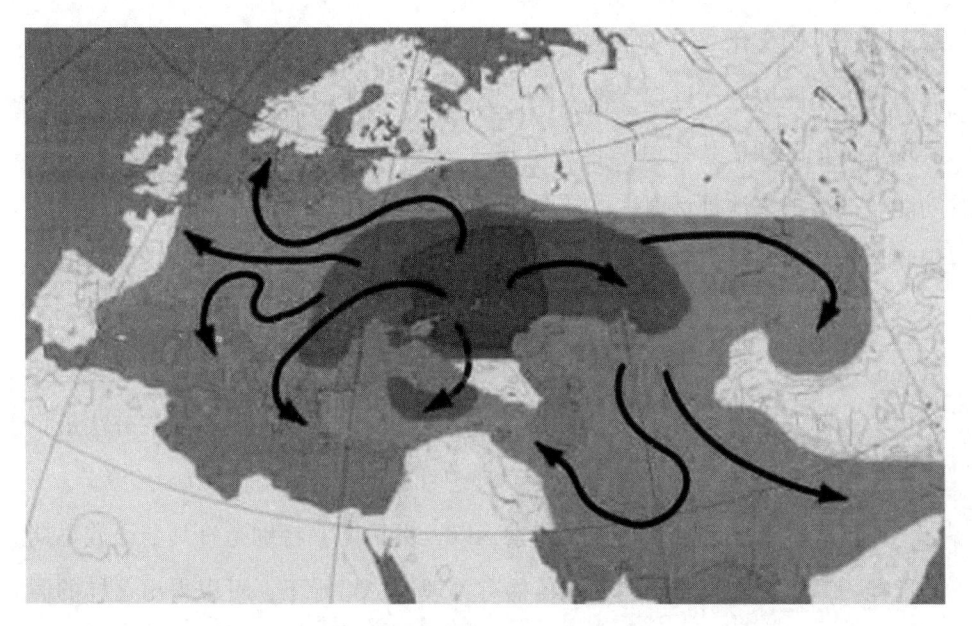

第一章 西方大国原型初始值——维京海洋商业文化实体

图 1-3 库尔干假说中的印欧语族移民图式

Scheme of Indo-European migrations from c. 4000 to 1000 BCE according to the Kurgan hypothesis.

* The magenta area corresponds to the assumed Urheimat (Samara culture, Sredny Stog culture) and the subsequent Yamna culture.

* The red area corresponds to the area which may have been settled by Indo-European-speaking peoples up to c. 2500 BCE.

* The orange area to 1000 BCE. ①

根据《韵文埃达》(*Poetic Edda*)、《散文埃达》(*Prose Edda*) 和冰岛诗人、史学家斯诺里·斯图鲁逊 (Snorri Sturluson) 在 13 世纪撰写的《挪威王列传》(*Heimskringla*) 中的《伊林格传奇》(*Ynglinga saga*) 记载，阿萨-华纳 (Æsir-Vanir) 之战是古北方神话中两个神族之间的冲突，最终导致两个神族合二为一，因而该地区只供奉单一的万神殿。用历史解释神话，此战反

---

① Christopher I Beckwith. *Empires of the Silk Road: A History of Central Eurasia from the Bronze Age to the Present*. Princeton University Press. 2009：p. 30.

映了两个不同文化（信仰）群落之间的激烈冲突，经长期消耗，双方均筋疲力尽、不能取胜，遂以互换人质、罢兵言和来平息争端并共享一庙，从而实现了真正的和平共处。①后世运用乔治·迪梅齐尔（Georges Dumézil）的三功能假设，把该地神话时代的社会结构划分为自上而下三个等级：与统治阶层联系的神职人员、与军事阶层联系的武士和与经济、生产力阶层联系的普通人如农夫、商人等。具体而言，原阿萨之神即后来统一的主神奥丁（Odin）代表了斯堪的纳维亚社会的牧师和魔法师，托尔（Thor）代表武士，原华纳之神弗雷（Freyr）则意味着丰饶、生产。② 三功能假设的三分法最早见于柏拉图《理想国》中苏格拉底对理想社会的描绘。

  以这些神话、宗教和传说为线索，以人类早期、特别是日耳曼语族早期的迁徙为基础，在人类学跨文化传播有关理论的指导下，可以得出这样的假设：前约1000年，最先到达斯堪的纳维亚地区的移民可被视为该地区的原住民，从事农耕、养殖、手工业或狩猎、捕鱼等生产活动，也与欧洲大陆从事交换等贸易活动，生成了信奉华纳神族的本土神话和宗教信仰。后来的一支或数支外来移民，信奉阿萨多神教，可能在长期迁徙过程中多次与各地文化发生冲突，最有可能与罗马文化发生过激烈的冲突，败退至该地；其成员的成分以日耳曼人为主，也包括其他败退的"蛮族"，被迫逃至荒凉苦寒、不易于人类生存却易于逃避追击的斯堪的纳维亚。这些敢于冒险、攻击成性、见多识广、具有尚武精神的入侵者遭到世代从事农耕的原住民的拼死抵抗，包括坚壁清野。最终双方均无法获胜，以彼此妥协而告终。由此，该地存在着两种截然不同的文化。其中，外来的武士文化占据主导、统治地位，在其后的文化融合过程中，移民占据了新文化实体的上层地位，相应地，移

---

  ① Hollander, Lee Milton（Trans.）. Heimskringla: *History of the Kings of Norway*. University of Texas Press. 1964: pp. 7–8.

  ② Terje I. Leiren. *From Pagan to Christian: The Story in the 12th - Century Tapestry of the Skog Church*. 1999. Published online: http://faculty.washington.edu/leiren/vikings2.html.

民的神族占据了统一后神族的主神地位。此为维京文化生成的本源，并最迟在凯撒和塔西佗时代之前，就已经多次反攻罗马社会，成为"蛮族入侵"的主要部族之一。

根据格拉夫顿·艾略特·史密斯一元文化扩散说，"北方人"的祖先应源于埃及，经地中海沿岸、再沿着西欧海岸线到达斯堪的纳维亚南部定居（图1-4）。而现在学术界更愿意接受整个欧洲文化源于美索不达米亚（Mesopotamia），分若干阶段移民至"北方"。无论何种方式，史前斯堪的纳维亚已经生成了稳定、守成的农耕文化，由于地处当时希腊-罗马文明边缘之外，且极度寒冷几至人类生存极限，可以推测，不易于受到大规模入侵或其他频繁交流。

但是，直接和间接的地缘文化变化最终彻底改变了"北方"文化结构。首先是罗马文明的兴盛和衰落波及该地。罗马文明兴起时，四处扩张，包括凯撒北征高卢，迫使罗马文化边缘地带的"蛮族"处于漂泊迁移状态，从而形成不稳定的群落；罗马文化衰落时又引起"蛮族"入侵，其中既包括日耳曼群落的各支，也包括欧、亚、非各民族长时间、远距离的袭扰，还包括这些民族、部落之间的互相攻伐，从而引发了更剧烈、更大规模的地缘文化震荡，持续冲击了各地缘文化结构，也冲击了"北方"。间接的变化是指其他地缘文化冲突，最后波及"北方"地缘文化。其中，匈奴和突厥被中华文明驱逐、逼迫西向，参与到"蛮族"入侵罗马的移民当中，就是类似典型的例子。

综合跨文化传播"移民说"（Migrationism）和与之对立的"扩散说"（Trans-cultural diffusionism），维京文化实体属于嫁接再生文化。维京文化再生机制以强迫扩散为主，以战争方式直接移民为主要表征，是以外来动态文化为主导、以本土守成农耕文化为主体嫁接而再生的新文化实体。再生维京文化潜在的、根本的缘由是强、弱地缘文化生态"集丛"（complex）的剧烈

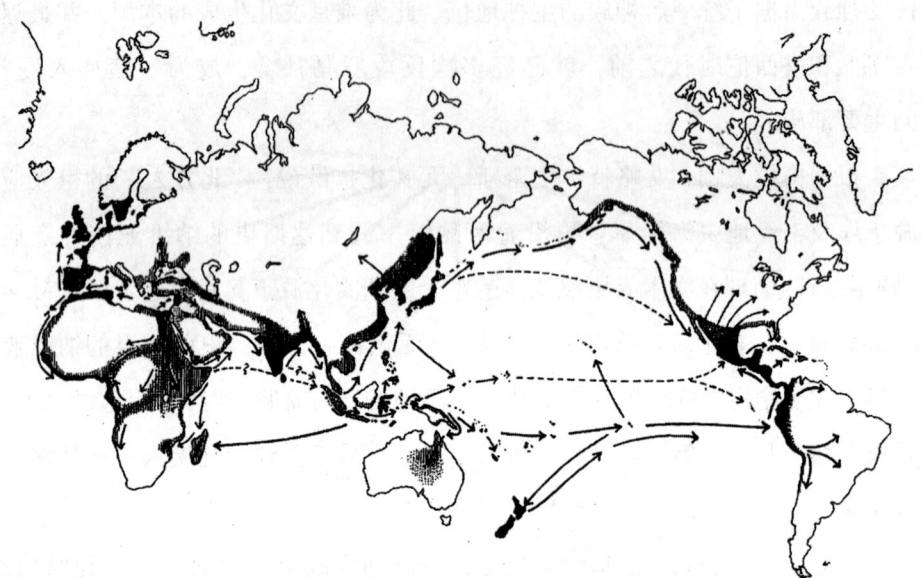

Map 2.—An attempt to represent roughly the areas more directly affected by the "heliolithic" culture-complex, with arrows to indicate the hypothetical routes taken in the migrations of the culture-bearers who were responsible for its diffusion.

图 1-4　格拉夫顿·艾略特·史密斯源于埃及的文化传播路线

Cultural diffusion map from Egypt by Grafton Elliot Smith (1929).

Source: Grafton Elliot Smith (Life time: 15 August 1871-1 January 1937) -Original publication: 1929; Immediate source: Grafton Elliot Smith, The Migrations of Early Culture, Manchester University Press, 1929, p. 14.

变化而引发地缘文化"圈"（circles）或"场域"（fields）"裂变"后重新"聚变"。再生的维京文化实体属于日耳曼文化圈、是罗马文化视野中"蛮族"文化丛集聚而成（图1-5）；文化关系上，仍处于地缘文化中心——罗马文化边缘的外围，或边缘的边缘，与同期中华文化丛中的"化外之地"地位大体相当。

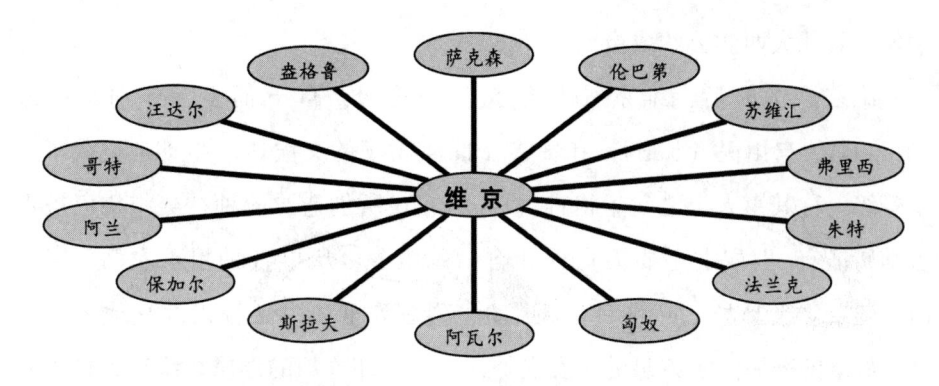

第一章　西方大国原型初始值——维京海洋商业文化实体

图1-5　集聚生成维京文化实体的主要部族

第三节　维京海上商业文化属性

作为维京文化实体基地的北方文化圈，从语言-宗教的维度，可分为与欧洲大陆紧密联系的北日耳曼文化、与波罗的海联系的芬兰和萨米（Sami）文化以及因地理位置相对封闭而处于文化生态边缘的格陵兰文化。现在萨米民族生活在欧洲最北部的北极圈一带，成为国际公约保护的对象。考察维京文化属性与结构须将其放置在动态的维京扩张前后、"北方"文化圈和"蛮族"文化丛以及更大的包括强势罗马文化、伊斯兰文化在内的地缘文化生态群落（cluster）融合和碰撞的文化生态关系之中。从民族语言角度看，"北方"文化实体大致可分三个模块：属于北日耳曼语支的丹麦语、挪威语和瑞典语，属于乌拉尔语系的芬兰语和萨米语，属于爱斯基摩-阿留申（Eskimo - Aleut）语系的格陵兰语。与强势罗马文化相比，"北方"属于"蛮族"文化；而在北方文化圈内，北日耳曼文化却处于中心地位。直到21世纪，"北方"文化圈仍然具备独特的社会发展模式——"北方模式"（Nordic model，又译北欧模式）；在强势的欧洲——北大西洋文明范围内，北方五国中挪威和冰岛未加入欧盟，丹麦、挪威、冰岛、瑞典不属于欧元区，芬兰和瑞典不是北大西洋公约成员。

维京扩张前后，维京社会分为三个阶级，自下而上，分别是奴隶（Thralls）、自由民（Karls）和贵族（Jarls）。《韵文埃达》生动地记载了三个等级，称其由人类之父里格神（God Ríg）所创造。此种社会结构已被考古学所证实。[1] 奴隶主要为贵族和自由民服务，从事各种粗重农活、家务活，还要修筑要塞、防御工事、道路、墓地等重体力工程以及其他经贸活动。奴隶的来源除了奴隶的子女之外，还有对外抢劫的俘虏。维京人抢遍欧洲，常规的劫掠对象就是人；将劫掠的人带回来变成奴隶或发往新殖民地从事建筑工作，或卖给阿拉伯人换取银两。自由民就是农民，拥有自己的土地、农田和牲畜，主要从事耕作、手工、建房、修车等劳作，也量入为出地雇佣奴隶干活。贵族富有，拥有大量田庄、连片房屋、许多马匹和奴隶，主要从事管理、政治、狩猎、运动，还有贵族之间的相互往来和对外探险。许多发掘表明，贵族死后，其墓地往往有家奴殉葬（图1-6）。[2]

妇女在维京社会的地位值得关注。未婚女子和男子一样，拥有从父辈和兄弟那里的继承权，包括社会头衔和爵位；在缺乏男性的家庭里，她们还可以成为一家之主，拥有法律上和社会上的一切权利。婚后权利则转至夫家。[3] 二十岁后，她们有择偶、离婚和再婚权，可以未婚同居、甚至可以与已婚男子同居。婚生子女与非婚生子女有同等的权利。[4] 换言之，维京社会没有嫡出、庶出、私生子和通奸以及男尊女卑等观念。维京妇女可以成为神职人员、宗教权威，也可以是世俗社会的头领，可以是茹文教师、诗人，可

---

[1] Else Roesdahl. *The Viking*s. Penguin Books. 1998：pp38-48.

[2] Mari Kildah (5 December 2013). "Double graves with headless slaves". University of Oslo. March 5, 2016.

[3] Borgström Eva (Swedish)：Makalösa kvinnor：könsöverskridare i myt och verklighet (Marvelous women：gender benders in myth and reality) Alfabeta/Anamma, Stockholm, 2002.

[4] Ohlander, Ann-Sofie & Strömberg, Ulla-Britt, Tusen svenska kvinnoår：svensk kvinnohistoria från vikingatid till nutid, 3. (A Thousand Swedish Women's Years：Swedish Women's History from the Viking Age until now), [omarb. och utök.] uppl., Norstedts akademiska förlag, Stockholm, 2008.

图1-6 维京时代的日常生活（法罗邮票）

Source：Faroe stamps 515-517 everyday life in the Viking Age

以行医、经商。① 妇女的这些自由在基督化过程中逐渐消失，13世纪后再也未见提及。②

维京文化独特之处并不在于它有与众不同的文化特质、更不在于它有超出其他文化的领先领域。恰恰相反，维京没有自己独特的文化特征，它的文化特征，绝大多数文化都有，而其他文化拥有的独特之处，维京却未必存在。维京人几乎没有任何一个方面领先于其他文化实体，无论是自然条件，还是文化发展。所有迹象都表明，除了体型高大、勇武有力之外，维京人的文化很贫瘠，不仅与当时、当世还是与此前存在的繁荣文明相比，维京人没有自豪感，即便与欧亚大陆上一般的族群相比，地处北极圈内外、远离主流文化的维京人也找不到优越感。

维京文化属性反映在其神话世界里。北欧神话中被广泛接受的神，主神奥丁（Odin）与治疗、死亡、绞刑台、知识、战斗、巫术、诗歌、狂暴还有茹文字母有关联，女神弗丽嘉（Frigg）以智慧和先见之明而著称，弗蕾亚

---

① Ingelman-Sundberg, Catharina, *Forntida kvinnor*：*jägare*, *vikingahustru*, *prästinna* [Ancient women：hunters, viking wife, priestess], Prisma, Stockholm, 2004.

(Freya)不仅与美貌、性爱、丰饶闻名,还与黄金、战争、死亡密切联系,而手持大锤的托尔(Thor)更是司掌雷电、风暴、战争、橡树、力大无比的人类守护神,兼管农业和治疗圣徒。这些神明的一个显著特征,无论是华纳神族、阿萨神族还是后来合二为一的万神殿中的神祇,均缺乏其他多神教和一神教几乎都拥有的仁慈、宽恕和博爱的品质。这应该与其地缘文化关系密不可分。从斯堪的纳维亚半岛乃至整个北欧地区,在维京扩张之前的历史演化过程中,与欧亚非其他文明实体如希腊、罗马、埃及、小亚细亚、阿拉伯、印度和中华等比较,始终只能算是穷乡僻壤,被视为蛮族、异教徒,备受歧视,容易滋生渴望知识、智慧、财富的无集体意识并产生抗争、战斗、造反和不屈不挠的英雄主义情结。由此可以假设:维京扩张的文化根源是繁盛与贫瘠、歧视与被歧视的形成强烈比照的地缘文化关系在征服、迁徙、殖民、贸易等交流碰撞过程中,长期处于劣势的维京人借罗马文明衰落之际逆向征服、逆向迁徙、逆向殖民和强制贸易的必然反应。

维京文化的海上商业文化属性在维京扩张前长期大迁徙过程中生成,突出地表现在维京扩张过程中。一般认为,维京扩张的主要动因有:第一,报复论。维京人本土此前受到欧洲大陆的入侵,如查理曼大帝曾强制维京人皈依基督教,不从则杀。[1] 第二,人口过剩论。维京人的人口超出其土地承受力。[2] 第三,长子继承制。维京传统,长子继承不动产,其他子女则自谋出路。第四,妇女缺乏论。维京可能存在选择生育的传统,导致女性配偶匮乏,迫使男子外出搜寻配偶。[3] 然而这些推断都很难令人信服。维京扩张的首选地和全部扩张范围让报复论无法立足;挪威西部同期土地稀缺,但斯堪

---

[1] Rudolf Simek, "The emergence of the Viking age: circumstances and conditions", *The Vikings first Europeans VIII - XI century - the new discoveries of archaeology*, other. 2005: pp. 24-25.

[2] Peter Sawyer. *The Oxford Illustrated History of the Vikings*. Oxford: Oxford University Press. 2001: p. 3.

[3] James H. Barrett, "What caused the Viking Age?" *Antiquity* Volume 82 Number 317 (September 2008), 671-685; "Viking Age Triggered by Shortage of Wives?".

的纳维亚其他地区并未发生饥荒，因而人口过剩说不成立；当时，该地区尚有大量未开发的森林等资源，也可让非长子在不继承遗产的情况下生存和发展而无需承担巨大的风险出海劫掠，所以长子继承制不是理由；一部维京扩张三百年的历史表明，维京征服者并没有四处掳掠妇女带回故土作配偶，故而妇女缺乏一说不证自伪。

与当时被罗马文化接纳并推广的属于守势文化的普世基督教相比，维京本土宗教即被欧洲基督教称为异教或蛮教（Pagan，一般指非普世宗教，普世宗教视野中指野蛮人的宗教），属于攻势文化。如果说，当时尚未分裂的盛行欧洲的普世基督教是一切安分守己的保守主义者、顺从者和现有秩序维护者的精神家园和世俗统治者的思想工具。那么，维京本土宗教或北欧日耳曼异教，则是一切充满浪漫主义激情的毁灭者、造反者、不满现状和现有秩序破坏者的精神领地和世俗追求者的理想工具。

维京文化的海上商业属性表现在维京扩张过程中。维京扩张的路径主要分两个方向、每个方向各三条路线（表1-1）。维京水上探险模式之所以选择水路，而不仅仅是达到北欧陆地后，沿着陆路呈扇面或有选择地向富庶地区或薄弱地区展开，原因有六：第一，斯堪的纳维亚半岛的地理位置决定了自然经济时代维京人水上航行的相对优势，尤其是造船技术和航行技术。第二，地缘文化不利于维京人的强弱态势逼迫使然。无论数量还是质量，孤悬于北极附近的斯堪的纳维亚文化与欧洲大陆的文化程度都无法同日而语，这种局面迫使维京人只能通过水路灵活机动地速战速决。第三，乘罗马帝国衰弱之机。衰弱的罗马帝国无法统一调配力量应对维京扩张，相反，倒是出现了无数让维京人可以利用的内乱和纷争，使得维京人遇弱则抢、遇强则商，迅速集中而不是积累财富。第四，与维京文化的其他模式配合发展。第五，与维京文化几乎同根同源又占据相对强势的北欧大陆日耳曼文化，使得维京人在扩张初期难以成功。第六，最根本的，主动进取的移民集聚于斯堪的纳维亚造就了维京文化特有的冒险精神和强弱地缘文化对比刺激的维京文化特有的探究精神，构成了维京文化的特质。

表 1-1　维京扩张水上路线①

河流方向	右路	斯维茨—波罗的海—旧拉多加—伏尔加/顿河—里海/黑海—巴格达—地中海
	中路	斯维茨—波罗的海—诺夫哥罗德—基辅—第聂伯河—黑海—君士坦丁堡—地中海
	左路	丹麦—奥得河—布拉格—多瑙河—黑海—地中海
海上方向	北路	挪威—北海—法罗群岛—冰岛—格陵兰—文兰（Vinland）
	中路	挪威—北海—设得兰群岛—奥克尼群岛—爱尔兰—威尔士—韦塞克斯
	南路	丹麦—北海—布列塔尼/不列颠—里斯本—塞维利亚—地中海—比萨

在社会现实性上，不同于同期各文明体主要依靠自然条件如农耕、游牧、狩猎和渔业，通过积累财富而缓慢发展，维京海上商业文化属性主要依靠集中地缘关系中他人财富而骤然致富。海上和河流通道则有利于扩大集中财富的范围。集中财富的方式包括探险、劫掠、武士充当雇佣军及征伐、贸易和殖民等，而如何运用这些方式则根据交易对象的具体情况而决定，或单一劫掠、或围城勒索赎金、或先充当雇佣军再割据地盘实行殖民统治、或利用对方困境武力索取优惠贸易条件等，遵循的原则只有一条：利益最大化，含利润最大化和成本最小化两方面。

---

① "History of Northumbria: Viking era 866 AD-1066 AD". www.englandnortheast.co.uk, (04-01-2014); "Land of the Rus-Viking explorations to the east", National Museum of Denmark, (04-01-2014); "Dangerous journeys to Eastern Europe and Russia", National Museum of Denmark, (04-02-2014); "Viking expeditions and raids", National Museum of Denmark, (04-02-2014); "Los vikingos en Al-Andalus (abstract in English)", Jesus Riosalido, 1997; John Haywood, *Penguin Historical Atlas of the Vikings*, Penguin (1996), Detailed maps of Viking settlements in Scotland, Ireland, England, Iceland and Normandy; Matthias Schulz (August 27, 2010), "Sensational Discovery: Archeologists Find Gateway to the Viking Empire". Spiegel Online International.

第四节　维京海上商业文化结构中的武士模式和劫掠模式

维京文化实体拥有独一无二的结构模型。不同于一般以单一文化为主的实体，如游牧、渔猎、农耕文化，维京文化模型除了常规农耕文明特征之外，更同时具备了五种亚文化模式：探险、劫掠、贸易、武士和殖民。这五种结构模式相互勾连，构成维京文化有机体，体现出维京海上商业文化的本质属性（图 1-7）。

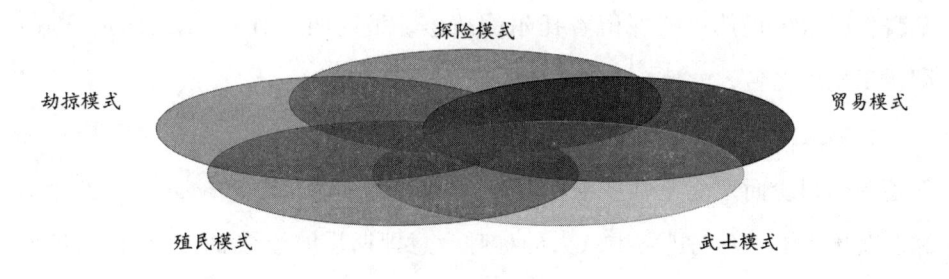

图 1-7　维京文化的结构模型

作为一种特殊贸易方式，武士雇佣军活动与社会贫穷、战乱以及尚武和男性文化密切相关。维京雇佣军文化的生成可从三个角度考察。一是北方人特有的高大体型在冷兵器时代具有天然优势，还有北方严寒困苦的自然条件养成了维京人坚毅残忍的品质。这是维京人尚武精神的物质基础。二是地缘文明程度的对比，促使维京人易于选择自身占有相对优势、对文化程度要求不高、高风险高报酬的雇佣军职业。三是历史移民，确切言之，历时数百年众多蛮族入侵罗马文明造成的混乱局势，为维京人从事雇佣军活动提供了巨大的市场需求。真实的维京武士，无论是规模还是气势，也无论是战略战术还是武器装备，包括长剑、盔甲、阵形和所向披靡的战船——龙舟，与早先罗马军团或此后的蒙古骑兵均无法相提并论。小规模的、类似于山匪海盗或绿林好汉的维京武士之所以能够开创欧洲历史上长达三百年之久的维京时代，关键在于形成了武士文化。

维京雇佣军的武士精神可以从北方神话中得到反映。除了末日大战（Ragnarok）和以主神奥丁等一系列神祇为代表的战争化身以外，战神的突出代表当属雷神托尔。在印欧宗教原型、日耳曼神话和一系列传说里，托尔是奥丁的儿子，有妻有情人，为人父亦为继父。其形象眼神凶狠、红发红须，[1] 束武神腰带、戴铁质手套，执砸山大锤、乘羊拉两轮或四轮战车，杀敌无情，有屠戮蛇妖之说（类似于屠龙）。[2] 直至现代，北欧民间传说和非基督教民众中仍然广泛保留着托尔的故事。星期四（Thursday, Thor's day）即源于托尔之名。

影响最深远的维京雇佣军活动当属留里克（Rurik）兄弟应邀到斯拉夫部落调解纠纷而建立基辅罗斯。瓦良格人（Varangians, Varyags）是希腊语和东斯拉夫语对东向进发维京人的称呼，意即斯堪的纳维亚人。[3] 根据俄罗斯第一部编年史《往年纪事》（*Primary Chronicle*）记载，综合后世各方研究成果特别是现代父系基因族谱学对留里克家族的研究，至少可以确认：维京人的三位王子留里克兄弟应邀统治内争不已的斯拉夫部落，率部族先在诺夫哥罗德、继而基辅、后在莫斯科建立了公国，[4] 成为现代俄罗斯、乌克兰和

---

[1] H. R. Ellis Davidson, *Gods and Myths of Northern Europe*, 1964, repr. Harmondsworth, Middlesex: Penguin. 1990: p. 85.

[2] Henry A. Bellows. *The Poetic Edda*. American Scandinavian Foundation. 1923: p. 23.

[3] Rurik (Norse leader) Britannica Online Encyclopedia.

[4] Jaroslaw Pelenski. *The Contest for the Legacy of Kievan Rus'*. New York: Columbia University Press. 1998: p. 2.

第一章　西方大国原型初始值——维京海洋商业文化实体

白俄罗斯三国的原型。①②③留里克王朝统治俄罗斯起于862年、止于1598年俄罗斯"动乱时期",之后才被诺曼罗夫家族替代直至俄罗斯20世纪十月革命。留里克兄能被东斯拉夫部落邀请建立统治本身就已说明,当时维京武士或维京雇佣军就已经声名远播,足以平息各种复杂纷争并建立秩序和实施稳定的统治。正因为如此,苏联学者才强调维京人的雇佣军身份而不是英伦三岛等地学者强调的海盗身份。留里克家族也因此在欧洲各地开枝散叶,成为欧洲最古老的王族之一。

最负盛名的维京雇佣军当属拜占庭帝国的瓦良格卫队。维京武士充当拜占庭帝国皇帝个人的卫队主要是在10~14世纪,成员来自日耳曼各族、特别是斯堪的纳维亚地区和诺曼征服英格兰之后移民出来的盎格鲁-撒克逊人。④ 最早于874年开始在拜占庭从事雇佣军的维京人来源于基辅罗斯;988年基辅罗斯大公弗拉基米尔一世在经过罗斯洗礼皈依基督教之后,依照约定派遣六千名维京武士军事援助拜占庭皇帝巴兹尔二世。⑤ 由于拜占庭皇帝对本地人不守规矩和反复无常难以信任,于是雇佣忠诚的维京武士担当自己的卫队,⑥这也说明当时维京雇佣军在欧洲统治者中间已经确立了声誉,形成了自己的武士文化。

愿意前往拜占庭的维京武士如此之多,特别是10~11世纪的欧洲另外两个宫廷基辅和伦敦也在征召斯堪的纳维亚武士的时候,以至于维京武士出

---

① Rurik Dynasty (medieval Russian rulers) Britannica Online Encyclopedia.
② Simon Franklin and Jonathan Shepherd. The Emergence of Rus 750-1200. Harlow, Essex: Longman Group, Ltd. 1996: pp. 38-39.
③ Family Tree DNA's Rurik Dynasty DNA Project. https://www.familytreedna.com/public/rurikid/default.aspx. (March 20, 2016)
④ Nicholas C. J. Pappas. *English Refugees in the Byzantine Armed Forces: The Varangian Guard and Anglo-Saxon Ethnic Consciousness.* http://deremilitari.org/2014/06/english-refugees-in-the-byzantine-armed-forces-the-varangian-guard-and-anglo-saxon-ethnic-consciousness/ (March 21, 2016).
⑤ Thomas Craughwell. *How the Barbarian Invasions Shaped the Modern World.* (March 21, 2016).
⑥ Raffaele D'Amato. *The Varangian Guard 988-1453.* Osprey Publishing. 2010: pp. 6-7.

发地之一瑞典不得不规定，继续留在拜占庭的人将丧失继承权。此规定旨在阻止斯堪的纳维亚向外移民。① 各地维京武士以忠于誓约、至死不渝的品质赢得了声望。维京雇佣军不仅担任宫廷卫队，也参加各地战争，尤其是关键战役。因为他们是各国的精锐之师，总是在关键时刻出现在战役的关键地方，起着决定性的作用。到13世纪后期，在拜占庭的维京人多融入到拜占庭希腊民族当中，虽然一直到14世纪，君士坦丁堡的维京人仍然坚持认同自己的身份还是"瓦良格人"。②

维京劫掠，特别是维京人通过海上西向劫掠，震撼了罗马世界和基督教世界，因此留下了"海盗"的恶名，以至于直到现在，中国人通过翻译依然将"Viking"译成、也理解为"北欧海盗"。尽管将维京理解为海盗严重地以偏概全，却也不算颠倒黑白。维京扩张三百年也是维京劫掠三百年，所产生的影响几乎为后世所有的欧洲大国所继承并进一步发展：现代大国通过向外扩张、包括向海外扩张进行殖民统治，几乎劫掠了全世界。

有记录的维京劫掠始于793年6月8日维京劫掠英格兰林迪斯法纳（Lindisfarne）修道院。小规模维京海盗有计划地摧毁了修道院，将僧侣在修道院杀死或抛入海中溺死或带回充当奴隶，同时将修道院的金银器物悉数掠走。此举震惊了欧洲和基督教世界，并被《盎格鲁-萨克森编年史》（*The Anglo-Saxon Chronicle*）所记载。③④从此维京人开始了以聚敛财富为目的，劫掠不特定对象的历史进程。沿河海水路延伸，包括繁华都市和穷乡僻壤在内，维京劫掠范围几乎覆盖了环绕欧洲大陆的所有沿线地区。

除了不列颠群岛及周边岛屿外，西路维京人沿欧洲西海岸抢劫。845

---

① Sven B. Jansson. *Runstenar*. STF, Stockholm. 1980：p. 22.
② Mark Bartusis. *The Late Byzantine Army*：*Arms and Society* 1204-1453. Philadelphia. 1992：pp. 272-275.
③ "History of Lindisfarne Priory". English Heritage. (March 24, 2016).
④ Michael Swanton. *The Anglo-Saxon Chronicle*. Psychology Press. 1998：p. 57.

年，拉格纳（Ragnar Lodbrok）率众围攻巴黎，从卡洛琳王朝光头查理手中索取了 2 750 公斤金银币赎金。① 885—886 年维京人再度围攻巴黎，从胖子查理手中又索取了 257 公斤银币赎金并获准沿塞纳河抢劫勃艮第地区。911 年，维京首领罗洛（Rollo）迫使查理三世签订条约获取了诺曼底封地，② 后来此处维京人与当地文化融合使诺曼底成为西欧主要封建大国之一，同时也改变了卡洛琳王朝的命运。西海岸的一系列劫掠活动极大地壮大了维京人势力尤其是海上力量，为后来征服英格兰、意大利南部和从事十字军东征奠定了坚实基础。

　　1204 年 4 月 13 日第四次十字军东征攻陷君士坦丁堡后连续三天洗劫，影响所及，至今尚存。三天的烧杀淫掠，其恶劣程度足以让任何古代野蛮民族和当时的异族瞠目结舌。十字军骑士以宗教之名大肆烧杀抢掠他们声称要保卫的神父、修女和教堂财产，包括扯下十字架和嵌在祭坛上的银器。③④ 此种行径虽然遭到无意间发动十字军东征的罗马教皇英诺森三世的谴责，⑤ 教皇最终却接受了部分劫掠来的财产，并在 1215 年召开的第四届拉特兰（Lateran）会议上事实承认了洗劫君士坦丁堡的合法性。第四次十字军东征围攻君士坦丁堡，交战双方的决定性力量都是维京武士，一方是来自意大利南部维京人王国的威尼斯人，另一方是拜占庭帝国皇帝的瓦良格卫队，卫队在关键时刻要挟增加佣金。此次事件表明，分属两个阵营的维京人双方分别以忠于神圣教皇和同样神圣的世俗皇帝之名，最终殊途同归，均以效忠于现实财富而告终。

---

　　① Peter Sawyer. *Illustrated History of the Vikings*. Oxford University. 2001：p. 40.
　　② Francois Neveux. *A Brief History of The Normans*. Constable and Robinson Ltd. 2006；p. 62.
　　③ Speros Vryonis. *Byzantium and Europe*. New York：Harcourt, Brace & World. 1967；p. 152.
　　④ Philip Hughes. "Innocent III & the Latin East" *History of the Church*. vol. 2. Sheed & Ward. 1948：p. 372.
　　⑤ Pope Innocent III, *Letters*, 126 (given July 12, 1205, and addressed to the papal legate, who had absolved the crusaders from their pilgrimage vows). Text taken from the Internet Medieval Sourcebook by Paul Halsall. Modified. Original translation by J. Brundage.

第五节　维京海上商业文化结构中的
贸易模式和殖民模式

　　维京人构建和运行的贸易网络覆盖了他们已知的全部世界，深刻地影响了斯堪的纳维亚和整个欧洲的经济（图1-8）。① 其中，最为人称道的是连接斯堪的纳维亚、基辅罗斯和拜占庭帝国的"瓦良格-希腊商道"（the trade route from Varangians to Greeks）。该线路由瓦良格人为贩运奴隶和其他高利润商品探索出来的，从波罗的海沿岸贸易中心日德兰半岛、海泽比等地经过基辅到黑海边繁华都市君士坦丁堡，将欧洲的若干主要河流、湖泊的分水岭、甚至山脊都纳入复杂的贸易网格之中。另一条重要贸易通道是"伏尔加商道"（the Volga trade route）。该线路也由瓦良格人探索创建，在北方与"瓦良格-希腊商道"重叠后分开，主要途经伏尔加河流而得名，同时也经过第聂伯河流域到里海，最远到达伊斯兰世界中心巴格达。这条更为艰难的路线不仅有江河湖海之险、翻山越岭之难，间或还要动用骆驼穿越沙漠。跨文化障碍、言语不同、关税壁垒和交易货币都是难题。证据显示，北非的铸币通用于这条路线，斯拉夫语是通用语。② 至11世纪，伏尔加商道由于阿拉伯帝国阿巴斯王朝白银大量外流而渐趋衰落。③ 还有一条古已有之的"琥珀之路"也为维京商人所充分利用。北欧盛产的琥珀，自古在欧洲就有"北方黄金"之称。琥珀之路是一张连接南、北欧贸易网，主要将北方琥珀从北海、波罗的海沿岸经由维斯瓦河、第聂伯河转运至希腊、意大利、黑海、地

---

①　James Graham - Campbell. *The Viking World*. London: Frances Lincoln Ltd. Maps of trade routes. 2013.

②　P. B. Golden. "Rus." *Encyclopaedia of Islam*（Brill Online）. Eds.: P. Bearman, Th. Bianquis, C. E. Bosworth, E. van Donzel and W. P. Heinrichs. Brill. 2006.

③　Donald F. Logan. *The Vikings in History* 2nd ed. Routledge. 1992: p. 202. Brøndsted, Johannes. *The Vikings*. (transl. by Kalle Skov). Penguin Books. 1965: p. 117.

第一章 西方大国原型初始值——维京海洋商业文化实体

中海、叙利亚和埃及。① 由此判断，"琥珀之路"、伏尔加商道和瓦良格-希腊商道均与连接东、西方的陆上和海上"丝绸之路"形成交集。其他包括但不限于贸易的线路还有"公牛之路"、欧洲西海岸沿线、为人熟知但当时意义不大的北大西洋航线，更有容易为人忽略却集中体现维京人探索精神的穿越极地、环绕斯堪的纳维亚半岛、后与西北航道共同构成环绕欧亚大陆的海运环形线路。

图 1-8 瓦良格贸易线路网

Varangian routes. png. https：//commons. wikimedia. org/wiki/File：Varangian_routes. png

除了在贸易中心里贝（Ribe）和海泽比（Hedeby）等地，维京商人并不熟悉铸币，而是直接使用金银块，以银块为主，金块为辅，用于流通的银

---

① J. M. de Navarro. "Prehistoric Routes between Northern Europe and Italy Defined by the Amber Trade", *The Geographical Journal*, Vol. 66, No. 6. 1925：pp. 481-503.

有条状和块状。维京商人随时携带小型衡器,甚至无需铸造币,也能精确地从事交易活动。① 维京贸易货物从日用品到异域奢侈品一应齐全。用于货物运输的船只纳尔(Knarr)独具特色,是维京商人取得成功的重要工具。② 维京进口货物主要有香料、玻璃、丝绸和葡萄酒,出口货物主要有琥珀、动物皮毛及其制品、布匹和奴隶,③ 其他贸易货物还有武器、海象牙、蜡、盐和鳕鱼。从 10 世纪开始,捕鸟活动作为一项异域项目,也由挪威出口到欧洲贵族。④维京内贸的主要货物有用于打磨陶器的皂石和用于打磨武器、刀具和其他工具的油石;③牛羊交易非常活跃,以适应严寒气候所需要的肉食和羊毛衣物;极地闪米特人的驯鹿和驯鹿角也是维京人日常原料,用于制作酒具和梳子等。④

维京进出口商品和服务并无特别之处,即便是别具一格的货运船只,也不足以说明维京的商业模式。维京商业模式特征在于:第一,地缘文化关系使维京社会与外界通商,交换商品和服务,至少维京社会没有任何限制和阻碍贸易的思想和制度;第二,恰恰相反,为了通商,确切言之,为了获取利润,维京人不惜改变信仰甚至武力迫使外界市场对其开放;第三,通过水路,包括海上和河流运输,远距离、低成本地保证了利润;第四,更特别的是,以维京社会的偏僻之地和为数不多的人口,却将贸易范围扩张到他们已知的全部世界并向未知世界不断探索市场。维京商业模式在探险精神的引领下对贸易市场的无限拓展、与武士和劫掠模式相结合对贸易方式和贸易内容的加以充实,在此基础上形成了商业主义(commercialism)的社会氛围,突

---

① Gareth Williams. BBC-History-Ancient History in depth: Viking Money. http://www.bbc.co.uk/history/ancient/vikings/money_01.shtml.
② Andrew Curry. "Raiders or Traders?". *Smithsonian Magazine*. Smithsonian Institution. 2008.
③ *Vikings as traders*, Teachers' notes 5. Royal Museums Greenwich.
④ Lise Bender Jørgensen; Judith Jesch. "Rural Economy: Ecology, Hunting, Pastoralism, Agricultural and Nutritional Aspects". *The Scandinavians-from the Vendel Period to the Tenth Century*. Center for Interdisciplinary Research on Social Stress. 2002: pp. 131-137.

显出维京商业模式已经上升到广义的文化模式。

在农耕时代，世界各地文明体对土地的重视程度不言而喻。维京神话中，尽管弗雷亚神兼具丰饶之意、雷神托尔也兼管农业，但都不是两位神明的主要形象和职责。倒是在两大神族合并之前华纳神族的弗雷（Frey）专职司掌丰饶、和平和耕耘之事，但是死于诸神黄昏大战。由此可以推测，在斯堪的纳维亚地区早期本土与外来移民之争中，本土居民倾向于农耕文化，这种文化后让位于外来文化而不再占据主导地位。由此进一步推测，移民占据维京社会主导地位，即合并后北方万神殿是维京文化传统的象征，其中，也包括殖民模式。这一条也往往被当今维京研究所误解，影响所及，大众文化也认为，维京人渴望适于耕种的土地是他们对外拓展和殖民的主要动力，如电视连续剧《维京传奇》（*The Legends of Vikings*）所表现的那样。维京人的殖民意识中的宗主观念，融合了探索、武士、劫掠、贸易等亚文化观念。

维京西支的殖民范围、方式，在专著《维京帝国》（*Viking Empires*）中已得到详细的阐述和论证，但是，这还远远不够。维京殖民活动区域的大致轮廓主要有不列颠诸岛及周边岛屿、北大西洋岛屿和北美地区、欧洲西海岸、地中海地区，包括北非沿海地区、波罗的海地区、基辅罗斯及其变迁地区、拜占庭帝国与伊斯兰世界的冲突区域等。

结论及分析

维京文化的本质是一种海上商业文化。

第一，维京文化是一种再生文化，生成于地缘文化生态关系多次突变后分离出来又集聚的移民文化。维京不是相对稳定的文明体，而是在欧亚大陆上各文明中心的边缘和外围经过长时期、多批次、反复辗转迁徙冲突后，被迫流落到苦寒贫瘠的斯堪的纳维亚及周边地区，与当地文化冲突后生成的文化实体，其中，移民文化占据主导地位。

第二，维京文化具有通过水路从他人/其他群体快速获取财富和获取建立在财富基础上荣誉的属性。相对于欧亚大陆上繁华富庶的文化中心，维京移民文化处于文明中心的边缘之外，历史文化生态关系决定了维京文化与自然经济条件下其他文化截然不同的特质，即主要不是通过自然条件缓慢积累财富和荣誉，而是通过快速变他人财富为己有并以占有的财富为基础获取荣誉。维京文化快速占有他人财富的属性决定了维京文化的另一特质——张力，无论对内还是对外，维京文化都极具张力，因此，维京文化缺少能够维系维京社会稳定的文化内核，即维京文化缺乏凝聚力。

第三，维京文化实体的结构模型由探险、劫掠、武士、贸易和殖民亚文化模式彼此勾连而成，是五位一体的松散联合体，反映了维京文化属性。小规模、文化贫瘠、经济落后的维京文化之所以能够在强势地缘文化生态中大范围、连续扩张三百年，在于其独特的文化结构模型，维京人总是在寻找相对弱势的对象侵占财富。遇到孤岛上弱小的修道院，维京利用跨海突袭的方式实施劫掠；与对手力量均衡时，维京人则利用对方内部矛盾或地缘关系矛盾，通过协定占有部分财富或优惠；在一般自然条件下，维京人通过自身的武士优势进行征伐，胜则实行殖民统治，不胜则通过协定划界而治；而遇上强大对手，维京则对其有条件的依附而共生，如接受法兰西王室封地，如皈依基督教包括分裂后的天主教和东正教，又如充当蒙古金帐汗统治的代理人等。

第二章　维京文化植入与不列颠民族国家生成

英国主流社会远不限于将阿尔弗雷德大帝所代表的盎格鲁—萨克森传统和基督教及其分支视为不列颠民族文化正统，而将维京在不列颠扩张看成外来的海盗、入侵和殖民行为，站在基督教价值观和盎格鲁—萨克森种族主义立场对其大加挞伐。一方面，以《盎格鲁—萨克森编年史》为代表的谴责和妖魔化维京而褒扬和神话盎格鲁—萨克森传统，[1] 一直占据着英国及西方主流地位。另一方面，北欧各国及德国和北美学术界提出的、逐渐为世人所接受的观点是维京在不列颠的活动不限于劫掠，也包括移民和农商活动等，意在为维京海盗名声辩护。18世纪出现了维京浪漫化评价，将其称为"高贵的野蛮人"（"noble savages"），并导致了19世纪"维京复兴"（"Viking revival"）现象，[2] 其影响所及以至，这种形象在当前西方大众文化中广泛传播。北欧等地学者甚至对维京活动给予高度评价，认为欧洲古罗马文明以

---

[1] Dorothy Whitelock. *English Historical Documents*, *c.* 500—1042. Routledge. 1979: p. 776.

[2] Johnni Langer, "The origins of the imaginary Viking", *Viking Heritage Magazine*, Gotland University/Centre for Baltic Studies, Visby (Sweden), No. 4, 2002.

外的众多"蛮族"给欧洲重新注入了生机活力，① 解救了欧洲并进一步重塑了整个世界。众多"蛮族"多波次"入侵"或移民欧洲基督教世界，三百年维京扩张是其中一个波次。从零星跨海劫掠到大规模武装征服，方式多样。伴随着维京扩张，维京文化也植入到环欧洲各地文化生态之中。维京扩张始于789年的一次小规模跨海劫掠英格兰海岸边小岛上的一座小修道院。此次劫掠活动，可视为维京文化作为初始值投入欧洲基督教世界，渐次引发不列颠群岛文化生态、此后进一步引发欧洲文化生态、再后来引发全球文化生态剧烈震荡的"蝴蝶效应"，重塑了不列颠文明、欧洲文明和全球文明生态。

第一节　英国文化体生成的初始值：
维京初登基督教不列颠群岛

有证据表明，不列颠群岛的人类活动最早可追溯到前10500年。② 存在较少争议的前维京时代侵略不列颠群岛的文化先后有三类：凯尔特（Celtic）、罗马和日耳曼。没有争议的凯尔特语言存在于欧洲大陆的时间是前9世纪，③ 至6世纪就已很少使用，现已绝迹。凯尔特孤岛语支（Insular Celtic）即孤悬海外相对封闭的不列颠诸岛上的凯尔特语则出现于4世纪，但此前早已存在。到5—8世纪，受罗马帝国和民族大迁徙中日耳曼各族扩张的挤压，在语言、艺术和宗教已经独具特征的凯尔特文化实体主要限定在爱尔兰、大不列颠的西部和北部（威尔士、苏格兰和康尔沃）、曼岛（Man）

---

① Guy Halsall, "The Barbarian invasions", Chapter 2, in Fouracre, Paul, *The New Cambridge Medieval History*, Vol. 1: c. 500–c. 700, Cambridge University Press, 2006.
② Richard Bradley. *The prehistory of Britain and Ireland*. Cambridge, UK: Cambridge University Press, 2007: p. 8.
③ David Stifter. *Old Celtic Languages* (PDF). 2008: pp. 24–37. www.univie.ac.at/indogermanistik/download/Stifter/oldcelt2008_ 2_ lepontic.pdf.

和不列塔尼（Brittany，位于法国西北部），从而形成了明显区别于周围政治实体的传统。① 现在仍在使用的凯尔特孤岛语有六种。此传统成为现代不列颠文化实体多元化的源头之一。

前55年和次年，凯撒率领罗马人入侵凯尔特的不列颠，由此拉开了罗马文化与凯尔特文化作为前后两种外来文化在不列颠群岛交锋的序幕。从43年罗马军团征服不列颠，建立罗马帝国的布列吞利亚省，到410年罗马军团撤出不列颠，不列颠嫁接了一种被称为"罗马不列颠"（Romano-British）的文化，而凯尔特文化在不列颠的其他地区依然存活了下来；② 从罗马军团撤出不列颠再到597年坎特伯雷的圣奥古斯汀来到该地，此阶段的南部不列颠保留了罗马文化的一支。③ 罗马文化影响不列颠的重要方面是建立罗马行省后，陆续有一部分不列颠居民获得罗马公民资格，到212年，除了奴隶和获得自由的奴隶，行省内的不列颠居民都获得了罗马公民身份。④

罗马和后罗马时期的不列颠，除了贸易、经济、政府设置、城乡建筑、物种引进、道路网络建设等方面外，影响深远的还有宗教冲突和融合。德鲁伊（the druids）是前基督教时期包括但不限于不列颠的凯尔特人的本土宗教阶层，⑤ 于罗马克劳迪亚斯（Claudius）皇帝时期被宣布为非法，⑥ 61年德鲁伊在威尔士对罗马毁坏他们祭坛的行为做过徒劳的反抗。⑦ 尽管如此，德

---

① Barry Cunliffe. *The Celts-a very short introduction*. Oxford University Press，2003：p.109.
② J. Gerrard. Romano-British Pottery in the Fifth Century，*Internet Archaeology* 41. 2016. http：//intarch. ac. uk/journal/issue41/intro. html. ［2016-04-08］
③ C. Snyder. "A gazetteer of Sub-Roman Britain（AD 400-600）：The British sites". *Internet Archaeology* 3. 1997. http：//intarch. ac. uk/journal/issue3/snyder_ index. html. ［2016-04-08］
④ Roman Citizenship. http：//www. romanempire. net/romepage/Citizenship/Roman_ Citizenship. htm. ［2016-04-08］
⑤ Julius Caesar. *Commentarii de Bello Gallico*. 6. 13. https：//en. wikisource. org/wiki/Commentaries_ on_ the_ Gallic_ War/Book_ 6#13. ［2016-04-08］
⑥ Suetonius，*Claudius*，25. 5. http：//penelope. uchicago. edu/Thayer/E/Roman/Texts/Suetonius/12Caesars/Claudius＊. html#25. 5. ［2016-04-08］
⑦ Tacitus，*Annals*，14. 30. http：//www. perseus. tufts. edu/hopper/text? doc = Tac. + Ann. + 14. 30&redirect=true. ［2016-04-08］

鲁伊的宗教依然存在于不列颠。基督教传入不列颠的确切时间还不确定。有文字记载的基督教存在不列颠的时间是200年前后，① 至314年基督教教会系统已经在不列颠建立，② 而基督教被罗马帝国宣布为合法的时间是313年、被定为国教的时间是391年。

410年罗马军团撤出不列颠后，即所谓后罗马不列颠时期，一度出现的权力真空给不列颠造成了剧烈的文化震荡。此后，不列颠历史文化出现了盎格鲁—萨克森的英格兰时期。盎格鲁—萨克森人在不列颠的活动虽不如凯尔特人那么扑朔迷离，但由于对现代文明影响更大，争议也更趋复杂化。有记录表明，早期日耳曼人渗入不列颠的日期可追溯到罗马帝国倾覆之前，③ 较为可信的说法是罗马军团从日耳曼人故乡招募士兵并被派往英格兰，④ 这种方式的移民一直持续到罗马军团撤出英格兰后，盎格鲁—萨克森人被招募去防卫英格兰并参与442年盎格鲁—萨克森的首次反叛。⑤ 据流传甚广的《盎格鲁—萨克森编年史》（*Anglo-Saxon Chronicle*）记录：来自不同日耳曼王国的盎格鲁—萨克森人合并到一起，由三五只船组成的小型船队入侵英格兰沿岸与罗马属国的不列颠人作战并征服该地。⑥ 总体而言，盎格鲁—萨克森入驻不列颠属于300—700年之间大移民时期亦称蛮族入侵时期，盎格鲁—萨克森人将不列颠人要么屠杀、要么逐出英格兰、要么将其贬为奴役，从而在英格兰建立其自己的大小王国即七国时期（Heptarchy）。纵观欧美学者不厌

---

① Tertullian, *De Adversus Judaeos* [*An Answer to the Jews*], 7.4. http：//www.tertullian.org/anf/anf03/anf03-19.htm#P2141_ 725966. ［2016-04-08］

② Charles Thomas. *Christianity in Roman Britain to AD* 500. Routledge, 1981.

③ J. Myers. *The English Settlements*, Chapter 4：The Romano British Background and the Saxon Shore. Oxford University Press, 1989.

④ Bryan Ward-Perkins. *The fall of Rome：and the end of civilization*. Particularly. Oxford：OUP, 2005：pp.38-39.

⑤ J. Myers. *The English Settlements*, Chapter 5：Saxons, Angles and Jutes on the Saxon Shore. Oxford University Press, 1989.

⑥ Michael Jones. *The End of Roman Britain*. Ithaca, NY：Cornell University Press, 1998：p.71.

其烦的考古、地名和基因检测寻找证据，争议的焦点不是史实本身，如欧洲大移民还是蛮族入侵罗马，而是观点对立：盎格鲁—萨克森到达不列颠是一般意义上的移民，还是侵略殖民？欧美学者争论是道义之争，掺杂着浓厚的民族文化中心主义情绪。主流的亲近盎格鲁—萨克森移民英格兰并成为不列颠民族文化正统的一派愿意将正当性加在盎格鲁—萨克森人头上，却不愿将正当性加在后来类似情形的维京人头上。

尽管大体上维京人与盎格鲁人、萨克森人、甚至更早的凯尔特人同属北欧的日耳曼部落，同是先后到达不列颠群岛的移民或殖民者，然而，对他们的评价和历史地位却明显不同。一般而言，盎格鲁—萨克森人高高在上，虽然他们上升为不列颠文化主导地位的原因依然众说纷纭；凯尔特人寂寂无闻，在英格兰似乎销声匿迹或者莫名其妙地成为不列颠人（Britons），令人同情；只有多神教的维京人，被明确烙上"海盗"印记并钉在历史的耻辱柱上。

维京劫掠之前，不列颠北部，分布着三个以种族划分的、以王国形态存在的文化实体：皮克特（Pict）、苏格兰和不列颠（Briton）。[1] 皮克特人占据了苏格兰大部分以及其他地区。根据文献资料，苏格兰人在5世纪后期从爱尔兰北方渡海而来。但是至今，考古发现仍然分不清皮克特和苏格兰文化的差异。不列颠人居于古代北方（the Old North）即现在的苏格兰南部和英格兰北部，而到7、8世纪时，不列颠人明显处于盎格鲁—萨克森的政治控制之下。9世纪中期，盎格鲁—萨克森的英格兰被划分为四个独立王国：东安格利亚（East Anglia）、韦塞克斯（Wessex）、诺森布里亚（Northumbria）和麦西亚（Mercia），其中，麦西亚的军事实力最强。[2] 当时，英格兰居民人口有50万至100万，生活在严格的等级制度之下。社会等级分四层：王室和

---

[1] James Graham‑Campbell and Colleen Batey, *Vikings in Scotland: An Archaeological Survey*. Edinburgh: Edinburgh University Press, 1998, pp. 5, 14-16, 18.

[2] Julian Richards. *Viking Age England*, London: B. T. Batsford and English Heritage, 1991: p. 13.

郡长（Ealdormen）等位于顶层；大乡绅（thegns）和地主次之；各种农业工人又次之；奴隶位于最底层，约占人口的四分之一。人口主要分布在乡村，尽管也有少数分布在大城市如伦敦和约克。此外，还有若干贸易港口，如南安普顿和伊布斯维奇，用于对外贸易。①

根据不确切的描述，最早的维京劫掠应该是789年发生在盎格鲁—萨克森的英格兰。来自霍达兰（Hordaland，现代挪威的一个县）的三只龙首（图2-1）船在韦塞克斯王国南部海岸的波特兰（Portland）岛登陆。首先接触三只船的是多尔切斯特（Dorchester）检查入境商人的皇家官员，结果官员被杀。该事件的记录到此中断。后来这些入侵者可能从事了劫掠活动，因为792年麦西亚国王奥发（Offa）为抵御"异教徒"劫掠肯特（Kent）而安排了防卫措施。③

紧接着发生的就是著名的林迪斯法纳（Lindisfarne）修道院劫案。《盎格鲁—萨克森编年史》记录了这次劫掠：793年6月8日，一小队维京人杀死了僧侣并洗劫了英格兰东海岸附近这个小岛上的修道院。对此行径，当时约克大主教阿尔昆（Alcuin）悲愤强烈地谴责了这些异教徒。可能正是由于大主教的谴责，该事件成为维京扩张或"维京侵略时代"的起始点。次年，维京人又洗劫了附近一个大修道院。② 又次年，维京人抢劫了苏格兰西海岸爱奥那（Iona）小岛上的大修道院。该修道院可能于802年和806年被反复洗劫，最后僧侣们只好放弃修道院，逃到爱尔兰的另一个修道院。③ 9世纪第一个十年，维京人开始打劫爱尔兰沿海；④ 835年，维京劫掠范围扩展至

---

① Julian Richards. *Viking Age England*, London: B. T. Batsford and English Heritage, 1991: p. 16.

② Peter Blair. *An Introduction to Anglo-Saxon England* (Third Edition), Cambridge: Cambridge University Press, 2003: p. 55.

③ James Graham-Campbell and Colleen Batey, *Vikings in Scotland: An Archaeological Survey*, Edinburgh: Edinburgh University Press, 1998: p. 24.

④ Peter Blair. *An Introduction to Anglo-Saxon England* (Third Edition) . Cambridge: Cambridge University Press, 2003: p. 66.

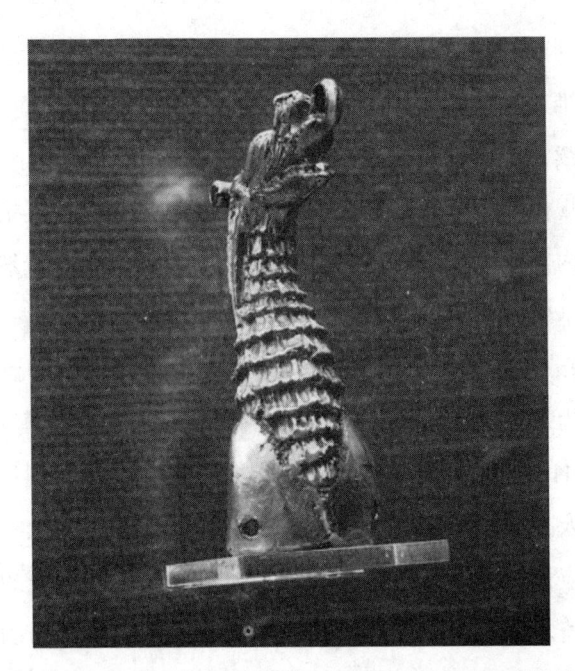

第二章 维京文化植入与不列颠民族国家生成

图 2-1 爱尔兰维京墓出土的龙首（现存于哥本哈根国家博物馆）

Fire-gilded dragon's head from Ireland, found in a Viking grave at Stavanger, Norway

（Nationalmuseet, Copenhagen）

苏格兰南部地区。① 一系列对修道院的劫掠，并不是这些北方人反基督教，而仅仅是因为他们认为这些修道院有金银器物却没有防卫，容易得手而已。② 这些小规模零星的劫掠活动开始逐渐过渡到有计划的行动。不同于以往的夏季劫掠，840—841 年冬季，维京人开始在爱尔兰附近的小岛上过冬，伺机劫掠；850 年，维京人第一次在英格兰过冬；854 年第二次过冬；864年，在外出打劫之后，回到冬季营地。③

---

① Peter Blair. *An Introduction to Anglo-Saxon England* (Third Edition). Cambridge: Cambridge University Press, 2003: p. 68.

② James Graham - Campbell and Colleen Batey. *Vikings in Scotland: An Archaeological Survey*. Edinburgh: Edinburgh University Press, 1998: p. 32.

③ Richard Hall. *Viking Age archaeology*. Shire Publications, 2010. p. 13.

维京在不列颠群岛活动的第一阶段主要就是抢劫财物。这些跨海劫掠活动直接体现了维京文化的本质：探险、尚武和为追逐财富而不避任何风险、不择手段。持续几十年的系列小规模劫掠活动与8、9世纪欧洲舞台上基督教世界内部大规模的征伐杀戮相比是微不足道的，即使与英格兰岛上盎格鲁—萨克森世界内部小王国之间的征战兼并相比也不值一提，然而，这些劫掠活动的对象是基督教修道院，挑战了基督教的权威和秩序。一方面，无论是《盎格鲁—萨克森编年史》的记载还是对现代考古发现的解读，都有意无意地将维京人视为加害者、同时将盎格鲁—萨克森人视为受害者；另一方面，自罗马军团于410年撤出英格兰到793年维京人出现在不列颠这段时期，盎格鲁—萨克森人在英格兰崛起并建立大小王国成为主流文化实体这样历时长久、事件繁多应该被记入编年史且应该有大量文物可以考证的历史过程却含混不清，有掩盖之嫌。由此可见，关于维京劫掠不列颠群岛的这段历史描述主要体现了盎格鲁—萨克森民族本位和基督教价值观。

第二节　英国文化体的雏形：维京建立"丹麦区"

随着零星、自发、小规模的劫掠发展到有计划、长时间驻扎在不列颠从事专门劫掠活动，自865年起，维京人改变了对不列颠的观念：不再将不列颠诸岛视为劫掠地区而将其视为潜在的殖民地区。因而，维京成建制的军队正式登上不列颠海岸，意在征服并实施殖民统治。①

866年，来自北方的蛮教雄狮（Great Heathen Army）占领了英格兰两大重镇之一约克城。871年，领导抗击维京入侵的韦塞克斯国王埃塞雷德亡故，王位由其弟（后来被称为阿尔弗雷德大帝 Alfred the Great）继任。在当时情形下，英格兰的国王们纷纷向入侵者让步，交出土地。876年至880年

---

① Richard Hall. *Viking Age archaeology*. Shire Publications，2010. p. 15-20.

期间，诺森布里亚、东安格利亚、麦西亚陆续出让领土。① 当时，根据《盎格鲁—萨克森编年史》记载，似乎只有阿尔弗雷德国王在抵抗，退守自己王国西南一隅，以致在最危急时刻，被迫躲进沼泽地才侥幸逃脱。②

878 年，阿尔弗雷德重新集结力量，在爱丁顿（Edington）战役中挫败古斯罗姆（Guthrum）率领的蛮教雄狮③。由于古斯罗姆失败，886 年，《韦德摩尔条约》(Treaty of Wedmore) 由维京人控制的东安格利亚与韦塞克斯双方签订。条约划分了双方边界：维京人控制的地区被称为"丹麦区"（Danelaw），其西方和南方仍然由盎格鲁—萨克森人统治（图 2-2）。此后，阿尔弗雷德政府着手建造了一系列城堡、创立了海军并构建了民兵体系。凭着新的防御系统，韦塞克斯王国成功地抵御了后来维京入侵者的持续攻击并于 896 年驱散了他们，最终迫使这些北方殖民者定居于东安格利亚和诺森布里亚，另有一部渡海转向诺曼底。④

阿尔弗雷德反对北方入侵者的政策后为其女儿和儿子所继承。920 年，诺森布里亚政府和苏格兰人政府都臣服于韦塞克斯王国；以此为基础，937 年布汝南堡（Brunanburh）战役导致了维京人在不列颠北部殖民统治崩溃；954 年，约克城内维京最后一位国王血斧埃里克（Erik Bloodaxe）被逐出该城。⑤

根据西萨克森国王阿尔弗雷德和丹麦（不限于现代丹麦范围）军阀古斯罗姆签订条约划定的边界，丹麦区主要位于英格兰东部和北部，包括英格兰两大重镇伦敦和约克在内，大体上覆盖了十四个郡：约克（York）、诺丁汉（Nottingham）、德比（Derby）、林肯（Lincoln）、埃塞克斯（Essex）、剑

---

① Richard Hall. *Viking Age archaeology*. Shire Publications，2010. p. 15-20.
② Richard Hall. *Viking Age archaeology*. Shire Publications，2010. p. 15-20.
③ Richard Hall. *Viking Age archaeology*. Shire Publications，2010. p. 15-20.
④ Richard Hall. *Viking Age archaeology*. Shire Publications，2010. p. 15-20.
⑤ Richard Hall. *Viking Age archaeology*. Shire Publications，2010. p. 22.

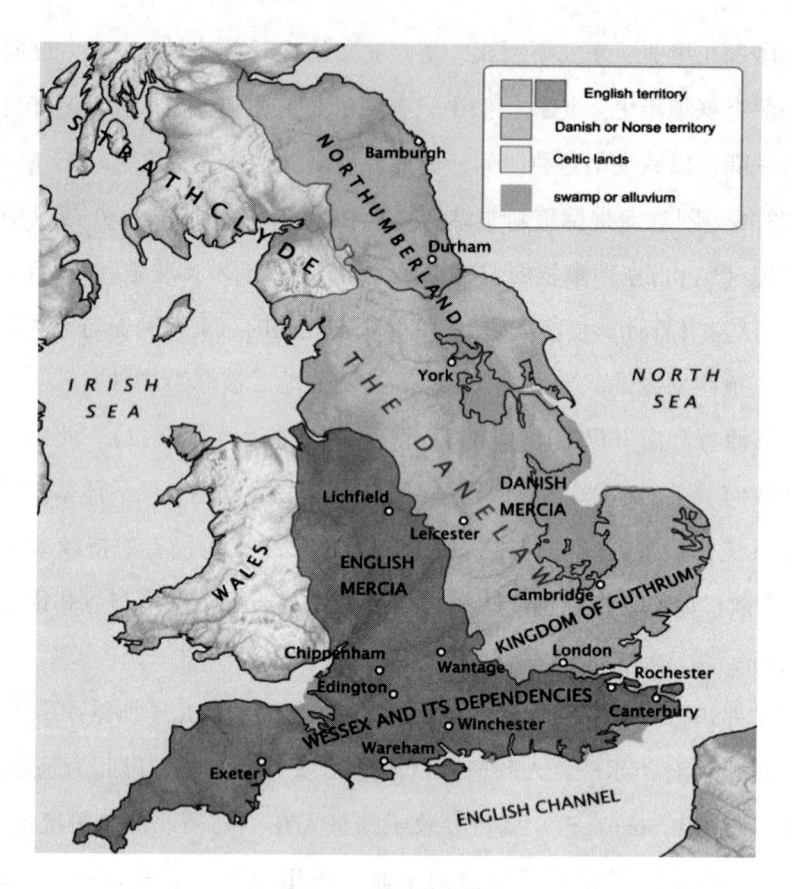

图 2-2 878 年的英格兰

England and Wales at the time of the Treaty of Chippenham (AD 878). From the Atlas of European History, Earle W Dowe (d. 1946), G Bell and Sons, London, 1910.

桥（Cambridge）、萨福克（Suffolk）、诺福克（Norfolk）、北安普顿（Northampton）、亨廷顿（Huntingdon）、贝德福德（Bedford）、哈特福德（Hertford）、米德尔赛克斯（Middlesex）和白金汉（Buckingham）。[①] 丹麦区的存在造成了英格兰与维京文化的冲突和融合，一个显著的标志是在英格

---

① The Blackwell Encyclopedia of Anglo-Saxon England, ed. Michael Lapidge, 2008: p. 136.

兰土地上出现了各种盎格鲁—挪威方言（Anglo-Norse dialects）。[1]

可能更加意味深长的事件，是据《盎格鲁—萨克森编年史》记载，878年阿尔弗雷德集中力量在爱丁顿战役击败古斯罗姆后，丹麦人退至切本哈姆（Chippenham）。在此地，阿尔弗雷德又包围了丹麦人并迫使其投降。作为投降的一项条件，古斯罗姆必须接受基督教洗礼，由阿尔弗雷德充当教父。[2]参照维京人在其他地区接受基督教洗礼的情形判断，如攻打拜占庭帝国和围攻巴黎后接受洗礼，古斯罗姆作为投降条件被迫接受基督教并不可信。

在此期间，维京移民区域远远超出英格兰范围。这些移民或殖民地区还包括赫布里底群岛（Hebrides）、奥克尼群岛（Orkney）、法罗群岛（Faroe Islands）、爱尔兰、冰岛、格陵兰、法兰西诺曼底、波罗的海沿岸、现俄罗斯和乌克兰一带。此后，维京移民/殖民范围还一路延伸至意大利、拜占庭帝国、中东、北非和北美。英格兰不过是维京扩张征途中的一站。无论如何，维京人建立丹麦区的殖民文化形态促使了不列颠精英们即四层社会等级结构的中上层以盎格鲁—萨克森为中心的民族意识的觉醒，而接下来维京人建立的北海帝国则为日后不列颠民族国家的跨海扩张殖民提供了一个可以直接套用的殖民样板。

第三节　英国文化体的形成：
维京"北海帝国"兼并英格兰

由于西萨克森阿尔弗雷德大帝率领韦塞克斯王国坚持抵抗维京入侵，保住了盎格鲁—萨克森在英格兰的一席之地，到他的后任者平和埃德加

---

[1] "Danelaw Heritage". http://www.viking.no/. [2016-04-16]
[2] D. M. Hadley. *The Northern Danelaw: Its Social Structure*, c. 800-1100, Leicester University Press, 2000: p. 310.

（Edgar the Peaceful）在位时，英格兰在政治上进一步统一，埃德加被视为英格兰全境包括盎格鲁—萨克森人和维京居民在内的国王。这个昙花一现的统一王国通常被看作与现代英国一脉相承。埃德加的继任者，其子殉道者埃德加（Edward the Martyr）于978年遭谋杀；其后，埃塞烈德二世（Ethelred the Unready）在位期间，君主的政治力量衰弱了。① 980年，从斯堪的纳维亚出发的维京人开始再次攻击英格兰。面对攻击，英格兰政府（English government 此时不再是四个或七个王国的国王）决定的唯一应对办法是付出保护费，并于991年交付10,000英镑给维京入侵者。这个数目无法满足入侵者的胃口，此后十年，保护费的数量不断增加。② 对此，英格兰许多人要求采取敌对方式应对维京人，于是，埃塞烈德二世于1002年宣布，所有居住在英格兰的丹麦人都要被处决。史称"斋日大屠杀"（St. Brice's Day massacre）随即发生。③ 该事件的过程，如同盎格鲁—萨克森在后罗马—不列颠时期的崛起过程一样神秘，英国史料语焉不详。

1013年，丹麦国王斯温一世（Sweyn Forkbeard）率大军入侵英格兰，埃塞烈德二世逃往诺曼底，斯温取得英格兰王位。不到一年，斯温亡故，于是，埃塞烈德又回来重拾王冠。然而，1016年，北方大军又至，领军的是丹麦国王克努特大帝（Cnut the Great）。经过阿三顿一役（Battle of Assandun），盎格鲁—萨克森军队大败，克努特成为英格兰国王。如此一来，克努特统治了英格兰和丹麦两个王国。1035年，克努特亡故，两国又分离如初。1040年克努特的儿子哈桑克努特（Harthacnut）取得英国王位，两个王国再次归于一统，仅仅维持了两年，1042年随着哈桑克努特的猝死，两国再次独立。④

---

① Julian Richards. *Viking Age England*. London: B. T. Batsford and English Heritage, 1991: p. 24.
② Julian Richards. *Viking Age England*. London: B. T. Batsford and English Heritage, 1991: p. 24.
③ Julian Richards. *Viking Age England*. London: B. T. Batsford and English Heritage, 1991: p. 24.
④ Julian Richards. *Viking Age England*. London: B. T. Batsford and English Heritage, 1991: p. 28.

第二章 维京文化植入与不列颠民族国家生成

克努特大帝（Cnut the Great）于 1016 年至 1035 年统治的王国跨越北海，又称北海帝国（North Sea Empire）或盎格鲁-斯堪的纳维亚帝国（Anglo-Scandinavian Empire），覆盖英格兰、丹麦、挪威和现在瑞典部分地区，附庸国包括波罗的海西岸和南岸部分地区、除爱尔兰部分地区以外的所有不列颠群岛及其以北岛屿，盟国有波兰和诺曼底等（图 2-3）。如一位历史学家所评价：在拉丁基督教世界里，克努特尽管名义上仍然是一位国王，实际上是 11 世纪初期除了神圣罗马帝国以外唯一例外的皇帝，是四个王国的共主和其他王国的霸主。他掌控着不列颠群岛和斯堪的纳维亚半岛两个地区的命运，他的舰队主宰着北海和波罗的海。他已然建立了一个帝国。① 有趣的是，后世英国即便在其"大英帝国"鼎盛时期，君主们也继承了这一传统，只称王却从不称帝。

在地缘政治文化关系上，克努特在继承丹麦区由多神教向基督教转化的基础上②，进一步不遗余力的抬高、保护基督教会的地位和利益，由此取得了欧洲基督教统治者的认可，而在此之前斯堪的纳维亚的国王们从未取得过承认。③ 在斯堪的纳维亚，克努特的父亲斯温一世直到后半生才皈依基督教。克努特在挪威广建基督教堂，尊重并资助神职人员，但是在其地位不牢之前，仍然与多神教的首领们（Chieftains）结盟，也不像奥拉夫（Olaf）国王那样通过立法给予基督教以特权。④

在治理帝国方面，克努特引入了北方评议会（Thing, Assembly）演化而来的贤人会（Witenagemot）。他将英格兰按照斯堪的纳维亚模式分为四个伯爵领地，韦塞克斯由其本人直管，其余三个领地东安格利亚、诺森布里亚、

---

① Laurence Marcellus Larson. *Canute the Great*: 995（circ.）-1035 *and the Rise of Danish Imperialism during the Viking Age*. New York: Putnam, 1912: p. 257.
② Palle Lauring, Tr. David Hohnen. *A History of the Kingdom of Denmark*. Copenhagen: Host, 1960: p. 56.
③ Frank Stenton. *Anglo-Saxon England*, 3rd ed, Oxford: Clarendon, 1971: pp. 396-397.
④ Viggo Starcke. *Denmark in World History*. Philadelphia: University of Pennsylvania, 1962: p. 284.

图 2-3　北海帝国疆域

The work created by Briangotts. Cnut the Great's domains, c. 1028, in red. Vassals are denoted in orange, with other allied states in yellow

麦西亚分别委任他的盟友为伯爵管理。1018 年，在牛津城的一次会议上，克努特的随从和英格兰人的代表同意克努特在埃德加国王的法律框架内治理英格兰。克努特没有自己的都城，经常外出，在各国均留有自己的代理人治理，这表明了克努特对包括英格兰在内各国强有力的控制。他还任命英格兰人为英格兰各伯爵领地的代理人，这往往会招致丹麦人的怨言。最终，克努特陆续委任自己的儿子们为各国的代理人，以此表明他无意建立一个北方帝国而仅仅打算在他死后各国仍然保持联合。[①] 这种愿望符合斯堪的纳维亚传统，也符合各国利益。但是，终其一生，克努特也没能找到忠诚且有能力的代理人为其管理各国事务；在其死后，他的儿子们也没能一统北方各国。

---

① Frank Stenton. *Anglo-Saxon England*, 3rd ed. Oxford：Clarendon, 1971：pp. 398-406.

第四节　英国文化体的重塑：维京诺曼征服英格兰

北海帝国解体后，维京在英格兰仍然占据着主导地位。此后地缘文化格局的变动主要围绕维京各派的角逐带动各地缘文化实体分化组合，范围包括不列颠与海峡对岸、不列颠与维京本土以及不列颠诸岛内部。其中，维京的一个分支，当初遭遇阿尔弗雷德大帝率众抵抗后转向海峡对岸诺曼底的维京人后裔，再次以更加咄咄逼人的气势深度冲击不列颠诸岛。

1066年1月英格兰国王，盎格鲁-萨克森人忏悔者爱德华（Edward the Confessor）死亡，因其无子，遂引发了激烈的王位之争，几位竞争者均声称有资格继承①。爱德华的直接继承者是既富有又有实力的韦塞克斯伯爵哈罗德·葛温森（Harold Godwinson），由贤人会选举、约克大主教加冕登基。哈罗德当即受到海峡对岸维京后代诺曼底威廉公爵的挑战，后者声称，此前爱德华已经承诺由威廉公爵继位且哈罗德发誓同意。②还有一位王位竞争者是挪威国王哈拉尔德三世（Harald Hardrada），他声称，他的前任与爱德华的前任早已约定，双方中的一方如无子嗣，则由对方继承英格兰和挪威两国王位②。如此一来，威廉和哈拉尔德各自着手集结部队和船只，准备渡海入侵英格兰。③

1066年9月初，挪威国王哈拉尔德率领一支300只船、可能有15,000人的部队登陆北英格兰，虽然取得了9月20日福尔福德（Fulford）战役的

---

① Nick Higham. *The Death of Anglo-Saxon England*. Stroud, UK: Sutton, 2000: pp. 167-181.
② Nick Higham. *The Death of Anglo-Saxon England*. Stroud, UK: Sutton, 2000: pp. 188-190.
③ Richard Huscroft. *Ruling England 1042-1217*. London: Pearson/Longman, 2005: pp. 12-14.

胜利,① 最终却于 9 月 25 日的斯坦福桥（Stamford Bridge）战役中大败。② 在历经国内外战争后，此时英格兰王师已为胜利付出了沉重的代价，处于疲弱残破状态。此时，王位之争远未结束，更大更多更复杂的战事在不列颠群岛接踵而至（图 2-4）。

图 2-4　1066 年诺曼征服英格兰主要事件发生地点

Location of major events during the Norman conquest of England in 1066. Sources are the 2010 AZ Great Britain Road Atlas, adapted from a map on page 10 of Peter Marren 1066 The Battles of York, Stamford Bridge & Hastings published by Leo Cooper 2004.

法兰西诺曼底公爵威廉二世，即后来的征服者威廉是一位来自维京文化

---

① Ian Walker. *Harold the Last Anglo-Saxon King*. Gloucestershire, UK：Wrens Park, 2000：pp. 154-158.
② Peter Marren. 1066：*The Battles of York, Stamford Bridge & Hastings*. Barnsley, UK：Leo Cooper, 2004：pp. 73-74.

第二章　维京文化植入与不列颠民族国家生成

法兰西变体诺曼底（Normandy，Norman 源于 Norsemen，Northmen，意为北方人，均指维京劫掠者）的英格兰国王威廉一世，有时又被称为私生子威廉，在英格兰内外纷争之际，于1066年8月12日集结诺曼底、布列塔尼（Brittany）和佛兰德斯（Flanders）在内的法兰西所有舰队和部队，打算横渡英吉利海峡。① 威廉集结的人数和构成尚不清楚，较为可信的估计是：总人数7 000～12 000，其中骑兵1 000～3 000 以及一定数量的弓弩手，估计较为夸张的船只数量多达726只。② 有一种说法，威廉的行动得到教皇亚历山大二世的同意，允许部队打着教皇旗帜，同时还获得欧洲各国统治者的外交支持。但该说法缺乏支撑材料。③ 可以明确的是威廉的征服行动事后得到了教皇认可。威廉的登陆行动由于8月英吉利海峡逆风而且情报表明哈罗德的部队在海峡对岸已作部署而推迟。④

在哈罗德取得9月25日对挪威军队决定性胜利并遣散海军的三天后，威廉率军在苏塞克斯郡登陆，随即转移到附近的黑斯廷斯（Hastings）构建木制堡垒，并以此为据点在周边劫掠。⑤ 哈罗德随即率部赶来。哈罗德部队的规模和构成也无可靠的数据。来源于诺曼的资料显示多达40 000至120 000人，而近期历史学家提出，黑斯廷斯集中的哈罗德的部队人数在5 000～13 000 之间，⑥ 与威廉部队大体持平。两者的差异在于部队构成：哈罗德的部队主要由民兵组成，再加上贵族侍卫部队，都是步兵。侍卫兵有防护盔甲而民兵没有防护盔甲。此外，英军弓箭手不多。⑦ 黑斯廷斯战役于

---

① David Bates. *William the Conqueror*, Stroud, UK：Tempus, 2001：pp.73-89.
② M. K. Lawson. *The Battle of Hastings*：1066. Stroud, UK：Tempus, 2002：pp.163-164.
③ Richard Huscroft. *The Norman Conquest*：*A New Introduction*. New York：Longman, 2009：pp.120-123.
④ David Bates. *William the Conqueror*. Stroud, UK：Tempus, 2001：pp.73-89.
⑤ David Bates. *William the Conqueror*. Stroud, UK：Tempus, 2001：pp.73-89.
⑥ M. K. Lawson. *The Battle of Hastings*：1066. Stroud, UK：Tempus, 2002：p.128-133.
⑦ Christopher Gravett. *Hastings* 1066：*The Fall of Saxon England*. Oxford, UK：Osprey, 1992：pp.28-34.

1066年10月14日上午9时开始，持续一整天。大致情况清楚，但详情不明且说法矛盾。总体情况是，随着哈罗德国王中箭死亡，英军大败。不明的情况包括，诺曼部队起初是否溃败而仅仅依靠骑兵和弓弩手的优势才扭转颓势、哈罗德如何死亡以及死后如何安葬又葬于何处等表明威廉及其军队不是道义之君或威武之师等评论。[①]

取得黑斯廷斯战役决定性胜利以后，威廉连续击败不投降的英格兰贵族，最终征服各贵族，并于1066年12月25日在威斯敏斯特教堂加冕为英格兰国王。此后数年间，威廉平定了1067年的首次叛乱、1069年得到丹麦军队支持再次造反。1070年，教皇使节到英格兰为威廉象征性地再次加冕，此后，威廉取得监管英格兰大主教的权力，相应地，各主教和各主要修道院院长也陆续换人。威廉还成功地处理了1070—1071年间的"丹麦麻烦"（"Danish troubles"）和英格兰贵族的第三次造反。一直到1076年，威廉本人留在诺曼底处理布列塔尼人的造反行动时，持续不断的英格兰叛乱和"丹麦麻烦"才最终由他建立起来的一套治理系统彻底平复。

要控制英格兰，还要应对"丹麦麻烦"和诺曼底周边的造反，与英格兰本土人口比较，威廉时期的这一支维京人——诺曼殖民者，人口严重不足。历史学家估计，英格兰加上诺曼底土地上的诺曼人口规模大约8 000。[②] 不到万人规模的这支维京人侵者在威廉及其继任者的带领下，从1072年到1204年卡佩征服（Capetian conquest）诺曼底的一百多年间，是如何遥控英格兰、同时还要管理诺曼底这两块殖民地的？又是如何处理不列颠群岛内外、英吉利海峡两岸、欧洲大陆内部以及与斯堪的纳维亚等极其错综复杂的地缘文化关系的？很难想象，如果没有一套运行机制来维持征服和统治、没

[①] Richard Huscroft. The Norman Conquest: A New Introduction. New York: Longman, 2009: p. 126-129.

[②] David Carpenter. The Struggle for Mastery: The Penguin History of Britain 1066-1284. New York: Penguin, 2004: pp. 75-83.

有一种文化来支撑这套机制,这几支维京人何以能够在不列颠扩张、其他维京人又何以能够在更广阔的范围内实施扩张和统治。

第五节　维京文化积淀为不列颠民族国家的特质:
超越"迫害"与"解救"之争

诺曼征服英格兰后,为维持统治,面临着诸多挑战。作为补偿追随者的方式,威廉没收了曾经追随哈罗德国王与自己为敌的贵族们的土地和财产,分封给部下,建立起一套金字塔式封建制度。此举引起新的叛乱,而平定叛乱后又可以没收更多的土地用于扩大和巩固分封制。如此循环,到1071年,威廉的统治日趋稳定。为稳定统治,诺曼人还构筑起一批前所未有的城寨城堡体系。[1] 此外,威廉和他的新贵族们还迫使那些旧贵族的寡妇和女儿们嫁给诺曼人,以便继承她们的财产。[2] 如此这般,英格兰的物质财富均归于诺曼人之手。

通过系统地剥夺英格兰人的土地和英格兰人在政府、教会中的高级职位,原有英格兰精英们被清除殆尽。根据首部《土地志》(*Domesday Book*,图2-5)的记录,截至1086年,英格兰人手里的土地不足5%,且还在缩减之中。[3] 到1075年,政府中郡长一级全部由诺曼人担任,英格兰人只是偶尔担任镇长之类的职位;教会亦然,到1096年,主教中已无英格兰人,修道院尤其是大修道院中极少有英格兰人。[4] 被清除的英格兰贵族们,多数随着

---

[1] J. E. Kaufman and H. W. Kaufman. *The Medieval Fortress: Castles, Forts, and Walled Cities of the Middle Ages*. Cambridge, MA: Da Capo Press, 2001: p. 110.

[2] David Carpenter. *The Struggle for Mastery: The Penguin History of Britain 1066-1284*. New York: Penguin, 2004: p. 89.

[3] Hugh Thomas. *The English and the Normans*. Oxford, UK: Oxford University Press, 2003: pp. 105-137.

[4] Hugh Thomas. *The English and the Normans*. Oxford, UK: Oxford University Press, 2003: pp. 202-208.

威廉征服的进展，流亡到苏格兰、爱尔兰和斯堪的纳维亚。11世纪70年代发生的最大一个批次逃往拜占庭帝国的盎格鲁—萨克森人，乘235只船组成的一支船队。① 这些逃往拜占庭的英格兰人一度成为瓦良格卫队的主要组成部分。还有些英格兰人居住在拜占庭帝国黑海沿岸的边境线上，建立起新的城镇，诸如新伦敦（New London）、新约克（New York）等。②

诺曼人只是对原有的人事作了变更，并没有更改政府体系。机构未变，令状、特许状制度也未变。在此期间，土地志的出现在欧洲是独一无二的，表明了诺曼—英格兰封建土地制度的严密性，意义深远。官方语言作了变更，由古英语改为拉丁语，著名的土地志的撰写就是如此。作为文化演变的标志，统治阶级使用一种直接来自诺曼底被称为盎格鲁—诺曼语的古法语方言取代古英语，而下层诺曼人和本土英格兰人的商贸和日常用语则是双语。③ 不管怎样，诺曼征服英格兰的几个世纪后，贵族们已经不再懂得英语了。作为文化深度融合的方式之一，诺曼人与英格兰人的通婚在诺曼征服之后并不明显，诺曼人更愿意与欧洲大陆人建立婚姻关系，④ 但是，到1160年，在威廉征服英格兰的百年之后，诺曼人与英格兰人的婚姻关系在各个阶层都已司空见惯。⑤

诺曼征服英格兰对下层社会最大的冲击之一是在12世纪实际废除奴隶制。1066年的奴隶数量不详，二十年后，据《土地志》，奴隶（slave）已减少为28 000人。奴隶减少的原因主要是教会不许可蓄奴，而且蓄奴成本要高

---

① Christopher Daniell. *From Norman Conquest to Magna Carta：England*, 1066-1215. London：Routledge, 2003：pp. 13-14.

② Krijna Nelly Ciggaar. *Western Travellers to Constantinople：the West and Byzantium*, 962-1204. Leiden, Netherlands：Brill；1996：pp. 140-141.

③ Richard Huscroft. *Ruling England 1042-1217*. London：Pearson/Longman, 2005：pp. 323-324.

④ Richard Huscroft. *The Norman Conquest：A New Introduction*. New York：Longman, 2009：pp. 321-322, 281-283.

⑤ Hugh Thomas. *The Norman Conquest：England after William the Conqueror*. Critical Issues in History. Lanham, MD：Rowman & Littlefield Publishers, 2007：pp. 107-109.

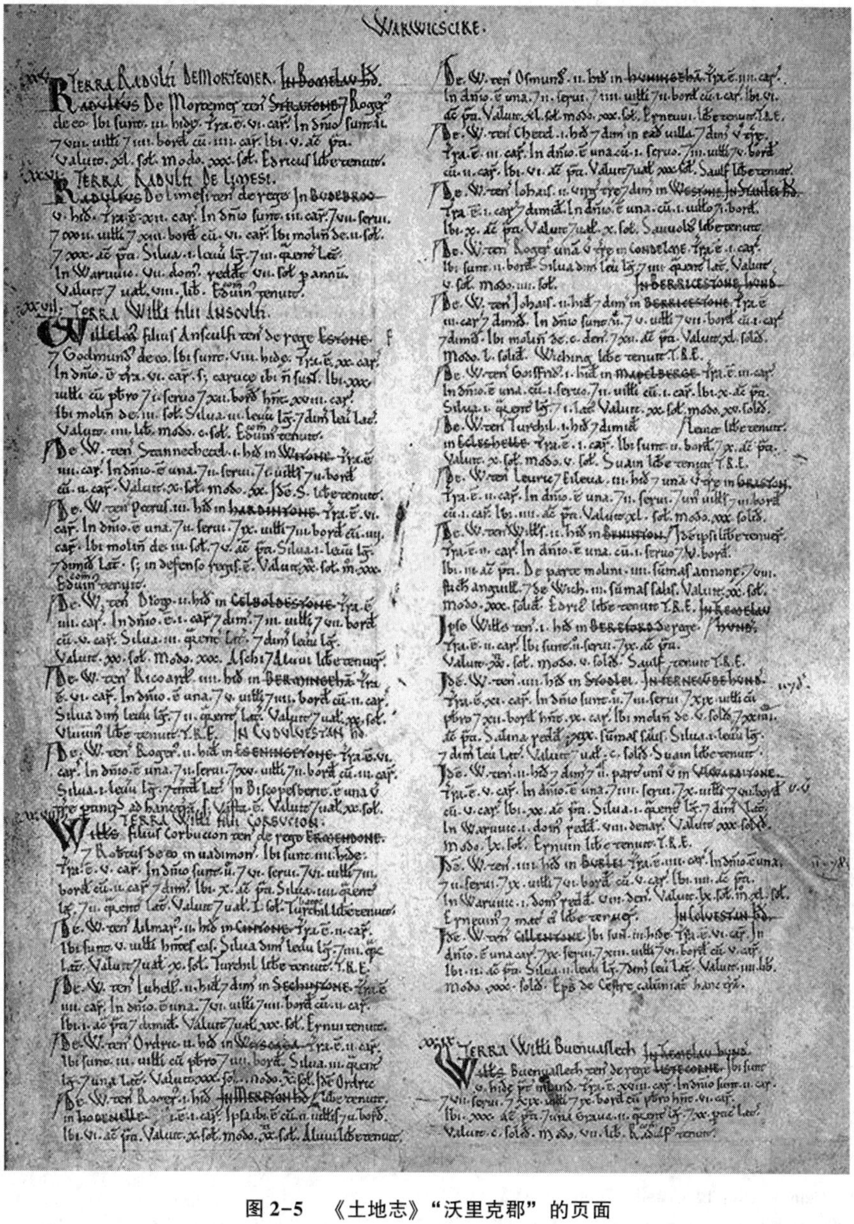

图 2-5 《土地志》"沃里克郡"的页面

Page from the *Domesday Book* for Warwickshire, including listing of Birmingham.

于雇佣自由农民（peasant），尽管法律上并未废除农奴制。失去土地的英格兰自由农民实际上已经与农奴（serf）难以区分。至少在客观上，诺曼征服英格兰的后续效应加速了奴隶制的消亡。[1] 自由民和妇女的生活方式、自由和权利可能没有太大的变化，至少没有恶化；贵族妇女依然可以拥有土地，也可以按照自己的意愿处置财产。[2]

诺曼征服还直接冲击了不列颠诸岛内部的地缘文化。1068 年，作为唯一存世的盎格鲁—萨克森的英格兰王室男性成员，埃德加二世（Edgar Atheling）逃往苏格兰寻求庇护并请求苏格兰国王马尔科姆三世（Malcolm III）帮助反对威廉。[3] 1071 年，马尔科姆娶了埃德加的姐姐即后世熟知的圣玛格丽特（Saint Margaret of Scotland）。这次联姻对此后英格兰和苏格兰的历史均产生了深远的影响。[4] 1072 年，威廉迅速反制，北上苏格兰与马尔科姆谈判，通过签订《阿伯内西条约》（Treaty of Abernethy），将埃德加二世逐出苏格兰并把苏格兰变成自己的附庸国。威尔士位于英格兰岛西南一隅，诺曼入侵威尔士始于 1066 年威廉征服英格兰引发的威尔士反抗，止于 1165 年亨利二世（Henry II of England）大败于威尔士叛乱。[5] 百年处于优势地位的诺曼—英格兰入侵威尔士而未能完成一统，也奠定了两个王国以后的基本关系格局。爱尔兰方向，从 1169 年诺曼雇佣军登上爱尔兰岛，到 1175 年迫使爱尔兰成为附庸国，再到 1177 年诺曼人干脆将爱尔兰各王国全部并入安如帝国（Angevin Empire），完成了对爱尔兰诸国的征服，由此奠定了英格兰与爱尔兰以后七百年的基本走势。诺曼征服爱尔兰诸多小王国得到罗马教廷的支持，罗

---

[1] M. T. Clanchy. *England and its Rulers*：1066 – 1307. *Blackwell Classic Histories of England*（Third ed.）. Oxford, UK：Blackwell, 2006：p. 93.

[2] David Crystal. "The Story of Middle English", *The English Language*：*A Guided Tour of the Language*（Second ed.）. New York：Penguin, 2002.

[3] Frank Stenton. *Anglo-Saxon England Third Edition*. Oxford：Oxford University Press, 1971：p. 606.

[4] David Horspool. *The English Rebel*. London：Penguin, 2009：p. 10.

[5] R. R. Davies. *The Age of Conquest*：*Wales*, 1063–1415. St. Martin's Press, 2000：pp. 26, 52.

马教廷的用意是将爱尔兰收归基督教世界。①

征服者威廉死后，两个儿子罗伯特和威廉立即为控制英格兰和诺曼底而发生战争，到 1100 年弟弟威廉死后由最小的弟弟亨利继位为诺曼底和英格兰国王，兄弟之间的王位之争仍在持续，一直到 1106 年坦什布赖（Tinchebray）战役中亨利俘获罗伯特才算平息。王位之争损害了诺曼底君王权威，贵族们重新夺回了老威廉时期失去的权力；曼恩（Maine）于 1089 年反叛，从此基本摆脱了诺曼的控制和影响。②

威廉征服英格兰产生了深刻的影响：教会、贵族、文化和语言等方面的变革一直持续到现代。威廉征服将英格兰并入法兰西从而在整个中世纪反复锤炼着两国关系，相应地也拉开了此前英格兰与斯堪的纳维亚的紧密联系。威廉政府将英格兰和诺曼制度合二为一，奠定了此后英格兰王国的基础。威廉征服究竟产生了怎样突发而长远的变革迄今还是史学家们争议的焦点。萨瑟恩（Richard Southern）认为，威廉征服是欧洲自罗马衰落至 20 世纪最剧烈的单个变革；而理查森（H. G. Richardson）和塞尔斯（G. O. Sayles）则认为，变化的剧烈程度要小得多。③ 史学家瑟尔（Eleanor Searle）将威廉入侵描述为"根本就不是统治者而只是一位普通斯堪的纳维亚人才会有的计划"。④ 在征服者威廉死亡之前，其统治就已经引起了激烈争论。普瓦捷（Poitiers）威廉撰写、诺曼底政府发布的讣告颂扬了征服者威廉的统治和功绩，但是《盎格鲁—萨克森编年史》记录的讣告，却对他严词谴责。⑤ 自威

---

① Kenneth Campbell. *Ireland's History: Prehistory to the Present*. A & C Black, 2013: p. 59.
② David Bates. *William the Conqueror*. Stroud, UK: Tempus, 2001: pp. 208-209, 210-211.
③ M. T. Clanchy. *England and its Rulers*: 1066-1307. Blackwell Classic Histories of England (Third ed.). Oxford, UK: Blackwell, 2006: pp. 31-32.
④ Eleanor Searle. *Predatory Kinship and the Creation of Norman Power*, 840-1066. Berkeley, CA: University of California Press, 1988: p. 232.
⑤ M. T. Clanchy. *England and its Rulers*: 1066-1307. Blackwell Classic Histories of England (Third ed.). Oxford, UK: Blackwell, 2006: pp. 31-32.

廉征服以来，政治和宗教领导者从未中断运用威廉其人其事来说明英格兰历史上的政治事件。英格兰女王伊丽莎白一世在位期间，大主教帕克（Matthew Parker）将威廉征服看成是英格兰教会的堕落，应该恢复教会从前的纯洁。17 和 18 世纪，有史学家和律师把威廉统治视为强加给本土盎格鲁—萨克森人的"诺曼枷锁"（"Norman yoke"），该观点为 19 世纪不列颠民族主义阵营所继承并进一步细化。所有不同的争论已经导致了对威廉历史地位截然不同的观点，史学家或视其为英格兰崛起的缔造者之一、或视其为英格兰历史上最大的一位开倒车者，还有人认为威廉是英格兰宪法的对立者，或者相反是缔造者。①

结论和讨论

（一）结论及分析

维京文化实体通过扩张移植到不列颠群岛，再生出维京—不列颠文化变异体，构成不列颠民族国家的主流文化传统。

第一，维京文化移植到不列颠群岛后，与原有本土文化碰撞融合，再生出若干维京—不列颠文化变异实体，即不列颠民族国家的原型，包括：丹麦区、北海帝国的英格兰王国和英格兰-诺曼（Anglo-Norman）、苏格兰-诺曼（Scoto - Norman）、爱尔兰-诺曼（Hiberno - Norman）和威尔士—诺曼（Cambro-Norman），奠定了不列颠民族国家的基础。一般认为，阿尔弗雷德大帝开创的以盎格鲁—萨克森白人为主体包括英格兰人、苏格兰人、爱尔兰人和威尔士人等在内的，以英语为表征、以基督教（天主教、新教）为核

---

① David Douglas. *William the Conqueror: The Norman Impact Upon England*. Berkeley, CA: University of California Press, 1964: pp. 4-5.

心、以案例法系（common law system）和维斯特敏斯特体系（Westminster system）为秩序规范构成不列颠传统文化的主体。这种主流观点是以强势基督教的价值观作为立足点、以种族划分为判断标准、体现了不列颠帝国（尤其是与法兰西天主教和诺曼文化划清界限时）主导的话语权。

第二，维京海上商业文化的五个模式——探索、劫掠、武士、贸易和殖民被完全移植到不列颠并为后世不列颠文化所继承和运用，构成不列颠文化的支柱。以此为基础，维京—不列颠文化实体在地缘文化的角逐中崛起为强势现代民族国家——"不列颠帝国"。维京的探索和扩张精神引领不列颠将扩张从地缘文化延伸至全球范围；维京海盗劫掠文化引导不列颠从近海走向各大洋；维京武士模式构成大英帝国的支柱；维京贸易模式则要求大英帝国争夺全世界利益；而维京殖民模式更是将大英帝国推向现代殖民的巅峰。

第三，维京文化移植到不列颠群岛，在维京文化本质属性的驱动下，先在地缘文化生态中、后在全球文化生态中依附共生、缠绕制衡，崛起为"大不列颠帝国"，此过程存在着一套耦合演变机制，遵循着混沌演化规律。维京以北方多神教的探索精神和无所畏惧的勇气跨海劫掠、武力征服在不列颠群岛建立并保障殖民统治；再通过贸易、移民、分封制等方式巩固统治；在复杂的地缘文化角逐中，维京统治者以皈依强势基督教并接受教会的认可、批准和加冕以取得扩张和殖民的合法性。以此为基础，维京—不列颠进一步扩张、在条件成熟时恢复维京文化政权高于教权的传统并摆脱罗马教廷的制约却继续借助教会维持统治秩序。维京不列颠统治者还整理、规范和实践了北方案例法（共同法）传统，迥然有别于罗马法系。维京统治者利用地缘文化动态不平衡性，通过结盟、联姻和签订制衡条约在地缘文化中展开博弈。维京文化因缺乏凝聚内核而极具张力的本质属性也表现在维京—不列颠文化的变异体中，不仅维京各支各派统治者之间互相征伐、单支维京内部统治者与受封贵族之间也彼此制衡（《大宪章》只是一份制衡文件），最终演变为当前松散联合的不列颠民族国家文化形态。

（二）进一步讨论

第一，如果英国主流历史传统是维京文化而不是盎格鲁—萨克森文化，那么，相应地美国历史传统的支柱是否也是维京文化而非白人盎格鲁—萨克森新教（WASP, White Anglo-Saxon Protestant）文化？

第二，如果三百年维京扩张将维京文化从海上将维京五个文化模式移植到大范围的地缘文化中去，生成了包括不列颠文化在内的各种变异体，那么，后来包括不列颠帝国在内的西方文化同样通过海上将同样的五种文化模式扩张到全球，是否可以视为维京文化的再次扩张？

第三章　维京诺曼文化植入与法兰西民族文化再生

　　扩张至法兰克王国的维京人被称为诺曼人。维京诺曼在法兰克王国及周边地区扩张分为三个时期或三个来源。一是维京扩张初期来自斯堪的纳维亚维京本土，通过水路沿西欧海岸线南下，在法兰克王国一带劫掠，以小规模自发劫掠为主要方式。二是中期仍从斯堪的纳维亚出发或以不列颠群岛为基地跨越英吉利海峡，有组织、较大规模并直接以巴黎为直接目标的攻击行动。通过围困巴黎向法兰克王国索要赎金或接受封地取得更大利益，从而在法兰西王国站稳脚跟。三是以封地诺曼底为基地，在法兰克王国内扩张、通过英吉利海峡反向征服不列颠或继续通过水路沿海岸南下以及以雇佣军方式向意大利南部扩张，直至参加十字军向更广阔的地缘文化圈扩张。在维京诺曼文化冲击法兰克王国及其地缘文化过程中，法兰西民族文化意识逐渐觉醒并在与地缘文化博弈过程中得到强化。维京文化投入到混合着高卢、罗马和法兰克的地缘文化生态中，经过碰撞和耦合，生成法兰西民族国家原型。此后，法兰西民族文化在维京诺曼海上商业文化的引领下，在地缘文化生态圈中与其他文化依附共生、缠绕制衡，历经渐变和突变，崛起为强势文化实体。

第一节　前维京扩张时期法兰克地缘文化的演变

维京扩张至法兰西之前，法兰西主流地缘文化主要经历过高卢文化、高卢—罗马文化、西法兰克文化三个时期。前一千年内，在这片土地及周边地区，希腊人、迦太基（Carthaginian）人和罗马人先后建立过殖民地。

前600年，希腊人在地中海沿岸建立了一块殖民地马萨利亚（Massalia）即现在的马赛（Marseille）[①]。几乎与此同时，一些凯尔特（Celt）部落进入现在的法国领地，并在前5—前3世纪占据了法国的其余地区。后被罗马称为高卢人的主要三支是操高卢语（Gaulish）的凯尔特和贝尔盖（Belgae）部落，以及操阿基塔语的阿基塔（Aquitaine）人。可以得到证明的高卢文化，是欧洲大陆凯尔特的一支。高卢人，从前5世纪到后5世纪，遍及现在法国、比利时、德国南部、瑞士、奥地利和捷克等国，并扩展至意大利北部、巴尔干地区和土耳其一带，在罗马帝国的第三世纪危机时，一度建立过高卢帝国（Gallic Empire）[②]。现代人对高卢文化在法兰西文化中的地位，一般有两种主张。一种是基督教本位的观点，认为，高卢人在法兰西民族国家中历史人口次于法兰克人，而法兰克人克洛维斯（Clovis）被法兰克各部落选为国王，并成为第一个接受了基督教洗礼的国王，因此，作为基督教国家的法

[①] Claude Orrieux; Pauline Schmitt Pantel. *A History of Ancient Greece*. Blackwell, 1999: p.62.
[②] "Gaul (ancient region, Europe)". *Encyclopedia Britannica Online*. Encyclopedia Britannica, Inc. 2016-01-06.

兰西由此得名而产生①。另一种观点认为，罗马人的统治只是少数人，法兰克人也不多，克洛维斯的随从不过几千人，因此，法兰西民众的基础是高卢语族。"高卢人是我们的祖先"②。

前2世纪，罗马共和国在高卢南部建立纳尔榜高卢（Gallia Narbonensis）行省；前58—51年，尤利乌斯·凯撒（Julius Caesar）通过高卢战争（Gallic Wars）征服高卢其余地区③。随后，出现了高卢—罗马文化，高卢日渐融入罗马帝国。不同于罗马的其他行省，高卢人在自己独特的民族情境中，自觉采取或适应罗马的道德准则和生活方式④，从而形成了罗马文化的一个模式。罗马帝国的第三世纪危机，汪达尔和哥特各蛮族对高卢—罗马文化的冲击非常复杂，形成了多种语族；罗马帝国一个反击措施是罗马共治皇帝德西乌斯（Decius）和格拉图斯（Gratus）对基督教的迫害以及后来对基督教的认可并定位国教而推行的基督教化，罗马教皇派出七个使节团在高卢地区建立了七个教区⑤。

罗马控制高卢五个世纪后，众多蛮族劫掠并移民到高卢，其中，法兰克人首当其冲。承接罗马化之后，高卢进入法兰克文化时期。5世纪后期，法兰克国王克洛维斯一世（Clovis I）将大多数高卢并入自己统治之下。此后

---

① Pour moi, l'histoire de France commence avec Clovis, choisi comme roi de France par la tribu des Francs, qui donnèrent leur nom à la France. Avant Clovis, nous avons la Préhistoire gallo-romaine et gauloise. L'élément décisif pour moi, c'est que Clovis fut le premier roi à être baptisé chrétien. Mon pays est un pays chrétien et je commence à compter l'histoire de France à partir de l'accession d'un roi chrétien qui porte le nom des Francs. Cited in the biography by David Schœnbrun, 1965.

② Les Romains qui vinrent s'établir en Gaule étaient en petit nombre. Les Francs n'étaient pas nombreux non plus, Clovis n'en avait que quelques milliers avec lui. Le fond de notre population est donc resté gaulois. Les Gaulois sont nos ancêtres. (cours moyen, p. 26).

③ "Julius Caesar: The first triumvirate and the conquest of Gaul". Encyclopedia Britannica Online. Encyclopedia Britannica. [2016-01-06].

④ A recent survey is G. Woolf, Becoming Roman: The Origins of Provincial Civilization in Gaul (Cambridge University Press) 1998.

⑤ Internet History Sourcebooks. http://legacy.fordham.edu/halsall/basis/gregory-hist.asp. [2016-01-06].

数百年法兰克统治在查理曼大帝（Charlemagne）于 800 年卫冕西罗马帝国皇帝时达到顶峰，后逐渐演化为法兰西民族国家和神圣罗马帝国。可追溯到 843 年建立的中世纪法兰西王国，处于卡洛琳帝国（Carolingian Empire）的西部，又称西法兰克，至 987 年卡佩（Hugh Capet）建立的卡佩王朝（House of Cape）时期日益显赫。中世纪移居现在法国北部、比利时和荷兰南部的撒利法兰克人（Salian Franks），6 世纪在罗马衰微之际征服高卢，成为西欧各地的统治者。在当时法兰克就是西欧的代称。东法兰克人则继续保持自己的日耳曼语传统，后来成为德意志、荷兰、卢森堡等的一部分。

对西法兰克文化产生重大影响的是克洛维斯皈依基督教。493 年，克洛维斯和一位基督徒结婚，于 496 年取得对阿勒曼尼（Alemanni）部落的一次决定性的战争胜利之后，接受了基督教的洗礼，据载，同时接受洗礼的还有克洛维斯的三千多士兵①。此举使法兰克成为当时唯一接受洗礼的主要日耳曼部落，自然加强了与拉丁教会的友好关系，使得双方彼此的势力都得到强化，并对整个欧洲历史进程产生了影响。相对其他强悍的蛮族，法兰克人因率先基督化而取得先入为主的优势；对亚洲的基督教以及以后的东正教和伊斯兰教而言，拉丁基督教因为降服了法兰克人而取得了牢固的立足之地。当然，法兰克人接受基督教有个反复和渐进的过程，持续了约两百年之久。而法兰克人接受罗马社会等级制度和传统罗马法律则需要更长的时间。

第二节 维京初探法兰克：两度围困巴黎

稍后于劫掠不列颠群岛，维京于 799 年开始了对英吉利海峡对岸包括但不限于法兰克帝国的劫掠。劫掠遍及法兰克王国及邻近地区的海港和河口，

---

① Gregory of Tours. *History of the Franks*. Book II, 31. Translated by O. M. Dalton. Farnborough：Gregg Press, 1967.

第三章　维京诺曼文化植入与法兰西民族文化再生

一度迫使查理曼大帝沿着海岸建起防御工事①。期间，维京与法兰克王国发生战争八次，收取所谓丹麦金（Danegeld）十三次。

到845年，维京围困巴黎，劫掠达到了高潮。该年3月，由丹麦酋长瑞格纳（Ragnar）带领的一支120艘船组成的舰队，载着约5 000士兵的部队进入塞纳河（Seine），溯河而上，沿途抢劫了鲁昂（Rouen），在击败光头查尔斯（Charles the Bald）调集的防御部队后，最终于29日抵达巴黎，随后进入城区实施洗劫。对此，法兰克王国未能进行有效的抵抗。维京人在得到查尔斯提供的约2 570公斤金银的赎金后才撤出巴黎②。这笔赎金是法兰克付给维京劫掠者十三笔丹麦金的第一笔。维京部队在归途中，沿海岸又抢劫了数个地点。同年，另一支维京舰队还洗劫了在831年就升格为大主教区的东法兰克王国的汉堡③，冲击了东法兰克与丹麦和瑞典等之间的地缘政治和宗教关系。查尔斯付出的赎金，尽管遭到法兰克贵族的批评，但是，总算在未来一段时间内，没有再遭到维京大规模的攻击④。无论如何，此后，法兰克加固了巴黎的城墙，对成为历史转折点的巴黎第二次被维京围困而言，意义重大。

维京第一次围困并洗劫巴黎后，在9世纪60年代，至少三次攻击巴黎，每次在得到战利品或贿赂后才离开⑤。此时的西法兰克王权衰落，各地割据势力崛起。884年，法兰克国王胖子查尔斯（Charles the Fat）同时又是德意志和意大利的国王，希望能够重新恢复查理曼大帝的统一大业①。当此之际，维京发动了对巴黎规模最大的一次入侵。

---

① George C. Kohn. *Dictionary of Wars*. Infobase，2006：p. 588.
② Peter Sawyer. *Illustrated History of the Vikings*. Oxford University，2001：p. 40.
③ Eric Joseph Goldberg. *Struggle for Empire: Kingship and Conflict Under Louis the German*，817-876. Cornell University，2006：p. 134.
④ Gwyn Jones. *A History of the Vikings*. Oxford University，2001：p. 213.
⑤ Paul K. Davis. *Besieged: 100 Great Sieges from Jericho to Sarajevo*. New York：Oxford University，2001：pp. 53-55.

885年，丹麦维京人再度从海上登临西法兰克，向国王胖子查尔斯勒索钱财，遭到拒绝后，立即沿塞纳河而上。规模之大，在当代资料中绝无仅有，约700只船，载着30 000到40 000人，可信度较高的数量有300只船①。尽管遭到阻挡，维京人还是设法抵达巴黎。此时的巴黎建在一座岛上，建有石、木两座桥可以控制塞纳河的通行，每个桥头堡边均建有两座塔来守卫。守卫巴黎的士兵较少，由巴黎伯爵奥多（Odo）领导②，奥多联合巴黎主教高斯林（Gozlin）——中世纪文献中第一位"战斗主教"③，还有奥多的兄弟罗伯特（Robert）伯爵一起守卫巴黎①。11月24日或25日，维京人进抵巴黎，提出勒索要求遭拒后便开始围城。27日，第一次攻城，维京人采用掘地道、攻城锤、火攻等方式，未能得手，撤出后安营扎寨，准备攻城器具④。城内职级最高的主教奥多手持弓箭和战斧，并亲手在外围前线栽下十字架以激励斗志。他的兄弟也加入战斗①。后来维京人发动数次攻击，包括地面进攻巴黎城，一次攻击就曾发射过一千颗石质燃烧弹，动用过攻城车，还从水路攻击过桥头堡，试图清除塞纳河通道的障碍⑤。维京挖掘了壕沟并就地解决给养持续围困巴黎两个月。886年1月，连续两天维京部队用各种残骸包括动物尸体和俘虏尸体填充塞纳河浅滩，意在接近桥头堡的守卫塔；第三天，又用三只燃烧船冲击木质桥。2月，河流水势暴涨，被填塞的浅滩更迫使河水漫过遭过侵蚀的木桥，最终冲毁木桥⑥。至此，塞纳河对维京人又畅通无阻了。于是，维京人留守一部分继续围困巴黎，更多的部队则深入西法兰克腹地，纵横各个城镇，大肆抢劫⑥。

奥多派人设法溜出维京的围城线，到意大利向查尔斯国王求助。亨利，

---

① C. W. Previté-Orton. *The Shorter Cambridge Medieval History*. CUP Archive, 1955: p. 367.
② Nicholas Brooks. *Communities and Warfare*: 700-1400. Hambledon Press, 2000: p. 51.
③ Abbo Cernuus (N. Dass ed.). *Viking Attacks on Paris: The Bella Parisiacae Urbis of Abbo of Saint-Germain-des-Prés*. Peeters Publishers, 2007: p. 8.
④ Jim Bradbury. *The Medieval siege*. Boydell & Brewer, 1992: pp. 45-46.
⑤ F. Donald Logan. *The Vikings in history*. Routledge, 1991: p. 131.

萨克森伯爵，作为查尔斯国王在德意志的首领，领兵前来解围，但是，仅仅发动了一次不成功的攻击就撤退了。而长期围困巴黎的维京部落也士气低落，其主要头领只要求得到 60 磅的银币后于 4 月撤走。维京的另一首领罗洛（Rollo）则与本部人马留了下来[①]。5 月，疾病在巴黎军民中蔓延，高斯林主教死亡。奥多自己潜出巴黎、穿过维京控制的地区，向查尔斯寻求支持。查尔斯准了。于是，奥多率军杀入巴黎，查尔斯和亨利则向北进击。亨利落入维京壕沟，被俘后遭杀害[⑤]。夏季，维京人最后一次攻城，还是没能得手。10 月，帝国大军赶到，驱散了围城的维京部队。查尔斯国王还围困了罗洛及所部。然而，查尔斯无心再战，允许罗洛部队沿塞纳河而上掠夺反叛的勃艮第（Burgundy）地区[①]。

次年春季，维京人在得到查尔斯国王许诺的 700 磅约合 257 公斤的白银后撤出法兰克王国[⑤]。奥多和巴黎人拒绝维京人通过塞纳河顺流而下。维京船队不得不从陆地拖拽到马恩河才撤出法兰西[①]。又次年，即 888 年，查尔斯死亡。法兰西人选举奥多为国王；奥多死后，其弟罗伯特又被选为国王[①]。截至此时，刚刚因衰落而分崩离析、一分为三的卡洛琳帝国（Carolingian Empire）在法兰西的统治在维京劫掠者的冲击下实际上已经结束，而分化出来的法兰西王国又将在北方劫掠者的新一轮冲击下陷入更趋复杂的地缘文化的变动之中。

第三节　罗洛与"北方人"的诺曼底

"北方人"在西法兰克王国正式登堂入室、建立殖民地的来自不列颠群岛的爱尔兰维京人首领就是数次参与劫掠法兰克、在第二次围困巴黎时最终被查尔斯三世（Charles the Simple）击败的罗洛。罗洛（约 846~约 932），有些资料又称"头领罗尔夫"（Rolf, Ganger-Hrólf）洗礼后名罗伯特（Robert），是法兰西诺曼底地区的第一位统治者（图3-1）①。罗洛出生于斯堪的纳维亚的贵族武士家庭。为独立于挪威国王，他出海远行，作为海盗打劫过苏格兰、爱尔兰、英格兰和佛兰德斯（Flanders），还参与过沿塞纳河的系列抢劫活动②。在劫掠苏格兰和爱尔兰的过程中，声名鹊起；在塞纳河下游峡谷中站稳了脚跟的"北方人"中大名鼎鼎。为换取这帮维京人不再抢劫，也为利用这帮维京人抵挡其他维京人的抢劫，查尔斯三世便把从塞纳河河口到鲁昂城之间的土地割让给这些"北方人"②。

图 3-1 罗洛雕像

Photo of Rollon statue depicted among the 6 dukes of Normandy in the town square of Falaise

该地区约996年理查二世时，建立公国；1035—1135年间，由英格兰的

---

① Sarah Orne Jewett. *The Normans*, Chapter II：Dukes of Normandy：ROLF THE GANGER. http：//fmg. ac/Projects/MedLands/NORMANDY. htm#_ Toc359777190. ［2016-01-21］.

② "Rollo Duke of Normandy". Encyclopædia Britannica. http：//global. britannica. com/biography/Rollo-duke-of-Normandy. ［2016-01-21］.

第三章　维京诺曼文化植入与法兰西民族文化再生

诺曼国王控制；此后十五年被布洛瓦（Blois）和金雀花王朝派人管理；1150—1204 年间，归英格兰的安茹王朝掌控；1204 年被法兰西菲利普二世征服，成为英、法两国的争议地区；1259 年《巴黎条约》签订后，除了英吉利海峡的岛屿外，英国放弃对该地区的索取。诺曼底公爵作为荣誉头衔一直保留到最后一任法兰西国王路易十七为止，即 1785—1789 年任期。

最早记录罗洛名字的文献是 918 年的委任状。罗洛死后，其子长剑威廉一世（William I Longsword）继承了他的地位，其曾孙理查二世成为诺曼底公国第一位公爵①。自此，罗洛后裔及其所部便稳居诺曼底公国，被称为"诺曼人"。后来两百多年间，诺曼人征服英格兰、意大利和西西里，甚至远征拜占庭，罗洛后代及所部开始统治英格兰建立诺曼底王朝、建立西西里王国安提俄克公国（Principality of Antioch）。罗洛玄孙征服者威廉即英格兰威廉一世，凭此，罗洛成为当今英国王室最古老的祖先；此外，罗洛还是现存欧洲所有君主和众多已废君主声称的祖先。仅此一支维京人对欧洲和近东的发展产生了持久的历史影响②③。

根据 911 年罗洛与查尔斯三世签订的《圣-克莱尔-埃普特条约》（Treaty of Saint-Clair-sur-Epte），诺曼底开始成为维京人封地。罗洛在宣誓效忠查尔斯三世之后，将封地按照封建制再封给自己的维京酋长们，自己住在实际上的都城鲁昂。其后，罗洛和部属逐渐由信奉北方多神教转而皈依基督教，并与本土基督徒的妇女通婚④。维京人与原有混合着高卢和罗马操高卢-罗马语的居民通过婚姻等方式再次混合，以混合着北方语（Old Norse）或古丹麦语词汇的新诺曼语为表征。同样，诺曼人入侵英格兰，与当地人混

---

① David Bates. *Normandy Before* 1066. Longman，1982. pp. 8-10.
② "The Norman Impact"．*History Today Volume* 36 *Issue* 2. History Today. 2 February 1986.
③ "Sicilian Peoples：The Normans"．*L. Mendola & V. Salerno*. Best of Sicily Magazine．[2016-01-21]．
④ David Bates. *Normandy Before* 1066. Longman，1982；pp. 20-21.

合，北方语也与当地语言（可能是凯尔特语、萨克森语的混合体）混杂，形成了英语。罗洛本人与一侯爵女儿结婚①。其子长剑威廉一世、其孙查理一世即铁胆查理（Richard the Fearless）不断地拓展并巩固诺曼底领地，成为西法兰克自身凝聚力强、实力雄厚的公国②。罗洛的后裔和部属们则与母系的法兰克–天主教文化融合，生成诺曼文化④。

诺曼底（Normandy）因为来了这些"北方人"（Normans）而得名。诺曼底公国的诞生和诺曼文化实体的生成，刺激了法兰西民族文化的觉醒、推动了法兰西政治文化中的自治和自由意识、促进了法兰西文化朝着多元化和文化融合的方向发展，更为重要地，极具张力的诺曼文化实体在法兰西民族文化中的生成将搅动地缘文化更趋复杂化，同时也为法兰西文化植入了探索、商业、尚武、劫掠和海外殖民的模式，从而引领法兰西文化走向自由奔放、张力十足之途。

第四节 诺曼人建立强势地缘文化实体：安茹帝国

1066年征服者威廉征服英格兰之后，将英格兰、甚至不列颠群岛上原有的王公贵族包括盎格鲁—萨克森以阿尔弗雷德大帝开创的韦塞克斯王室和以克努特大帝为核心的丹麦王室（House of Knýtlinga）上层清除殆尽，加上对教会的变革，使英格兰远离斯堪的纳维亚但与诺曼底建立了紧密联系，由此深刻地影响了英吉利海峡两岸的地缘文化关系，甚至决定了法兰西和英格兰民族国家以后的演化方向。殖民并定居法兰西诺曼底的维京一支即"北方人"（Normans），在另一支维京建立有实无名跨越北海的"北海帝国"之后

---

① Stewart Baldwin, F. A. S. G., Henry Project: "Poppa". http://sbaldw.home.mindspring.com/hproject/prov/poppa000.htm. [2016-01-21].

② Eleanor Searle. *Predatory Kinship and the Creation of Norman Power*, 840–1066. University of California Press, Berkeley, 1988: p. 89.

第三章　维京诺曼文化植入与法兰西民族文化再生

不久，同样建立了跨越英吉利海峡的"安茹帝国"，在西欧各地反复强化维京文化并加速维京文化与当地文化的融合进程；由于维京移民文化特有的缺失统一的内在凝聚力，与跨海建立的北海帝国一样，安茹帝国虽然也只存在了不到百年的时间，但是构建并支撑两个海洋帝国的是维京文化实体，而不是海峡两岸被后世视为主流文化的盎格鲁—萨克森、也不是法兰克。安茹帝国的建立源于维京人的两支在海峡两岸各自得手并建立了强有力的政权以后复杂的地缘政治文化冲突，包括维京人的内部争斗，而直接原因是维京文化的婚姻联系，也和北海帝国的建立一样。

1120年11月25日，作为盎格鲁—诺曼（Anglo-Norman）王朝国王亨利一世的唯一男性继承人，威廉意外死于诺曼底海岸附近的"白船沉没事故"（White Ship disaster）①，引发了一场搅动英吉利海峡两岸地缘政治文化的连锁反应，史称"混乱"（The Anarchy, 1135—1154年）时期。直接卷入诺曼王朝王储之争的除了王朝所涵盖的海峡两岸的王国、公爵和伯爵的王公贵族外，还包括支持各自王公贵族的各级封建领主，如男爵、附属国、教会势力如主教以及神圣罗马帝国和教皇。1153年夏，作为参与角逐的各方势力平衡的产物，《瓦林福德条约》（Treaty of Wallingford）签订，大体上结束了混乱局势②，确立了海峡两岸各地缘文化实体此后的走向。

安茹帝国建立后，不仅继承了克努特和罗洛在海峡两岸各自开创、由征服者威廉合并扩张的殖民地，还继续有所拓展。帝国在巅峰时期，版图包括英格兰王国、爱尔兰领地、诺曼底公国、加斯科尼（Gascony）公国、阿基坦（Aquitaine）公国③，还包括法兰西范围内的一批伯爵领地安茹（Anjou）、普瓦图（Poitou）、曼恩（Maine）、都兰（Touraine）、圣东日

---

① Jim Bradbury. *Stephen and Matilda: the Civil War of* 1139-53. Stroud, UK: The History Press, 2009: pp. 1-3.
② Edmund King. *King Stephen*. New Haven, U.S.: Yale University Press, 2010: p. 281.
③ E. M. Hallam. *Capetian France* 987-1328. Longman, 1983: p. 74.

(Saintonge)、拉马尔克（La Marche）、佩里戈尔（Périgord）、利穆赞（Limousin）、南斯（Nantes）和凯尔西（Quercy）①，另外，虽然名义上不是却实际上控制了布列塔尼和康沃尔两个公国、威尔士亲王领地、图卢兹伯爵领地和苏格兰王国以及上述领地的一些毗邻地区。在安茹帝国巩固其统治的时候，法兰西的其余领地也被少数几个贵族家庭瓜分，法兰西王国遂名存实亡。

作为邦联性质的维京殖民地安茹帝国，天然具有文化多元化特征，亨利二世的管理方式主要是在各领地派出自己的代理人管理属地，同时其本人也巡回各领地处理各种事务，因而，帝国没有一个正式首都。这样一个具有扩张冲动的松散帝国，加剧了英、法等各王国之间的领土争夺，也加剧了各公国、伯爵领地的争夺。利益争夺还表现为国王与所属贵族们的利益分配。《共同法》（Common law）和《大宪章》（Magna Carta）的出现，集中体现了这类竞争所引发的王权与贵族权力统一与多元制衡格局的具有深远历史意义的变动。亨利二世创建制度化的"共同"法律，统一各地的习惯法；还派出法官解决各地的法律纠纷；通过建立强有力的、统一的法院系统，亨利二世强化了世俗权力和王权，一定程度上削弱了教会法庭和宗教权力。在议会立法出现之前，这种法官制定"共同"法的体系运行了数百年，成为英美案例法系的先驱实践②。1215年出现的"大宪章"是由教会作为中间人起草，英格兰约翰国王在1202—1214年英法战争失败后又面临贵族叛乱的弱势情形下，被迫签订的"和平"协议。该协议的历史意义在于王权受到贵族集体权力的限制，尽管没有突破封建体制，却奠定了后世个人自由的基

---

① E. M. Hallam. *Capetian France* 987-1328. Longman，1983：p. 64.

② R. C. van Caenegem. *The Birth of the English Common Law*. NY：Cambridge University Press，1988：pp. 89-92.

石，成为"有史以来最伟大的具有宪法性质的文件"①。1202—1214年英法战争中约翰国王的战败还为后来的英、法之间的圣东日战争和百年战争埋下了伏笔。

就其文化本质而言，1153年由亨利二世继承英格兰王位而确立的安茹帝国或从英格兰的角度视为金雀花王朝的确立，只不过是一场维京人在英吉利海峡两岸建立的家族统治的松散的殖民地由男性继承人改为女性继承人导致的改朝换代，统治或主流文化即诺曼或维京属性并未改变。但是，后世的英格兰民族中心主义者过于强调其盎格鲁民族文化而有意或无意淡化其诺曼即维京属性，确切言之，回避其海盗名声。不奇怪的是，英国传统上，自《盎格鲁—萨克森编年史》开始一直强调阿尔弗雷德大帝的民族文化传承而贬低克努特大帝的历史、重视亨利二世的安茹父系传承而排斥亨利二世是威廉一世后裔的史实。不争的史实还有安茹帝国继承了威廉一世开拓的版图，自金雀花王朝以降到伊丽莎白一世直至当前的伊丽莎白二世的英格兰历朝历代再也没有盎格鲁—萨克森王室。英人所忌惮者无非是克努特大帝和威廉一世的维京身份而已。种族如此，民族文化更是如此。

第五节 诺曼人与法兰西民族文化自觉

法兰西民族意识的自觉可追溯到被称为诺曼的维京人反复劫掠卡洛琳王朝时期的西法兰克王国。在维京文化直接冲击下，法兰西民族文化实体从三个方面逐渐形成。其一，维京文化与原有罗马—高卢文化融合形成诺曼底文化，构成法兰西文化的一部分；其二，在维京第二次围困巴黎时，率众坚守巴黎的奥多和罗伯特兄弟后被贵族选为巴黎侯爵和法兰克公爵，不仅标志着

---

① Danny Danziger; John Gillingham. 1215: *The Year of Magna Carta*. Hodder Paperbacks, 2004: p. 268.

卡佩王朝的崛起还直接导致了987年法兰西王国建立，从而构成了法兰西民族国家基础；其三，诺曼人在法兰西王国内外地缘文化的扩张、征战、联姻、联合过程中造成了地缘文化反复冲突与融合的混沌状态，刺激了法兰西民族意识的觉醒即文化身份认同，最终生成了法兰西文化实体。

征服并取得诺曼底的维京人，12世纪本笃会僧侣、历史学家戈夫雷多（Goffredo Malaterra）如此描述其文化特征：特别狡猾；在巧取豪夺和获得领地之后，鄙视自身传统，总渴望获得更多；惯于模仿所有的东西；集大度与贪婪的品行于一身，其首领们尤其如此。这是一个花言巧语、工于谄媚的族群，善于雄辩以至于青少年都像演说家，还恣意妄为难以驾驭。这还是一个能够承受辛苦劳作、忍饥挨饿、不畏严寒的种族，擅长狩猎特别是鹰猎，以骑马、舞刀弄枪和身着战服为乐事①。

正是因为诺曼人不重视保留自己的文化传统，所以在征服法兰克的过程中，通过谈判建立诺曼底封地，表示愿意效忠王室，也陆续放弃北方的多神教皈依基督教（罗马天主教）。但是，文化是割不断的。从语言、思维方式、生活方式一直到深层价值观，诺曼人在与原有罗马—高卢人融合过程中，由于取得了领主地位而居于封建等级的上层社会从而取得文化统治地位。据此杂交而成的诺曼底文化以维京文化为核心，引领和主导了诺曼底属地和地缘文化继续扩张，将维京文化投射到更大范围。英吉利海峡两岸由于维京扩张而日益加大联系，包括联合、结盟、融合、政治联姻和貌合神离，也包括对立、争夺、战争和妥协制衡。至安茹帝国建立到解体，居于不列颠和法兰西文化核心地位的应该不是难以厘清的盎格鲁、法兰西文化，而是极具内外张力的维京文化———一种来自北方的、从众多"蛮族"分化出来的、极具探索精神和扩张愿望的、集五种文化模式于一体的、活力四射的文化，即"五位一体"的维京文化。

---

① Peter Gunn. *Normandy*: *Landscape with Figures*. London: Victor Gollancz, 1975.

诺曼人只是在维京文化精神的引领下，在其所能探索的范围内打家劫舍索取赎金、追逐商业利益和个人荣誉，建功立业并实行殖民统治，并不刻意与任何王权为敌。对待西法兰克王国也是如此。但是，在不断冲击西法兰克的过程中，客观上打击了卡洛琳王朝，促使法兰克社会的贵族选举在第二次围困巴黎（884—885年）时坚决守卫巴黎的奥多和罗伯特兄弟为巴黎侯爵和法兰克公爵。在抵抗诺曼人的征服过程中，法兰西民族意识才被逐渐唤醒。法兰西民族意识的觉醒就是法兰西民族文化身份的自我认同。在诺曼文化不断冲击下而造成的混沌地缘文化局面中，由法兰西的文化自觉作为支撑，在奥多和罗伯特时期崛起的卡佩家族带领下，于987年建立的法兰西王国，标志着一个稳定的、新的民族文化实体的生成。卡佩王朝的统治，一直延续到法国大革命之后。换言之，在一定意义上，是维京文化从对立的一方刺激并催生了法兰西民族文化的生成。

作为维京文化的一个移民分支，诺曼文化还与地缘文化耦合并从内、外两个方面促使法兰西文化演变为强势文化实体。维京建立诺曼底公国后，逐渐演变为西欧最具实力的文化实体，但名义上仍然归属西法兰克王国和法兰西王国。尽管占据诺曼统治地位的是维京文化，诺曼底公国拥有强大的实力和自治权——包括法律和拒绝国王新立征税权，但是，后世的法兰西国王还是可以新立亲信为诺曼底公爵的方式来获取对诺曼底的统治权，尤其是王室强大的时候。诺曼底的维京统治者，还在法兰西王国范围之内，与各地缘文化彼此征伐、媾和，从而将整个法兰西文化维京化，同时也将维京文化地方化，从而在一片混沌的态势中，给宽泛意义上的法兰西文化带来争权夺利的活力和勃勃生机。

直接奠定诺曼文化基础的主要是来自不列颠群岛的爱尔兰—诺曼人、盎格鲁—诺曼人，这些丹麦维京人的后裔，不仅在诺曼底与法兰西王室、法兰西范围内各公爵、伯爵持续争斗，还以1066年诺曼人率领诺曼底人、法兰西人、佛兰德人征服英格兰为新起点，开启了"入侵"与"征服"不列颠群岛的反向殖民进程，后形成了盎格鲁—诺曼（Anglo-Normans）语言、族群和文化①，于1081年征服南威尔士后形成威尔士—诺曼（Cambro-Normans）族群文化②，于1130年征服苏格兰后形成苏格兰—诺曼（Scoto-Norman）族群文化③，于1169年征服部分爱尔兰后形成了爱尔兰—诺曼（Hiberno-Normans）族群和文化④，从而主导并带动了海峡两岸各地缘文化之间长达数百年的冲突与融合。诺曼人还远征意大利形成了意大利—诺曼（Italo-Normans）文化⑤并通过十字军东征在西亚建立安提俄克公国（Principality of Antioch），直至北非沿岸和现今西班牙的加那利群岛（Canary Islands）（图3-2）。正是在此更大范围的地缘文化碰撞过程中，法兰西文化和不列颠文化各自大致上划清了自己的文化边界，至少，强势法兰西和同样强势的英格兰文化实体因为拥有了稳定的王室家族而具备了文化向心力，即各自具备了民族核心，亦即民族归属感或文化自觉——文化身份认同。

第六节 诺曼人的十字军运动与法兰西、英格兰民族地位的提升

维京扩张从8世纪后期到11世纪的三百年与十字军运动从12世纪后期到15世纪的四百年并不限于在时间上的前后相继关系，对维京文化而言，两者的关系和态势应该是所谓维京扩张就是维京移民文化在以合并后的亚瑟

---

① C. Warren Hollister. *Henry I*（Yale English Monarchs），2001：p. 15.
② R. R. Davies. *The Age of Conquest：Wales*，1063–1415. St. Martin's Press，2000：p. 52.
③ G. W. S. Barrow. "David I of Scotland：The Balance of New and Old"，in G. W. S. Barrow，ed.，*Scotland and Its Neighbours in the Middle Ages*. London，1992：pp. 9–11.
④ Kenneth L. Campbell. *Ireland's History：Prehistory to the Present*. A & C Black，2013：p. 59.
⑤ Christopher Gravett and David Nicolle. *The Normans：Warrior Knights and their Castles*. Osprey Publishing：Oxford，2006：pp. 132–137.

第三章　维京诺曼文化植入与法兰西民族文化再生

图 3-2　截至 1130 年的诺曼人扩张图（德语版）

Normannen. png created by de Captain Blood, originally taken from the German Wikipedia

神教和华纳神教的指引下，向强大而繁盛的罗马帝国边缘劫掠、移民、贸易和征服殖民的过程，同时又是被基督教反向征服的过程，即维京扩张主义者陆续融入基督教统治秩序之中。这种基于征服和反向征服融合而成的维京文化变异体，在参与历次十字军东征过程中，仍然顽强地表现出维京文化的本质和特征。换言之，十字军东征只是维京扩张的续篇。基督教的力量最终连罗马帝国都不得不承认合法并进一步奉为国教，而法兰西王国与法兰西文化的兴盛也与基督教特别是罗马天主教具有最为深厚的联系。殖民诺曼底的维京人皈依基督教之后，已经成为左右英吉利海峡地缘文化关系的支配力量。诺曼人通过参与并成为十字军基本力量的行动，不仅将维京的劫掠、殖民合法化，还进一步在欧洲并超出欧洲范围提升了诺曼文化和法兰西文化的地位。

早在第一次十字军东征之前，诺曼人就已经在安提俄克即今土耳其南部开拓出自己的公国（Principality）。这种开拓与十字军东征无关，属于常规意义上维京扩张的范畴。此后，诺曼人参与十字军东征无非就是换一个名义，奉教皇敕令或自行打着十字军的旗号继续"合法"地扩张而已。1096年，第一次十字军东征在欧洲范围内几乎立即激起第一次大规模的反犹太行动，尤其在维京文化源头的日耳曼地区。反犹行动从自发的、有限的暴力一直发展成大规模的军事攻击犹太人聚居区[1]，包括莱茵兰大屠杀（Rhineland massacres）[2]。第一次十字军东征的主要力量是来自贵族领导的诺曼和法兰西骑士，有十万之众，而法兰西国王同时又是神圣罗马帝国的皇帝亨利四世因与教皇处于冲突之中并未参加。这些骑士军队向东进发到达拜占庭时，受到皇帝的欢迎。十字军承诺为东罗马帝国恢复被穆斯林占领的领土[3]。但是，十字军包围安提俄克后，立即展开了对居民的大屠杀并洗劫了全城[4]。1099年，一部分十字军终于打破了穆斯林和犹太居民的防守，进入耶路撒冷城，于是，大屠杀和洗劫一空又一次发生[5]。第一次十字军东征的结果是建立了四个十字军国度：耶路撒冷王国（Kingdom of Jerusalem）、埃德萨伯国（County of Edessa）、安提俄克亲王国（Principality of Antioch）和的黎波里伯国（County of Tripoli）[6]（图3-3）。以诺曼骑士为主导力量的第一次十字军东征，在欧洲民众中掀起了一股对天主教的虔敬和狂热的浪潮，表现为

---

[1] Robert Chazan. *European Jewry and the First Crusade*. University of California Press, 1996: p. 60.
[2] Corliss K. Slack. *Historical Dictionary of the Crusades*. Scarecrow Press, 2013: pp. 108–109.
[3] Geoffrey Hindley. *The Crusades: Islam and Christianity in the Struggle for World Supremacy*. Carrol & Graf, 2004: pp. 27–30.
[4] Thomas Asbridge. *The Crusades: The Authoritative History of the War for the Holy Land*. ECCO, 2011: pp. 50–52.
[5] Andrew Sinclair. *Jerusalem: The Endless Crusade*. Crown Publishers, 1995: pp. 55–56.
[6] Jonathan Riley-Smith. *The Crusades: A Short History* (Second ed.). Yale University Press, 2005: pp. 50–51.

对犹太人的屠杀和分裂者东正教的粗暴对待①。

图 3-3 小亚细亚和十字军国度（约 1140 年）

Alexander G. Findlay - Classical Atlas of Ancient Geography - www. hellsbrightestcorner. blogspot. com

萨拉丁创建了一支联合部队威胁到拉丁各国。1187 年 9 月 29 日，联军轻易地震慑了不统一的十字军，迫使十字军有条件投降。10 月 2 日，联军收

---

① Christopher Tyerman. *God's War: A New History of the Crusades*. Belknap Press, 2006: pp. 192-194.

复了耶路撒冷①。10月19日，教皇乌尔班三世（Urban III）闻讯后因悲伤过度而死②。10月29日，教皇格雷戈里八世（Gregory VIII）发布了敕令，号召开展第三次十字军东征。神圣罗马帝国的皇帝弗雷德里克一世（Frederick I）、法兰西的菲利普二世（Philip II）和英格兰的理查一世（Richard I）闻风而动，各自组织兵力计划夺回耶路撒冷。三路人马均有扩张至各地的维京人（含盎格鲁—诺曼人、诺曼底人、意大利—诺曼人、留在北方的诺曼人和东路被拜占庭称为瓦良格人的维京人）参与，因而可视为第三次东征十字军的骨干力量。弗雷德里克一世溺死在通往耶路撒冷的途中，其部队抵达耶路撒冷的人数极少③。其他两路人马进展顺利，却为政治上的争吵所困。菲利普二世丢下部队折回法兰西。只有理查一世带领盎格鲁—诺曼部队继续行进并从拜占庭人的手中夺取了塞浦路斯，原因是由于船只倾覆，她姐姐作为幸存者被塞浦路斯的统治者囚禁④。理查率部沿地中海东岸一路南下，打败了穆斯林军队，夺取了几个港口直至耶路撒冷附近，最终却苦于供给短缺而功败垂成，未能夺取耶路撒冷，结束了第三次东征⑤。理查与萨拉丁谈判后达成条约并于次年回国。条约允许天主教徒不携带武器可以到耶路撒冷朝圣、经商⑥。1191年，理查成为塞浦路斯的国王；作为通往耶路撒冷的极具战略价值的海上枢纽，塞浦路斯随后被卖给了圣殿骑士团。塞

---

① P. M. Holt. "Saladin and His Admirers: A Biographical Reassessment". *Bulletin of the School of Oriental and African Studies*, University of London 46（2），1983：235-239.

② Thomas Asbridge. *The Crusades: The Authoritative History of the War for the Holy Land*. ECCO, 2011: p. 367.

③ Tyerman, *Christopher The Crusades*. New York: Sterling, 2007 Print: pp. 35-36.

④ Jean Flori. *Richard Coeur de Lion: le roi-chevalier*［Richard Lionheart: the king-knight］, Biographie (in French), Paris: Payot, 1999: pp. 133-134.

⑤ Peter Lock. *Routledge Companion to the Crusades*. Routledge, 2006: pp. 151-154.

⑥ Thomas Asbridge. *The Crusades: The Authoritative History of the War for the Holy Land*. ECCO, 2011: pp. 512-513.

浦路斯作为西欧的第一个海外领地，天主教的一个重要堡垒，持续存在了380年①。从第三次十字军东征可见，伊斯兰世界与基督教世界关系的对立程度、天主教与东正教关系的紧张程度、天主教世界内部的统一与斗争关系以及通商对盎格鲁—诺曼人的重要性。更可见诺曼人对天主教的支撑作用。

在后续的一系列十字军运动中，征战讨伐的对象更加多样化，不仅包括伊斯兰教、还包括基督教范围内的东正教、波罗的海沿岸的异教；征战的范围也从小亚细亚扩展至拜占庭、北欧和北非。除了罗马教廷外，天主教内部各国意图各异，争斗的局势更趋复杂，以至于远道而来的蒙古大军压境时，也没能迫使天主教内部统一起来。由此可见，维京文化中特有的争斗特性已经弥散到维京扩张的所有地区。而诺曼人参与十字军运动，加剧了基督教世界内外的对立关系、加剧了天主教世界内外的分裂局势。而英吉利海峡两岸的诺曼人在十字军运动中不仅提升了海峡两岸国家在天主教内的地位，也造成天主教内部的分裂和英、法两个正在崛起的欧洲大国之间的对立状态。

结论和讨论

（一）结论及分析

维京诺曼文化植入法兰克王国及周边地区，与当地文化冲突后耦合再生出法兰西民族国家原型。法兰西民族文化实体的再生机制是：

第一，维京诺曼海上商业文化属性通过建立诺曼底强势封地植入法兰西王国，唤醒了法兰西民族文化意识；此后，在法兰西王国与地缘文化博弈过程中，诺曼文化是引领者，主导着法兰西文化与地缘文化之间的依附共生与

---

① Jean Flori. *Richard Cœur de Lion: le roi-chevalier* [*Richard Lionheart: the king-knight*], Biographie (in French), Paris: Payot, 1999: p. 138.

缠绕制衡关系，强化了法兰西民族文化意识。

第二，维京诺曼文化以劫掠者和入侵者的身份，放弃自身多神教而有条件地皈依基督教/天主教，是诺曼文化与法兰克当地文化融合的前提条件。一方面，诺曼人皈依基督教/天主教不仅为维京商业文化属性的植入极大地降低了阻力，还作为谈判条件为诺曼人换取了更大利益。另一方面，基督教/天主教收服诺曼人不仅缓解了法兰西在地缘文化冲突中的不利局面，更成为法兰西民族国家内部的稳定器，还成为法兰西在多元文化博弈进程中与同类文化依附共生的维系纽带。

第三，再生后的法兰西民族国家原型，以维京海上商业文化属性为核心、以统一的神圣罗马帝国思想为中层、以更普世的基督教/天主教价值观为表层维系纽带，是三层结构的文化实体。

(二) 进一步讨论

法兰西国家原型再生后，沉淀于法兰西文化深层结构的维京商业文化属性是否主导了法兰西文化在地缘文化和全球文化生态演化中依附共生与缠绕制衡关系？从威廉征服同质文化的英格兰开始，到英法百年战争、再到17世纪欧洲地缘文化内外的三十年战争、再到美国独立战争和法兰西大革命，一直到20世纪将两次世界大战作为一个连续过程的"第二次三十年战争"，无论是否以宗教之名，法兰西在包括这些又远远不限于这些冲突中的表现，均体现了维京商业文化获取最大化利益而特有的张力以及远交近攻、依附共生、缠绕制衡的战略和策略。

第四章　维京瓦良格东扩与俄罗斯民族文化生成

维京扩张时期，东出的维京人被称为瓦良格人，又称罗斯人。其中一部，由留里克三兄弟率其部族组成，"应邀"跨过波罗的海管理纠纷不断的斯拉夫各部落，在内、外地缘文化关系的冲突和融合过程中，建立基辅罗斯并皈依拜占庭基督教/东正教。后维京扩张时期，在更广泛的文化生态范围内，与西方欧洲天主教世界、东方蒙古帝国、南方伊斯兰世界持续冲突和耦合，历经数次文化断层，陆续再生出鞑靼罗斯、莫斯科罗斯和彼得俄罗斯，形成了独具特征的斯拉夫—东正教文化形态。维京东支不仅催生了俄罗斯民族国家原型，还进一步主导了俄罗斯在地缘文化生态中与其他文化依附共生和缠绕制衡关系，引领俄罗斯民族国家崛起为强势的俄罗斯帝国和更强势的苏联。尽管围绕俄罗斯国家原型、瓦良格人身份、东正教及马克思主义等问题在俄罗斯内外争议不断，而维京/瓦良格/罗斯文化在全部俄罗斯民族文化演化进程中的机制、地位和作用却始终没有得到应有的关注。

第一节　史前斯拉夫部落的两层结构[①]

斯拉夫人最早居住在东欧平原上，西起奥得河（Oder）、东至第聂伯河、南自喀尔巴阡山、北抵波罗的海。从前1000年至9世纪长达约2000年的时间跨度内，主要生活在第聂伯河（Dnieper）、顿河（Don）、伏尔加河（Volga）和奥卡河（Oka）流域的东欧平原上，地貌相对单一，属于温带大陆性气候，处于由黑海北岸向北的草原带、森林草原带、混合森林带及针叶森林带，无阔叶林、无冻土、无沼泽、无高山、亦无沙漠（虽然触及半沙漠地带）。土壤以褐土和灰钙土为主、偶及栗钙土[②]。1世纪末、2世纪初的古罗马文献认为：斯拉夫人的摇篮位于今波兰境内的维斯瓦（Vistula）河谷，他们游荡于山林之间，"以劫掠为生"，"他们有固定的栖身之所，他们有盾，而且喜欢步行，矫健善走"[③]。4—6世纪出现部落联盟，多以血缘或相邻且利害相同的部落组成。受历时两个世纪的民族大迁徙的冲击，至6世纪，斯拉夫人分为西、东、南三支，分别被称为维内德人、安特人和斯拉夫人。希腊人把该时期的斯拉夫人描绘成"野蛮、肮脏、半裸体"的人，说他们没有牢固的住房，而是住在窝棚里，使用毒箭，异常残忍；不论攻下哪一个希腊城市以后，他们把所有的居民都斩尽杀绝而不要俘虏，但是，一旦俘虏没被杀死，斯拉夫人并不把他们变成奴隶，而让他们过上和斯拉夫人一样的生活[④]。

[①] 汤正翔等："论俄罗斯文化的两极性及海洋情结"，《太平洋学报》，2015年第4期，第94-97页。

[②] Maureen Perrie (Ed.), *The Cambridge History of Russia* (1st volume), Cambridge: Cambridge University Press, 2006, pp. 21-30.

[③] [古罗马] 塔西佗著，马雍等译：《日耳曼尼亚志》，北京：三联书店，1958年，第79页。

[④] [苏] 波克罗夫斯基著，贝璋衡等译：《俄国历史概要》，北京：三联书店，1978年，第40页。

第四章　维京瓦良格东扩与俄罗斯民族文化生成

6—8世纪斯拉夫生产力发展迅速。这些部落已经使用铁器几个世纪，重要的生产活动包括捕鱼、狩猎、养蜂、养牛和纺织、制陶以及木匠之类的手工艺。农具有带铁头的犁、耙、镰刀、铁斧和铁锄，用牛马耕作，还实行轮耕制；手工业质量和产量均有提高，能生产锋利的刀剑、匕首和长矛等武器。值得注意的是其商业活动活跃，与拜占庭、中亚和东北欧贸易往来频繁。据季霍米罗夫（Tikhomirov）统计，9世纪有城镇238座。从8世纪起，东斯拉夫人又逐渐分为北部、东部和西南三个群体。至留里克王朝建立前，据俄罗斯《往年记事》（Primary Chronicle）载，有12个东斯拉夫部落[1]。

与人类学研究的蒙昧时期各文化形态大体一致，斯拉夫宗教较为成熟，罗斯洗礼前，自然崇拜、祖先崇拜和部落崇拜的多神教已经普遍久远地存在于斯拉夫人当中。但是文字出现很迟，9世纪康斯坦丁·菲洛索夫在保加利亚创造的以希腊宗教文字字母为基础的斯拉夫字母（Cyrillic）至10世纪才开始普遍使用。因此，与同期宗教文化相比，斯拉夫文化也较落后，宗教系统性不够，传播也处于自然状态。早期斯拉夫文化的总体水平，较之同期北方斯堪的纳维亚的严寒条件，斯拉夫人的地域尚属优越；较之东方高山游牧文化的居无定所，斯拉夫人还算安定；只是与繁荣的文化如地中海、尼罗河、黄河、恒河文化相比，斯拉夫人的土地方显贫瘠。

长期地缘文化的冲突造就了早期斯拉夫文化的外来与本土、上与下两层结构模式。上层结构是游牧、商业、海盗、雇佣兵、军事等行业的生活方式为主体的外来文化植入的殖民文化层，下层是以农耕、捕鱼、狩猎、养蜂、手工业等行业的生活方式为主体的本土内生的被殖民文化层。两层文化属性之间不兼容，即早期斯拉夫文化形态内部业已长期存在着外来与本土之间、上层与下层之间的文化断层线。

---

[1] [美] 梁赞诺夫斯基著，杨烨等译：《俄罗斯史》（第七版），上海：上海人民出版社，2007年，第17页.

前 4 000 年，新石器文化时代的第聂伯河流域和使用金属的库班河（Kuban）流域，堪比同期的埃及文化和美索不达米亚（Mesopotamia）文化。前 1000 年已经使用铁器生活在高加索北部库班河流域的游牧部落金麦里人（Cimmerian），移居第聂伯河一带，成为斯拉夫人的统治阶层。以后陆续侵入斯拉夫人地域并成为上层社会的部落主要来自东方，间或也有西方的部落（表 4-1）。反复出现的主题是：定居的农民（属于黑海北岸文化）与入侵的游牧民的斗争①。

表 4-1 古罗斯前后统治斯拉夫人的各民族部落

时间	民族	地位	来源	文化属性
BC1000-BC700 年	金麦里人（Cimmerians）	上层	黑海北（土著）	游牧文化
BC700-BC200 年	斯基台人（Scythians）	上层	阿尔泰东	游牧、劫掠文化
BC200-AD200 年	萨尔马特人（Sarmatians）	上层	咸海东	游牧、劫掠文化
AD200-370 年	哥特人（Goths）	上层	斯堪的纳维亚	海盗、军事文化
AD370-453 年	匈奴人（Huns）	上层	蒙古草原	游牧、劫掠文化
AD558-650 年	阿瓦尔人（Avars）	上层	高加索东	游牧、劫掠文化
AD650-882 年	可萨人（Khazar）	上层	黑海南和里海	游牧、劫掠文化
AD882-1238 年	瓦良格人（Varangians）	上层	斯堪的纳维亚	海盗、商业文化
AD1238-1480 年	鞑靼人（Tatars of Mongonia）	上层	蒙古草原	游牧、劫掠文化

根据《俄罗斯史》①有关论述整理

统治斯拉夫人长达两千五百年之久的上述 9 个异族，在人类文明进程中，并非同期代表性的主流文化，它们被罗马、拜占庭和阿拉伯人都视为野蛮、落后的部落。而正是这些蛮夷之族，长期不断地对斯拉夫实行了残酷地

① ［美］梁赞诺夫斯基著，杨烨等译：《俄罗斯史》（第七版），上海：上海人民出版社，2007年，第 10 页。

统治。唯一值得俄罗斯称道又备受争议的是维京瓦良格人的统治。因为瓦良格人不是侵入斯拉夫的聚居地，而是应邀而来①。如果说，最后一个统治斯拉夫的民族蒙古鞑靼人为以后俄罗斯大范围东向扩张在地缘外部文化关系上提供了参照，那么，维京东支瓦良格人，即罗斯人（Rus'），则稳定地融入东斯拉夫各部落内部并主导和引领斯拉夫人摆脱了被外族奴役的宿命，不仅生成独立的文化实体，还对外尤其是东向扩张，最终演化为区别于东、西方文化板块中独立存在的巨大文化实体。

第二节　维京东支创建基辅罗斯

基辅罗斯（Kievan Rus'），瓦良格人建立于882年、废于蒙古入侵后的1240年，是19世纪俄罗斯编年史对统治东斯拉夫各部落以基辅为中心早期松散联盟的命名②，以区别于同期其他政治实体。罗斯（Rus'），即拉丁语Russia，就是指以留里克（Rurik）兄弟领导的瓦良格人和"北方人"，约1130年编订的俄罗斯早期编年史《往年纪事》（*Primary Chronicle*）称之Rus'，是"海外来客"；而希腊人和东斯拉夫人称这支维京人为瓦良格人（Varangians）③。现代俄罗斯、乌克兰和白俄罗斯人均声称基辅罗斯是其民族国家的文化起源④。统治基辅罗斯的家族早在约862年就已在诺夫哥罗德（Novgorod）建立了自己的统治领域，是基辅公国、莫斯科公国的统治者，还是沙皇俄罗斯的建立者，其在俄罗斯的统治地位一直延续到1598年后仍有反复。

---

① 曹维安："俄国史学界关于古罗斯国家起源问题的争论"，《世界历史》，2008年第1期.
② John Channon & Robert Hudson, *Penguin Historical Atlas of Russia*. Penguin, 1995: p. 16.
③ Online Etymology Dictionary. http://www.etymonline.com/index.php?term=Varangian. [2016-06-19]
④ Plokhy, Serhii. *The Origins of the Slavic Nations: Premodern Identities in Russia, Ukraine, and Belarus*. New York: Cambridge University Press, 2006: pp. 10-15.

据《往年纪事》记载，9世纪的东斯拉夫地区分属瓦良格人和可萨人（Khazars）统治。其中，首次提到瓦良格人在859年向斯拉夫人和芬兰人强索贡物。862年，诺夫哥罗德地区的斯拉夫人和芬兰人揭竿而起，反对瓦良格人，将其赶回海那边，不再向其继续缴纳贡赋，并着手自我管理。但是，这些部落没有法律，不久便陷入彼此争斗的战乱之中。由此迫使这些部落邀请瓦良格人回来统治他们以恢复和平：这些部落议定"让我们寻找一位君主统治我们并根据法律裁决我们吧"；然后去海外找到瓦良格罗斯人对其陈述并发出邀请"我们的土地广袤而富饶但缺少秩序，过去统治我们、当我们的君主吧"。于是，瓦良格人挑选了三兄弟及其亲族，率全部罗斯人移居斯拉夫领地①（图4-1）。留里克三兄弟分别在诺夫哥罗德等地安顿下来。两兄弟死后，留里克成为该地区唯一的统治者，因此而被后世视为留里克王朝的祖先②。

此后不久，留里克的两名部属，阿斯科尔德（Askold）和迪尔（Dir）获准去君士坦丁堡。在南下的途中，发现山坡上的小城——基辅，于是，从可萨人手中抢占了该城及周边地区，建立了自己的领地，从此，瓦良格人逐渐遍布此地。《往年纪事》载，863—866年（另一说是860年），阿斯科尔德和迪尔率海军出其不意地攻击了君士坦丁堡，俘获拜占庭人并大肆抢劫郊区和周边岛屿③。由于风暴吹散了海军的船只，瓦良格人没有对君士坦丁堡城池本身发动进攻就撤退了。此次攻击成为罗斯人与拜占庭人之间的首次偶遇，由此引发拜占庭基督教的大牧首派遣传教士北上从事传教活动，尝试教化罗斯人和斯拉夫人④。

---

① *Primary Chronicle*, Selected Text, University of Toronto. pp. 6-7. https：//www.utoronto.ca/elul/English/218/PVL-selections.pdf. ［2015-03-01］

② Thomas McCray, *Russia and the Former Soviet Republics*. Chelsea House Publishers, 2006：p. 26.

③ *Primary Chronicle*, Selected Text, University of Toronto. p. 8.

④ Obolensky, Dimitri, *The Byzantine Commonwealth：Eastern Europe* 500-1453. London：Weidenfeld & Nicolson, 1971：pp. 244-246.

第四章　维京瓦良格东扩与俄罗斯民族文化生成

图4-1　瓦良格人应邀而来

The Invitation of the Varangians, by Viktor Vasnetsov. http：//rosdesign.com/design_ materials4/istor_ rus3. htm

　　约897年，留里克亡故，将罗斯的领导权遗留给奥列格（Oleg）亲王，作为自己年幼儿子伊戈尔（Igor）的摄政王①。880—882年，奥列格率领军队沿第聂伯河南下，占领斯摩棱斯克等城，接着，抵达基辅，杀死先期占领该城同为瓦良格人的阿斯科尔德和迪尔，自立为亲王，宣布基辅为"罗斯之母亲城"②。随后，奥列格着手控制周边地区和向北通往诺夫哥罗德的河道，向东斯拉夫各部落强征贡赋。883—885年，奥列格继续扩张，还征服可萨人控制的一些地区，禁止向可萨人继续进贡。在北方斯拉夫的土地上，奥列格继续扩展留里克开始的罗斯要塞网络建设③。

---

① Janet Martin. *Medieval Russia* 980-1584. Cambridge：Cambridge University Press, 1997：p. 3.
② Janet Martin. *Medieval Russia* 980-1584. Cambridge：Cambridge University Press, 2003：pp. 37-40.
③ George Vernadsky. *Kievan Russia*. Yale University Press, 1976：pp. 20, 23.

新兴的基辅公国得以繁荣，主要有两个原因。一是物产丰饶，拥有丰富的皮毛、蜂蜡、蜂蜜和奴隶可供出口[1]。二是控制着东欧的三条商道。北方的诺夫哥罗德充当着连接波罗的海和"伏尔加贸易路线"（Volga trade route）的纽带，可通往伏尔加保加利亚人、可萨人的土地，穿过里海远达巴格达，获得中亚和中东的市场和产品[2]。从波罗的海的贸易路线也可以沿着第聂伯河通过河流网络和短途转运，即"从瓦良格到希腊之路"（"route from the Varangians to the Greeks"），进入黑海、抵达君士坦丁堡。基辅则是第聂伯河沿线的中心前哨，又是连接可萨领地和中欧日耳曼领地东方与西方陆路贸易路线的枢纽[5]。这些商业纽带给罗斯的商人和王公带来了富足，也用于发展军事力量，建设教堂、宫殿、要塞和更多的城镇[5]。对奢侈品的需求刺激了昂贵的珠宝和宗教器物的生产，而这些商品的出口或许也带动了信用和借贷系统的提升[4]。

由于罗斯早期的快速向南扩张，导致与东欧大草原的可萨人以及其他邻近地区的关系处于反复无常的状态之中[3]。罗斯和斯拉夫人有时与可萨人联合起来在高加索地区对抗阿拉伯人的劫掠，有时又与可萨人争夺贸易路线的控制权。[3]拜占庭能够利用这些混乱扩大政治影响和商业关系，先与可萨联合、后又与罗斯及草原其他群落联合[6]。9世纪，罗斯的扩张进一步给可萨人施加军事和经济压力，剥夺其领土、贡赋和贸易。进入10世纪，可萨人的处境更为艰难[4]。卷入纷争的还有乌戈尔（Ugrian）、突厥人、马扎尔人（Magyars）、佩切涅格（Pechenegs）和保加利亚人等。

早期基辅罗斯最重要的地缘文化关系是与拜占庭之间各种联系。860年

---

[1] Walter Moss. *A History of Russia*：*To* 1917. Anthem Press，2005：p. 37.

[2] Janet Martin. *Medieval Russia* 980-1584. Cambridge：Cambridge University Press，1993：p. 47.

[3] P. Robert Magocsi. *Ukraine*：*An Illustrated History*. University of Washington Press，2010：pp. 62, 66-67.

[4] Gunilla Larsson. *Ship and society*：*maritime ideology in Late Iron Age Sweden* (dissertation in English). Uppsala Universitet，Department of Archaeology and Ancient History，2007：p. 208.

第四章　维京瓦良格东扩与俄罗斯民族文化生成

罗斯攻打君士坦丁堡之后，拜占庭大牧首便派遣传教士北上改变罗斯人和斯拉夫人的信仰。摩拉维亚的亲王请求拜占庭皇帝提供教师翻译圣经文本，因此，863年西里尔（Cyril）兄弟由于懂得斯拉夫语言而被作为传教士派出⑥。于是，早期斯拉夫语字母由西里尔兄弟编制而成并以西里尔名字冠名。该套文字不仅翻译了圣经还起草了斯拉夫第一个民法典和其他重要文件。这套早期斯拉夫文字和这些文本传遍了斯拉夫地区，包括基辅罗斯。西里尔兄弟肩负传教和外交的双重使命。他们不仅传播了拜占庭的文化也传播了帝国的外交政策⑥。大牧首在867年宣布罗斯接受一位主教、在874年又提到罗斯的大主教①。

奥列格夺取基辅以后，基辅罗斯与拜占庭的关系更趋复杂化，反映出双方商业、文化和军事的关切⑥。罗斯的财富和收入严重依赖与拜占庭的贸易。《往年纪事》记载了907年，罗斯再次攻打君士坦丁堡。虽然拜占庭的文献没有提及这次攻击，但是，907年和911年的两份贸易协议反映出拜占庭所受到的压力②。条款表明，拜占庭为君士坦丁堡的罗斯商人提供住处和免税的特权。941年，伊戈尔对君士坦丁堡发动了又一次重大攻击，很可能还是为了贸易权利③。连同佩切涅格联军，罗斯海军出动了10 000只船，且正值拜占庭舰队在地中海与阿拉伯人对峙之时，战争初期，尽管罗斯军队一路顺畅，沿途烧杀掠夺，但是，战争的结果是拜占庭军队从巴尔干回师将罗斯军队逐出帝国。由此可知，自911年以来，双方的军力平衡已经向拜占庭倾斜⑧。944年，回到基辅的伊戈尔从斯拉夫和佩切涅格联盟中召集了大批武士，又从瓦良格出发地的"海外"获得增援，又一次水陆并进，向拜占庭

---

①　Georgije Ostrogorski. *History of the Byzantine State*, 2002, p. 277; George Majeska, "Rus' and the Byzantine Empire", *A Companion to Russian History*（Abbott Gleason, ed.）, 2009: p. 51.

②　John Lind. "Varangians in Europe's Eastern and Northern Periphery", Ennen & nyt（2004: 4）. [2015-09-09]

③　George Majeska. "Rus' and the Byzantine Empire", *A Companion to Russian History*（Abbott Gleason, ed.）, 2009: p. 52.

开进。拜占庭也派军迎战①。这次一触即发的大战以拜占庭皇帝送出礼物、罗斯接受收场。945年，拜占庭、罗斯和保加利亚签订和平协定。这次协定给罗斯的优惠更少，再次折射出各方力量关系的平衡变化®。但是，罗斯扩张的势头仍在继续，至伊戈尔的儿子斯维亚托斯拉夫（Sviatoslav）继位之后，罗斯快速向东和向南扩张，导致东欧的两个大国——可萨和第一保加利亚帝国的解体。至972年斯维亚托斯拉夫死亡时，基辅罗斯一跃成为欧洲规模最大的国家②。

第三节　罗斯洗礼：
基辅文化从两层结构突变为三位一体形态

　　基辅罗斯处于各宗教文化交汇之地，罗斯洗礼之前，基督教各派均试图对其教化，基督教之外的犹太教和伊斯兰教对其影响颇大。天主教和东正教对弗拉基米尔大公的几位前任就已做过洗礼。960年罗斯围困君士坦丁堡之后，拜占庭的东正教为使其皈依基督教更是派出主教，还应要求派出西里尔兄弟为其创制了斯拉夫文字。西里尔兄弟为斯拉夫人创制的文字，对罗斯和斯拉夫皈依到基督教的东正教会，意义极大。因为在很大程度上，斯拉夫人接受了西里尔字母，即意味着接受了拜占庭文化。

　　《往年纪事》载，986年，基辅大公弗拉基米尔会见了几个宗教的代表，会见的结果成为真假难辨、颇为有趣的轶事。通过会见伏尔加保加利亚穆斯林，弗拉基米尔发觉伊斯兰教不适合罗斯人，因为穆斯林要求行割礼、禁酒、禁食猪肉。弗拉基米尔当场表态："饮酒是我们的乐事，罗斯人无酒不成。"与可能是可萨人的犹太教使节商谈时，弗拉基米尔问及犹太教，最终

---

① Donald F. Logan. *The Vikings in History*, 2nd ed. Routledge, 2005：p. 192.
② Walter Moss. *A History of Russia：since* 1855, v. 2. Anthem Press. 2004：p. 29.

也拒绝了。他表示,犹太人丢失了耶路撒冷表明上帝已经抛弃犹太人了①。又载,次年,邻国的代表催促皈依他们各自信奉的宗教,经与贵族们商量后,弗拉基米尔派遣使节到各国考察。到伏尔加保加利亚考察穆斯林的使节汇报说,那里只有悲伤、恶臭,毫无欢乐。在日耳曼人昏暗的天主教堂,使节感受不到美的存在。但是,在拜占庭东正教圣索菲亚教堂,正在举行的节日仪式强烈地感染了使节,使节汇报说:"我们当时都分不清是在天堂还是人间,那里美得简直难以言说。"② 这段记载,无论真伪,既然为20世纪初期的编年史作者所采用或杜撰,则可反映出罗斯选择东正教是基于维京文化和基辅罗斯地缘文化及其相互关系的慎重考虑,符合罗斯文化、符合当时的地缘文化关系。

关于弗拉基米尔大公的转变信仰,记录文献稀缺,安提俄克的叶海亚(Yahya of Antioch)及其追随者作了大体一致的描述。987年,拜占庭帝国的两位将军举兵反叛皇帝巴兹尔二世(Basil II),向君士坦丁堡进发,其中一位将军还自封为帝。为避免遭到叛军的围攻,巴兹尔二世不得不转向当时还是敌方的罗斯求助。以联姻作为条件,弗拉基米尔同意援助,还答应接受东正教作为其本人和人民的宗教。安排完婚礼,弗拉基米尔派遣6 000人的部队,帮助拜占庭镇压了叛乱③。

《往年纪事》描述的弗拉基米尔洗礼源于科尔松(Korsun)传说。根据该传说,988年,弗拉基米尔占领了极具商业和政治价值的位于克里米亚的希腊重镇科尔松,而占领此地可能是巴兹尔许诺给弗拉基米尔出兵援助镇压叛乱的条件。为补偿撤兵,巴兹尔答应将其妹嫁给弗拉基米尔。婚礼之前,弗拉基米尔在科尔松或基辅接受了洗礼,还取了个基督教名字,也叫巴兹

---

① *Primary Chronicle*, year 6494 (986).
② *Primary Chronicle*, year 6495 (987).
③ P. B. Golden. "Rus." Encyclopaedia of Islam (Brill Online). Eds.: P. Bearman, Th. Bianquis, C. E. Bosworth, E. van Donzel and W. P. Heinrichs. Brill, 2006. [2016-01-03]

尔，以示恭维皇帝①。圣弗拉迪米尔大教堂标注科尔松作为弗拉基米尔的洗礼之地。综合现存文献可以判断，作为与拜占庭帝国讨价还价的结果，弗拉基米尔改变信奉，只是出于外交关系的需要，看不出其信仰东正教的任何诚意。

而罗斯洗礼，主要是出于内政的需要，与罗斯文化本身的演化没有丝毫关联。以胜利者的姿态回到基辅后，弗拉基米尔劝告首都居民到第聂伯河接受洗礼。这次大规模的洗礼为基辅罗斯全国洗礼拉开了序幕。弗拉基米尔首先为十二个儿子和众多贵族实施了洗礼，还捣毁了自己八年前竖立的斯拉夫多神教的木雕神像，要么烧毁要么劈成碎片，主神佩伦的雕像被扔进第聂伯河②。随后，弗拉基米尔晓瑜全基辅："无论贫富，包括乞丐和奴隶"，次日均须至第聂伯河接受洗礼，否则，以"大公之敌"论处。大批人来到河边，甚至还携带着婴儿。人们走进河水，从科尔松专门赶来的东正教牧师为其祷告（图4-2）③。为纪念此事，弗拉基米尔在基辅罗斯建立了第一座石制教堂，称什一教堂。该教堂后来成为弗拉基米尔和新婚妻子死后的安身之所④。在原来竖立斯拉夫神像的山顶上另建一座东正教堂。

其他中心城市随即效仿基辅洗礼。弗拉基米尔的叔叔"用火"（火刑）强迫诺夫哥罗德居民基督化，而当地的市长则"用刀"说服同胞接受基督教。与此同时，主教则在多神教墓地上建立起第一座"带有13个顶"的木制圣索菲亚大教堂⑤。多神教在基辅罗斯仍然坚持了很久，表现之一是伏尔

---

① *Polnoe Sobranie Russkikh Letopisey* (PSRL), vol. 1, col. s pp. 95-102. http：//psrl.csu.ru/indexs/index_ tom. shtml. [2016-01-03]

② Philip Longsworth. *Russia：The Once and Future Empire from Pre - History to Putin*. New York：St. Martin's Press, 2006；p. 38.

③ *Lavrent*. (PSRL 1), col. p. 102.

④ *Lavrent*. (PSRL 1), cols. pp. 108-109.

⑤ *Novgorodskaia tretiaia letopis*, (PSRL 3), 208. On the initial conversion, see *Vasilii Tatishchev, Istoriia rossiiskaia*, A. I. Andreev, et al., eds. (Moscow and Leningrad：AN SSSR, 1962), vol. 1, pp. 112-113.

第四章　维京瓦良格东扩与俄罗斯民族文化生成

图 4-2　基辅洗礼

The Baptism of Kievans, by Klavdiy Lebedev before 1916

加上游的起义以及其他零星的多神教抗争。以罗斯托夫为中心的东北地区对此新宗教尤为敌视。一直到 1071 年，诺夫哥罗德还面临着多神教起义，主教本人都面临着直接威胁。诺夫哥罗德亲王腰斩巫师才驱散了民众①。

罗斯的基督化牢牢地将其与拜占庭帝国的关系捆绑在一起。希腊的知识文化被基辅和其他大城镇所采用；教堂也按照拜占庭模式开始建造。罗斯—斯拉夫社会的结构仍然属于两层结构，少数罗斯人位于上层，多数斯拉夫人位于下层，近似殖民关系。及至基督教（东正教）的引入，基辅罗斯开始向东正教—罗斯—斯拉夫三位一体的社会结构转型，转型后的形态称为斯拉夫—东正教文化实体。1054 年基督教世界的东、西方教会大分裂之后，罗

---

① Arsennii Nasonov, ed. *Novgorodskaia Pervaia Letopis: Starshego i mladshego izvodov* (Moscow and Leningrad: AN SSSR, 1950), pp. 191-96.

斯教会同时与罗马和君士坦丁堡都保持着联系，只是后来才跟随大多数东方教会一起倒向东正教。换言之，与其他希腊世界不一样，基辅罗斯对西方世界并不怀有强烈的敌意[①]。斯拉夫—东正教文化实体的生成和俄罗斯演化为强势民族国家的初始值是988年的罗斯洗礼。因为罗斯洗礼是处理基辅罗斯内部罗斯—斯拉夫关系、外部地缘复杂关系的关键步骤，由此引发的"蝴蝶效应"，决定了斯拉夫—东正教文化和俄罗斯民族国家逾越千年的演变走势。1988年，苏联境内的东正教信徒举行了东斯拉夫基督教千年庆典，其中，莫斯科的盛大仪式改变了自1917年以来的苏联政教关系。

第四节　在东、西方文明板块夹缝中的位移：
基辅罗斯的扩张、分裂和瓦解

　　罗斯加入拜占庭的东正教，只是极大地加强了与拜占庭的联系，并不意味着与拜占庭帝国关系的根本改善。维京文化的结构模式和特征仍然鲜明地表现出来。其中，瓦良格人除了充当拜占庭帝国雇佣军和皇帝卫队之外，罗斯与拜占庭的战争依然如故，时有发生。罗斯洗礼前，从9世纪30年代起，罗斯开始通过瓦良格—希腊商路劫掠、挑战拜占庭帝国，860年、907年、941年、970—971年、987年战争连绵不断。在此意义上，罗斯洗礼是罗斯与拜占庭帝国通过战争这一特殊文化冲突的产物。988年罗斯洗礼后，1024年和1043年，罗斯两次发动对拜占庭的战争，直至拜占庭帝国衰落和基督教东、西教会大分裂为止。在此前后，维京东支还发动了针对伊斯兰世界的数次远征，意在控制伏尔加—里海商路。此时，罗斯的扩张也达到了鼎盛时期。

---

　　① Michele Colucci. "The Image of Western Christianity in the Culture of Kievan Rus". Harvard Ukrainian Studies. 12/13, 1989: pp. 576-586.

第四章　维京瓦良格东扩与俄罗斯民族文化生成

　　1024 年罗斯与拜占庭之战，又称利姆诺斯岛（Lemnos）之战，起先只是弗拉基米尔大公的一位亲戚率 800 瓦良格武士组成的一支舰队前往君士坦丁堡应征拜占庭皇帝巴兹尔二世的卫队，当时大公已与皇帝之妹结婚①。在君士坦丁堡城下，罗斯武士拒绝了交出武器才能入城的要求，转而南下。在打败了守卫爱琴海海峡的拜占庭舰队后，罗斯舰队驶向利姆诺斯岛，后被假装谈判的拜占庭舰队欺骗，遭突然袭击，罗斯武士悉数被杀②。1043 年的罗斯与拜占庭之战是两者最后一战。究其本质，战争只是由基辅大公雅罗斯拉夫（Yaroslav）挑起、由其长子诺夫哥罗德亲王率领舰队从海上攻击君士坦丁堡的又一次不成功劫掠活动而已。战争亲历者描述罗斯舰队先遣队在安纳托利亚海岸附近遭到帝国舰队火攻（Greek fire）而全军覆没；而斯拉夫编年史则记载，罗斯舰队遭遇海上风暴而灭。待到诺夫哥罗德亲王率 6 000 士兵的强大舰队赶到时，再续败绩，其本人被俘。三年后，双方签订和平协议亲王才得以回到基辅；同时，根据协议，亲王与帝国的一位公主结婚③。

　　通过伏尔加—里海方向的商路，从 864 年到 1041 年，罗斯人还远征了里海沿岸伊斯兰世界，今属伊朗、达吉斯坦和阿塞拜疆一带④。起初，罗斯商人主要通过伏尔加商路到伊斯兰世界兜售皮毛、蜂蜜和奴隶。9 世纪后期和 10 世纪初期发生一些小规模的征战劫掠活动。913 年，发生了多达 500 艘战船大规模攻击古尔干（Gorgan）地区（今属伊朗）的行动，劫掠财货和奴隶；在归途的伏尔加河三角洲，罗斯劫掠者被可萨人击败，逃脱者在伏尔

---

① John Wortley, ed. *John Skylitzes: A Synopsis of Byzantine History*, 811-1057. Cambridge: Cambridge University Press, 2010: p. 347.
② Sigfus Blondal. *Varangians of Byzantium: An Aspect of Byzantine Military History*. Translated by Benedikz, Benedikt S. Cambridge: Cambridge University Press, 1978: pp. 50-51.
③ George Vernadsky. *The Byzantine-Russian war of 1043*. "Sudostforschungen" Bd. XII. Munchen, 1953: pp. 47-67.
④ Donald F. Logan. *The Vikings in History* 2nd ed. Routledge, 1992: p. 201.

加中游被当地部落杀死①。943年罗斯人再度侵入高加索，滞留数月，屠杀城市居民，大肆劫掠，只是因为期间爆发了疟疾才被迫撤退②。965年基辅亲王斯维亚托斯拉夫（Sviatoslav）发动了又一次攻击，直接将可萨灭国，使罗斯控制了贯通南北的各条商路，改变了该地区人口的分布状态③。罗斯抢劫仍在持续，1041年的英格瓦（Ingvar）远征里海是瓦良格人最后一次试图重新打通里海商路的努力②。

至雅罗斯拉夫（Yaroslav I，1019—1054年在位）在位时期，基辅罗斯通过经商、征战、皈依东正教、政治联姻和区域联盟等不同方式，不断扩张，成为当时欧洲最大的国度④。11世纪后期和12世纪开始分裂为三个彼此对立的权力中心。北方的诺夫哥罗德共和国（Novgorod Republic，1136—1478年）由当地寡头统治，实行君主选举制，政府重大事务由市镇会议决定；虽与基辅罗斯联系紧密，但相对自治⑤。西北方的弗拉基米尔—苏兹达尔大公国（Vladimir-Suzdal，1157—1331年）由基辅罗斯移民而来的斯拉夫人，在征服并融合此前占据该地的芬兰人后，实行殖民统治，是莫斯科大公国的前身。西南方的加利西亚—沃里尼亚王国（Galicia-Volhynia，1199—1349年）地处基督教东、西教会大分裂后的交叉地带，同时又处于南、北各条商路的交汇区域，地缘文化关系特别复杂，各方几度争夺后，1246年沦为蒙古金帐汗国的附属国。紧接着，波兰占据加利西亚，1321年立陶宛又占据沃里

---

① P. B. Golden. "Rus". *Encyclopaedia of Islam*（Brill Online）. Eds.：P. Bearman, Th. Bianquis, C. E. Bosworth, E. van Donzel and W. P. Heinrichs. Brill. 2006.

② Donald F. Logan. *The Vikings in History* 2nd ed. Routledge. 1992：p. 202.

③ David Christian. *A History of Russia, Mongolia and Central Asia：Inner Eurasia from Prehistory to the Mongol Empire*（*History of the World*, Vol. 1）. Blackwell. 1999：p. 298.

④ "Yaroslav I（prince of Kiev）- Britannica Online Encyclopedia". Britannica.com．［2015-12-03］

⑤ Martin Sixsmith. "Chapter 3". *Russia：A 1,000 Year Chronicle of the Wild East*. NY：Overlook Press. 2012. 20th Print.

尼亚，结束了留里克王朝的一支在附属国的统治①。基辅罗斯的衰退，还由于经济上随着君士坦丁堡的衰微而导致经过该地区的商路废弛，大大减少了公国的经济来源。13世纪40年代遭到来自遥远东方更为强悍、突如其来的蒙古入侵者的凌厉攻击而最终瓦解。

在蒙古金帐汗的统治下，作为基辅罗斯的开创者，留里克王朝虽然在基辅地区作为附庸国的统治地位都未保住，但是，留里克家族在基辅罗斯分裂后的其他权力中心仍然延续着统治地位（图4-3）。基辅罗斯，与西欧相比虽然人口稀少，但是就面积和文化提升而言，在同期欧洲当属最大最快②。基辅和诺夫哥罗德等大城市读写水平较高；诺夫哥罗德有下水道系统；法律规定了罚款，一般不用死刑；财产和继承等权利也赋予妇女③。统计数据可以表明基辅罗斯的经济发展。1200年前后，基辅居民数约五万，诺夫哥罗德和切尔尼戈夫各有三万。而君士坦丁堡1180年左右约有人口四十万。在蒙古入侵前夕，全基辅罗斯拥有约300个中心城镇④。自智者雅罗斯拉夫起，通过广泛的政治联姻，基辅罗斯的留里克王朝与马其顿、拜占庭、瑞典、匈牙利、法兰西、挪威、波兰、德意志、英格兰王室以及教皇构成了繁复良好的王室宗亲关系网，从而使基辅罗斯在欧洲政治舞台扮演着重要的角色⑤。

---

① Michael B. Zdan. "The Dependence of Halych-Volyn 'Rus' on the Golden Horde". *The Slavonic and East European Review*, Vol. 35, No. 85 (June, 1957), pp. 521-522.

② Charles Phineas Sherman. "Russia". *Roman Law in the Modern World*. Boston: The Boston Book Company, 1917: p. 191.

③ Janet Martin. *Medieval Russia*, 980-1584. Cambridge: Cambridge University Press, 1995: p. 72.

④ Jonathan Phillips. *The Fourth Crusade and the Sack of Constantinople*. Penguin Books, 2005: p. 144.

⑤ Paul Robert Magocsi. *A History of Ukraine*. Toronto: University of Toronto Press, 1996: p. 76.

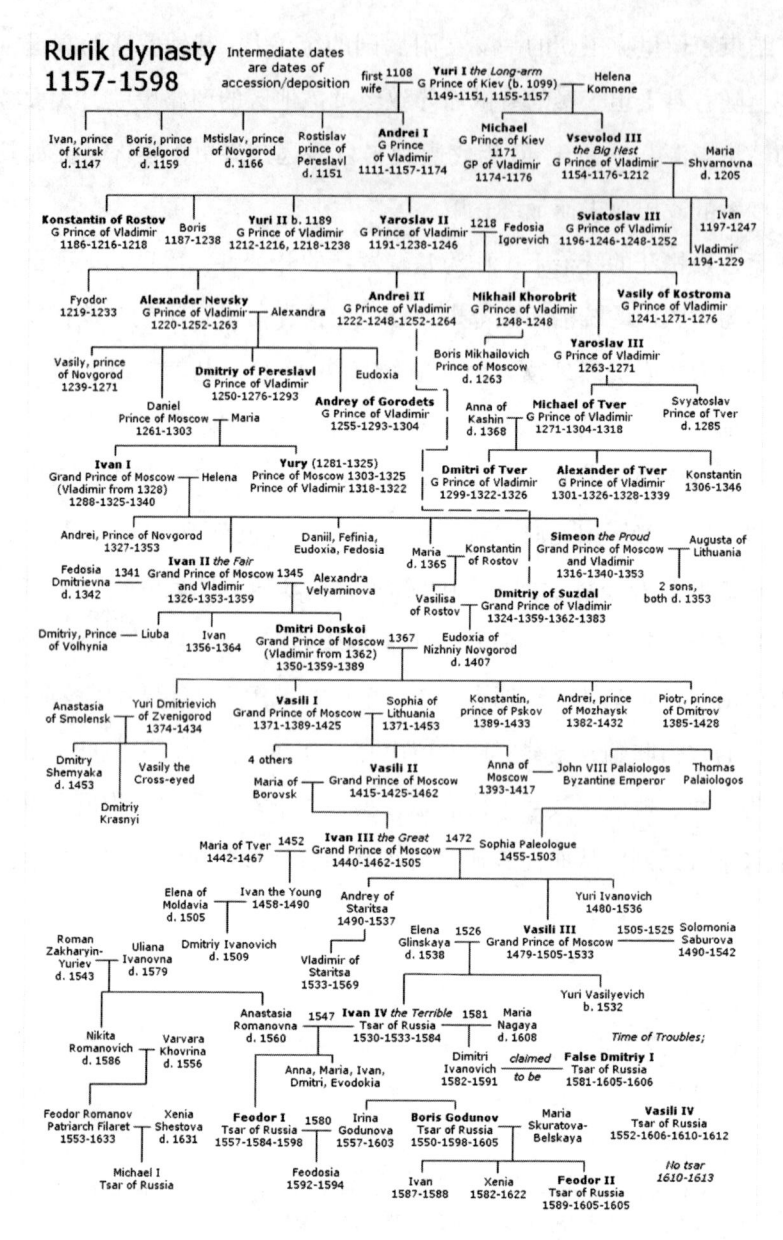

图 4-3　俄罗斯留里克王朝家谱

A family tree of the Russian Rurik dynasty by Mark J. https://commons.wikimedia.org/wiki/File: Ruriks.jpg

第五节 莫斯科大公国：
罗斯—斯拉夫—东正教三位一体文化形态的独立

真正彻底从物质层面上摆脱千年劫掠部落的攻击和统治、又真正从精神上摆脱外来基督教统治的只能是莫斯科罗斯。还是因为地缘文化使然，部分基辅罗斯东斯拉夫部落退居东北一隅，退居到东方、南方和西方各强势文化不屑于关注的穷乡僻壤，退居到人类难以生存的北极附近经过弗拉基米尔—苏兹达尔公国最终建立莫斯科大公国（Muscovy, Grand Duchy of Moscow）。莫斯科罗斯背靠北极圈与各方地缘文化实体周旋，成功地抵挡并反抗了各方向强势地缘文化的统治，在俄罗斯文化的演化史上第一次完成了文化自觉、民族独立和宗教自主的使命，是俄罗斯历史上第一个完整的文化形态[①]。后来斯拉夫派之所以对莫斯科罗斯情有独钟，概源于此[②]。然而，在基辅罗斯最后解体和莫斯科罗斯真正独立前，还有一段蒙古金帐汗统治时期。总体而言，正是蒙古鞑靼人的入侵和殖民统治打破了原有的地缘文化关系，刺激了罗斯和斯拉夫民族意识的自觉，并在已经打破的地缘文化关系上，客观上在莫斯科公国发展了东正教，从而使罗斯在上、斯拉夫在下的两层社会结构，用东正教进一步加以连接，至蒙古人的殖民统治结束、东正教的中心从君士坦丁堡转移到莫斯科，一个真正意义上具有文化自我决定能力的莫斯科罗斯文化实体才算真正再度生成，奠定了以斯拉夫—东正教为文化核心的现代俄罗斯民族国家基础。

与河海小规模具有隐蔽性的维京扩张不同，游牧文化的蒙古大军更具有突发性和机动性。原已分裂的基辅罗斯在骤然而至的蒙古骑兵凌厉攻势下纷

[①] 汤正翔：论俄罗斯文化的两极性及海洋情结.《太平洋学报》, 2015（04）：102.
[②] ［俄］巴纳耶夫著，刘敦健译：《群星灿烂的时代》. 上海：上海译文出版社, 1995：211.

纷瓦解，至1238年，罗斯绝大多数小公国已沦为蒙古金帐汗的殖民地，仅存诺夫哥罗德共和国躲此一劫并在汉萨同盟（Hanseatic League）海上贸易圈内持续繁荣①。蒙古的入侵给罗斯全境造成的冲击并不均衡。基辅和弗拉基米尔等中心城市造成了毁灭性破坏长久难以恢复②，而莫斯科、特维尔（Tver）和下诺夫哥罗德（Nizhny Novgorod）等新兴城市则开始竞相成为蒙古殖民统治下的俄罗斯盟主③。

莫斯科在丹尼尔（Daniel）统治时期只是位于罗斯河流网络中心地带一个小小的木材货运站，受到森林和沼泽的庇护，由Daniil Aleksandrovich建立公国，当时英语称为Muscovy。起初，莫斯科公国附属于弗拉基米尔公国，不久却吸收其宗主国，迅速崛起。莫斯科迅速崛起的主要因素是与蒙古金帐汗殖民统治者合作或勾结，在后者的扶持下强大起来，最终却驱逐了金帐汗即鞑靼殖民者，奠定了俄罗斯民族国家的基础。莫斯科大公接受鞑靼历任汗王的册封，成为全俄罗斯各公国的盟主，作为汗王代理人向俄罗斯各公国收取贡赋。由此，莫斯科声名鹊起，吸引俄罗斯东正教会总部从基辅于1299年迁至弗拉基米尔并在几年后永久性地入驻莫斯科，尽管仍然沿用基辅主教区的名称。14世纪中叶，蒙古势力下降，莫斯科大公决意公开反对蒙古人的统治。1380年一支俄罗斯军队在顿河的库利科沃（Kulikovo）打败金帐汗的军队，虽然此战未能结束鞑靼人的统治，却为莫斯科大公德米特里·顿斯科伊（Dmitry Donskoy）赢得了巨大的声望④。至此时，莫斯科在全俄已经牢固地确立了领导地位，并通过战争、并购和政治联姻拓展其领地。

---

① Jennifer Mills. The Hanseatic League in the Eastern Baltic. SCAND 344, May 1998. https：//scandinavian. washington. edu/papers/hansa. html. ［2016-01-06］

② "Muscovy", excerpted from Glenn E. Curtis (ed.) . *Russia：A Country Study*. Department of the Army, 1998.

③ Sigfried J. De Laet. *History of Humanity：Scientific and Cultural Development*. Taylor & Francis, 2005：p. 196.

④ The Battle of Kulikovo, 8 Sept. 1380 (DBA Battle Scenario) . http：//www. fanaticus. org/DBA/battles/Kulikovo/index. html. ［2016-01-06］

第四章　维京瓦良格东扩与俄罗斯民族文化生成

引领斯拉夫—东正教文化形态独立的标志性人物伊凡三世（Ivan Ⅲ），又称大帝，既是莫斯科大公又是全俄罗斯大公（1462—1505在位），属于留里克家族。凭借日渐积累的实力，伊凡三世宣称是全俄罗斯所有大公和贵族的绝对君主，拒绝向衰落的金帐汗继续纳贡并向金帐汗分裂后各小汗国发动一系列攻击①。对内，伊凡三世则将庄园授予贵族们。庄园制成为伊凡三世及其继任者文治武功的统治基础。伊凡三世将莫斯科公国的领地扩充三倍，是罗斯土地的收集者，还结束了金帐汗的统治②。

早伊凡三世东征西讨时，一位僧侣曾写信给伊凡，预言莫斯科将成为"第三罗马"③。接受1469年教皇保罗二世建议，丧偶的伊凡与拜占庭皇帝的女儿索菲亚结婚。教皇的本意是将莫斯科公国与罗马教廷联系起来，并进一步通过伊凡重新统一基督教的两大派别。然而，正是受到索菲亚东正教帝王传统的影响，伊凡三世采用君士坦丁堡的礼节作为莫斯科朝廷的礼节，其中包括拜占庭帝国的双头鹰形象及其所代表的一切（图4-4）④，以此为发端，开始与西方隔离⑤。于是，莫斯科向西排斥天主教、对南以奥斯曼帝国为敌。而拜占庭帝国的衰落和东正教最后一位皇帝的死亡也的确有助于莫斯科成为"新罗马"、成为东正教的中心。到16世纪，伊凡三世迫使俄罗斯境内原先半自治的地方大公承认其本人及其继任者无可争辩的统治者地位，无论在军事、司法还是外交方面②。自此，俄罗斯的统治者成为有实力的专制统治者即"沙皇"。

---

① The Tatar Khanate of Crimea. The Library – World Historia. http：//library.worldhistoria.com/. [2016-01-06]

② Ivan Ⅲ, *Encyclopedia Britannica* 2007. https：//www.britannica.com/eb/article-3598. [2016-01-06]

③ Eastern Orthodoxy, *Encyclopedia Britannica* 2007. https：//www.britannica.com/ebc/article-60463. [2016-01-06]

④ Alfred Znamierowski. *Illustrated book of Flags*. London：Southwater – Annes Publishing Ltd，2003：p. 55.

⑤ J. L. I. Fennell. *Ivan the Great of Moscow*. Cambridge University Press，1961：p. 354.

图 4-4　伊凡三世双头鹰印章（背面）

Double-headed eagle on the reverse of the seal of Ivan III of Russia, by Лобачев Владимир. https://commons.wikimedia.org/wiki/File：Seal_of_Ivan_3.png#/media/File：Russian_coa_1472.gif

第六节　"欧亚"的沙皇俄罗斯

尽管伊凡三世在外交书信中已经用"沙皇"自称，但是，正式给自己冠名"沙皇"的俄罗斯第一个统治者是伊凡四世④。伊凡四世在位时期（1547—1584），沙皇的专制集权达到一个顶峰。伊凡通过无情地流放或处决那些哪怕只是细微的表示不顺从的贵族们，借以巩固君权达到了前所未有的程度。同时，也富有远见地实行改革，包括：1550 年颁布新法典消除封建割据；建立起俄罗斯第一个封建代表会议制度（缙绅大会 Zemsky Sobor）；

第四章　维京瓦良格东扩与俄罗斯民族文化生成

遏制僧侣的影响力；在乡村地区实施地方自我管理①。

尽管为取得海上贸易而控制波罗的海沿岸而发动的利沃尼亚战争（Livonian War）耗时长久、劳民伤财并最终失败，但是，伊凡四世还是设法兼并了喀山汗国、阿斯特拉罕和西伯利亚②，获取了大量的穆斯林鞑靼人口，使俄罗斯成为一个多民族、多宗教的国家。在此前后，重商家族斯特罗加诺夫（Stroganov）在乌拉尔山建立了牢固的落脚点并招募俄罗斯哥萨克对西伯利亚实行殖民统治。据此，伊凡四世的东扩可视为维京东扩的延续，奠定了俄罗斯民族国家欧亚派文化定位的物质基础。伊凡四世在后期将其领地一分为二。在被称为"沙皇禁苑"（Oprichnina）的区域，伊凡实施了一系列针对封建贵族的血腥清洗，至1570年诺夫哥罗德大屠杀时到达高潮。清洗贵族，再加上军事失利、瘟疫和农作物歉收，使俄罗斯疲惫不堪，遂使克里米亚的鞑靼人能够洗劫俄罗斯中部地区并于1571年烧毁莫斯科③。1572年，伊凡放弃禁苑④。至伊凡四世在位末期，波兰—立陶宛和瑞典又武装干涉俄罗斯，摧毁了俄北方和西北地区⑤。

伊凡四世死后，其子费奥多尔（Feodor）死后无子，俄罗斯立刻陷入内外交困的"动荡时期"（Time of Troubles，1606—1613年）。连续三年极度的夏季低温毁坏了庄稼，导致了1601—1603年的大饥馑；由此引发了社会混乱和内战，并进一步招致外国干涉。其结果是众多城市被毁，乡村地区人口锐减。外国干涉中尤以波兰—立陶宛联邦几个波次的干涉最为严重⑥。在

---

① Tim McDaniel. *Autocracy, Modernization, and Revolution in Russia and Iran*. Princeton University Press. 2014：p. 64. Kevin O'Connor. *The History of the Baltic States*. Greenwood Publishing Group, 2003：p. 23. Zenkovsky, Serge A. "The Russian Church Schism: Its Background and Repercussions". *Russian Review* (October 1957). Blackwell Publishing. 16 (4)：p. 37.
② Janet Martin. *Medieval Russia*, 980-1584. Cambridge University Press, 1995：p. 395.
③ Skrynnikov R. "Ivan Grozny". M., AST, 2001：pp. 142-173.
④ Frost Robert I. *The Northern Wars*: 1558-1721. Longman, 2000：pp. 26-27.
⑤ Skrynnikov R. "Ivan Grozny". M., AST, 2001：pp. 222-223.
⑥ Sergey Solovyov. *History of Russia*…Vol. 7, pp. 533-535, pp. 543 - 568.

1605—1618 年的波兰—莫斯科战争期间，1605 年波兰—立陶宛联军抵达莫斯科，扶植傀儡冒牌沙皇。1610 年 7 月，趁着俄罗斯—瑞典联军与波兰军队鏖战的关键时刻，七名贵族废黜了沙皇瓦西里四世，并于 9 月拥立波兰亲王为俄罗斯沙皇。随后，波兰军队进入莫斯科并无情地镇压了反抗和暴动；莫斯科再次遭到焚毁[①]。危机激起了俄罗斯的爱国情绪，1611 年和 1612 年全俄爆发起义反抗入侵者。最终，1612 年 11 月，由商人和波扎尔斯基（Dmitry Pozharsky）亲王领导的一支义勇军将侵略者赶出了首都（图 4-5）[②]。俄罗斯从动荡时期、从脆弱或瘫痪的沙皇统治时期挺过来，可归结于那套中央集权体制，不管沙皇的合法与否、也不管哪个派别执政，政府机器始终在运转并发挥作用④。1613 年 2 月，随着动荡时期的结束，俄罗斯全国缙绅会议（Zemsky Sobor）选举 16 岁的迈克尔为新沙皇，从而终结了留里克王朝的漫长统治，开启了罗曼诺夫王朝时代，直至 1917 年俄罗斯革命。

当初，随着罗斯各公国向蒙古入侵者朝贡，俄罗斯教会担负起维系俄罗斯国家的支撑力量。一般而言，蒙古人对俄教会总体上宽容，甚至免除了教会的税收。而俄教会由此得到发展，建立了三一等 400 多座教堂，极大地拓展了莫斯科大公国的地域。1439 年佛罗伦萨会议上，拜占庭东正教的高级僧侣和俄罗斯主教签署了与罗马教会合并文件，承认教皇的首尊地位。但是，莫斯科大公瓦西里二世于 1441 年 3 月拒绝承认主教带回莫斯科的文件内容并剥夺主教之职、将其逐出莫斯科。先于 1458 年君士坦丁堡陷落之前，1448 年一位莫斯科主教被俄罗斯主教会议推举为基辅和全俄罗斯的都主教[③]，未经君士坦丁堡批准，无意间标志着莫斯科教会的独立。据此发展了

---

① Sergey Solovyov. *History of Russia*... Vol. 8, p. 847.
② Chester S. L. Dunning. *Russia's First Civil War: The Time of Troubles and the Founding of the Romanov Dynasty*. Penn State Press, 2001: p. 434.
③ Karl August von Hase. *A history of the Christian Church*. Oxford University Press, 1855: p. 481.

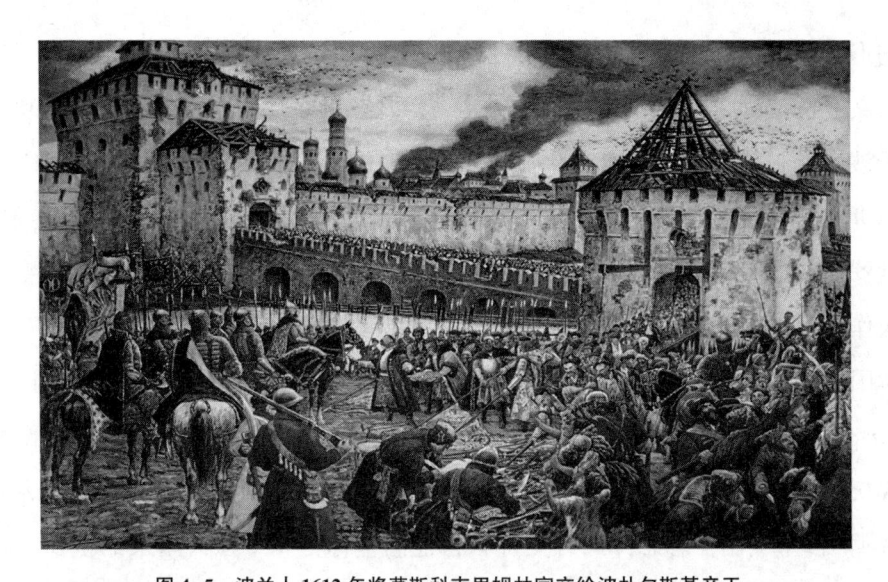

图 4-5　波兰人 1612 年将莫斯科克里姆林宫交给波扎尔斯基亲王

The Poles surrender the Moscow Kremlin to Prince Pozharsky in 1612, by Ernest Lissner（1874 -1941）. https：//commons.wikimedia.org/wiki/File：Lissner.jpg

一种理论，将莫斯科视为"第三罗马"①，是君士坦丁堡的合法继承者，莫斯科都主教是全俄教会的首领。1589 年，莫斯科大主教首次成为莫斯科与全罗斯的都主教，俄罗斯教会从此自治。其他四个随即承认了其地位。此后半个世纪，沙皇衰微时，都主教们都会与沙皇一起或代替沙皇管理国家。1652 年的主教尼康（Nikon）改革引发了俄罗斯教会的分裂、对抗，沙皇政府也卷入其中，支持一派而迫害其他派别；俄罗斯的政教关系也处于变动之中。

从莫斯科公国到沙皇俄罗斯，俄罗斯民族国家文化形态日臻成熟，表现之一是沙皇专制（tsarist autocracy）的形成和东、西文化兼备的俄罗斯特征

---

① Ken Parry；David Melling（ed.）. *The Blackwell Dictionary of Eastern Christianity*. Malden，MA.：Blackwell Publishing，1999：p.490.

的形成。金帐汗的统治方式和蒙古思想及其管理体制所呈现出来的东方专制主义（oriental despotism）特征形成①，伊凡三世在拜占庭传统的基础上奠定了沙皇专制的基石，使沙皇专制及其几个变体治理俄罗斯数百年②。至 17 和 18 世纪，俄罗斯绝对专制（absolutism）逐渐取代了莫斯科大公国的专制。俄罗斯沙皇专制总体上合成的特征明确，单列出来，主要有，第一，沙皇本人作为绝对权威的君主，处于专制的中心③。一个比喻可说明沙皇个人与全体国民的关系：君父与子民。东正教的启蒙书也用一个俄罗斯常见词汇"царь-батюшка"教导这一观念，意即"慈父沙皇"④。第二，政教合一，政权高于教权。第三，世袭制。沙皇拥有私产在国产中的比例远高于西方君主⑤。沙皇专制在思想界拥有支持者，他们宣称：一个强大繁荣的俄罗斯需要一个强有力的沙皇，共和思想和自由民主不适合俄罗斯⑥。

结论和讨论

（一）结论及分析

维京东扩与当地文化碰撞并耦合生成俄罗斯民族文化原型，此后又继续引领俄罗斯在地缘文化生态中与其他文化依附共生和缠绕制衡，主导了俄罗

---

① Donald Ostrowski. *The Mongols and Rus'*: *Eight Paradigms*, in Abbott Gleason, *A Companion to Russian History*. Wiley-Blackwell. 2009, Google Print: p. 78.
② Peter Truscott. *Russia First*: *Breaking with the West*. I. B. Tauris, 1997, Google Print: p. 17.
③ Stephen J. Lee. *Russia and the USSR*, 1855—1991: *Autocracy and Dictatorship*. Routledge, 2006: Google Print, pp. 1-3
④ Robert D. Crews. *For Prophet and Tsar*: *Islam and Empire in Russia and Central Asia*. Harvard University Press, 2006, Google Print: p. 77.
⑤ Deborah Goodwin, Matthew Midlane. *Negotiation in International Conflict*: *Understanding Persuasion*. Taylor & Francis, 2002, Google Print: p. 158.
⑥ Peter Viereck. *Conservative Thinkers*: *From John Adams to Winston Churchill*. Transaction Publishers, 2005, Google Print: pp. 84-86.

斯民族文化演化的全部进程。在此过程中，俄罗斯/苏联崛起为规模巨大、张力十足的地缘大国和世界大国。维京/瓦良格/罗斯文化引领俄罗斯民族文化演化的机制是：

第一，基辅罗斯生成机制。维京罗斯海上商业文化植入斯拉夫等地缘文化生态，经过角逐，弗拉基米尔一支建立了两层社会结构的基辅罗斯；后又迫使全基辅罗斯改奉基督教/东正教，对内统一和稳固了基辅罗斯文化实体，对外则与当时强势的地缘文化实体东正教拜占庭帝国形成依附共生关系，从而能够与强势地缘文化欧洲天主教世界和伊斯兰世界构成缠绕制衡关系。

第二，鞑靼罗斯演变机制。蒙古帝国入侵东欧打破了基辅罗斯的地缘文化关系后，基辅罗斯被迫循着阻力最小的方向辗转迁移至莫斯科。在维京文化商业属性的驱使下，莫斯科公国通过依附蒙古金帐汗统治而共生，并通过代理金帐汗管理其他公国和地区而重新壮大实力。莫斯科公国将东正教中心从衰退中的拜占庭迁往莫斯科，确立了莫斯科在东正教世界的中心地位。

第三，莫斯科罗斯再生机制。地缘文化中蒙古帝国的分裂和衰退，引发依附蒙古金帐汗统治的莫斯科公国率先反抗并摆脱了金帐汗的统治，从此开启了俄罗斯不再依附地缘文化而成为被依附对象的真正独立的文化实体。能够支撑起莫斯科罗斯文明形态的是莫斯科作为东正教中心，在切断了与罗马天主教廷联系后，沙皇试图继承东罗马衣钵，建立"第三罗马"，产生了俄罗斯帝国思想。在此意义上，再生的政教统一的莫斯科罗斯被视为俄罗斯民族文化实体的完整形态。

第四，彼得俄罗斯东扩机制。彼得一世时期，在政教统一的基础上，将教权完全置于政权控制之下，建立绝对君主制。承接莫斯科罗斯的扩张，彼得俄罗斯沿原蒙古西扩的路线，逆向东扩，版图急剧扩大。俄罗斯东扩成功，很大程度上在于两方面：一方面，西伯利亚地缘文化中缺乏维京文化张力，难以制衡俄罗斯多次扩张；另一方面，伴随俄罗斯东扩，东正教传播到扩张地区，客观上维护了扩张地区的稳定和俄罗斯对扩张地区的绝对统治。俄罗斯东扩成功，反过来，为俄罗斯与西方列强博弈、与南方奥斯曼帝国争夺奠定了地缘优势，为彼得俄罗斯的绝对君主制、东正教和"人民性"获取了物质保证，也为斯拉夫—东正教文明作为东、西方文明板块之间的独立"第三极"提供了区位基础。

（二）进一步讨论

第一，苏联俄罗斯崛起与断裂机制是什么？苏联的赫然耸立与骤然解体乃是地缘文化生态与全球文化生态演化进程中文化实体之间依附共生与缠绕制衡关系链断裂所致。苏联建立于第一次世界大战原有地缘文化生态关系完全破坏时期，马克思主义在其发祥地的应用遭遇阻力过大，难以现实化，遂循着阻力最小的方向在同样处于混乱中的俄罗斯落地生根。第二次世界大战再度破坏原有生态关系，苏联借此得到巩固和发展，以至于苏联成为全球冷战时期东方阵营的领导者、甚至控制者。在冷战时期，全球两大阵营即两大文化严重对峙和恐怖均衡关系中，俄罗斯文化的专制性、政权统治宗教/意识形态和扩张性，陆续导致东方阵营内部分裂和对抗；社会主义阵营内部控制与反控制斗争为外部另一方所利用，以"东欧剧变"为标志，社会主要阵营完全解体；而"东欧剧变"的持续效应又引发了包括俄罗斯在内的苏联各加盟共和国突变并被外部所支持和利用，最终导致苏联轰然倒塌。以历史文化演化的角度观之，维京文化引领俄罗斯在地缘文化和全球文化生态演化进程中，遵循向着阻力最先方向运行的规律，俄罗斯—苏联—"新俄罗斯"文化演化的脉络清晰可见：普世东正教—普世马克思主义意识形态—普世东正教为主体；沙皇专制—领袖崇拜—个人权威；俄罗斯在地缘文化生态中扩张—苏联在全球文化生态中扩张—"新俄罗斯"在全球文明和地缘文明中收缩。

第二，东张西望的"新俄罗斯"命运如何定位？在地缘文化生态和全球文化生态原有的、在冷战时期被掩盖的依附共生和缠绕制衡关系中，"新俄罗斯"如何定位并构建新的地缘关系和全球关系，将决定当前俄罗斯的走向。可以明确，对"新俄罗斯"而言，与西方世界的意识形态和社会制度之争现已结束，而同一维度的宗教矛盾和集权管理等问题仍然存在；而原已存在的国家关系和经济利益两大维度的矛盾日益突显，因而，从长远来看，"新俄罗斯"这只双头鹰必将在变动的地缘文化关系和全球文化关系中，秉承罗斯文化特有的商业属性和足够的张力，在文化、经济和国家三个维度上，结成新的地缘文化和全球关系，不仅"东张西望"，而且背靠北冰洋，俯瞰全球，伺机而动。前提是地缘文化关系变动，如乌克兰"颜色革命"，或全球文化变动，如两次世界大战；方向是循着阻力最小的方向运行。

第五章　维京扩张与荷兰、葡萄牙和西班牙生成崛起的关联机制

早于"发现""新世界"约五百年，维京出海方向之一是向西探索：从斯堪的纳维亚出发越过北海，经设得兰（Shetland）群岛、法罗（Faroer）群岛、冰岛（Iceland）和格陵兰岛（Greenland），步步为营，横渡北大西洋抵达北美大陆文兰（Vinland）岛。而维京扩张沿海南下方向，先行经略西北欧低地区域，南抵伊比利亚半岛。维京南下扩张后折入直布罗陀海峡，经过地中海，与维京东向分支汇合而构成对欧洲的"包围圈"。

不同于维京在其他地区落地生根的成功扩张，维京通过海路扩张没有站住脚却对后世影响深远的地区主要包括：北大西洋主要岛屿至北美大陆、西北欧低地（现荷兰及周边地区）、伊比利亚半岛（现葡萄牙和西班牙及周边地区）以及斯堪的纳维亚北部沿海地区等。维京对这些地区不成功的扩张，与在环欧洲其他地区成功的扩张一样，共同推动了地缘文化生态持续、连锁变动。最终在地缘文化逼迫下，葡萄牙、西班牙和荷兰，约自16世纪初，经大西洋率先向包括北美在内的全球扩张，欧洲各国顺势梯次跟进。

第五章　维京扩张与荷兰、葡萄牙和西班牙生成崛起的关联机制

第一节　维京开发冰岛

维京人开发冰岛几乎没有遇到成规模的原住民，因为未发生冲突，由此建立、形成的小规模文化实体极具维京文明的典范意义，从中可以与后世受维京文化传播地的现代强势民族国家进行比对、进而抽象出各现代大国的维京文化属性；维京冰岛海洋文化由于地缘非常孤立，早期与维京出发地的文化联系并不紧密，因而也易于考察出维京文化与其出发地文化的差异。

在维京先期零星登陆冰岛的基础上，历史学家一般确定北方人定居冰岛的年份为874年左右（图5-1）。冰岛垦殖期一直延续到930年冰岛联邦议会（Alþingi）在辛格韦德利（ingvellir）成立。关于早期定居冰岛的历史记载均来自于编年史学家阿里（Ari Thorgilsson）牛皮质的《冰岛志》（Íslendingabók）以及另外一部《冰岛史书》（Landnámabók）。据阿里所述，北方人到达冰岛时与来自爱尔兰—苏格兰使团的盖尔僧侣们不期而遇。考古证据表明冰岛南部的僧侣居民确实来自不列颠群岛；沉积物显示当时居民可追溯到800年左右；附近洞穴的墙壁内刻入了带有爱尔兰—苏格兰样式的十字架[1]。岛上一座废弃于770—880年之间的房舍意味着该房舍早于一般认为的定居年份874年就已经建成，只是不清楚是由斯堪的纳维亚人还是不列颠群岛人所建[2]。

冰岛从930年议会成立到1262年宣誓效忠挪威国王，属于联邦或自治国或共和国时期[3]。早期冰岛居民自创的治理形式不可避免地扎根于挪威文

---

[1] Thomas Charles Lethbridge. "Herdsmen & hermits: Celtic seafarers in the northern seas" *Nature*. Vol. 167, No. 4257, 2 June 1951: pp. 869-908.

[2] A New View on the Origin of First Settlers in Iceland. http://icelandreview.com/news/2011/06/04/new-view-origin-first-settlers-iceland. ［2016-01-18］

[3] Public Schools Historical Atlas - Europe. https://upload.wikimedia.org/wikipedia/commons/5/5c/Public_Schools_Historical_Atlas_-_Europe_1135.jpg. ［2016-01-19］

图 5-1　北方人登陆冰岛

Norsemen landing in Iceland, by Oscar Wergeland in 1909. http://www.archive.org/details/mythsofthenorsem00gueruoft.

化。这些维京移民一方面竭力试图避免哈拉尔一世（Harald Fairhair）的强势中央权威，另一方面又要保留挪威的法律传统和严格的议会制度（Ping）①。冰岛最具权势的精英领导者当属酋长，酋长的权势在地理范围上并不严格，因此，自由民可以选择和支持所在区域的酋长。酋长的支持者称为议民（Pingmenn）。为换取酋长保护自己的利益，议民在部落争斗或冲突时要武装支持酋长；议民还要出席地区和全国议会②。全国共有 13 个地区议会，每年春节召开会议解决当地纠纷。酋长也是国会的领导人，首届国会于 930 年召开。国会每年六月召开，为期两周，类似公共集会，全国各地的人都赶来相聚。国会设有立法委员会，负责评估和修订全国法律。立法委员会由 39 名酋长及其顾问组成，每三年还任命一名议长（图 5-2）。议长负责列

---

① Jon A. Hjaltalin. "the Civilisation of the First Icelandic Colonists, with a short account of some of their manners and customs". http://www.jstor.org/stable/pdf/3014256. ［2016-01-19］

② William R. Short. *Icelanders in the Viking Age: The People of the Sagas*. Jefferson, NC, US: McFarland & Co. Inc, 2010. Print.

第五章　维京扩张与荷兰、葡萄牙和西班牙生成崛起的关联机制

举和阐明法律①。

图 5-2　维京冰岛议会

Althing in Session, by W. G. Collingwood, 19th century. https://commons. wikimedia.org/wiki/File：Law_speaker.jpg.

冰岛共分四个行政区，每个行政区分别由九名酋长统治。冰岛议会就由这四个分区法庭组成，共有 36 名法官，分别由各分区的酋长任命。1005 年，设置第五法庭即上诉法庭，采取简单多数的裁决方式，因而更合理。处罚通常包括经济补偿或剥夺权益。总体上，处罚并不严厉，议会只是适度地阻止部落间的仇杀。法庭充当了"各种报复的替代物"。最严厉的惩罚是剥夺权利和三年流放。剥夺权利意味着丧失财产权，而且被剥夺权利者如果被杀，

---

① Hálfdanarson Guðmundur. *Historical Dictionary of Iceland*. Lanham, MD, US：Scarecrow, 2008. Print.

凶手也不受惩罚；流放也意味着剥夺权利，除非离开冰岛①。与挪威漫长而激烈的冲突不同，1000年冰岛基督教进程迅疾而平和，主要压力来源于挪威国王。冰岛人处理多神教与基督教之间的冲突，与其他纠纷一样，也用裁决的方式解决，只不过裁决者最终偏向基督教而已②。当基督教会全部控制冰岛以后，原先信奉阿萨神教的食马肉、溺婴和多神教的仪式均被禁止③。1117年，冰岛联邦的法典汇集成册，即"灰雁法"（Gray Goose Laws）。

冰岛联邦时期的资料来源主要有两个，一是成文法典，二是博学者阿里（Ari the Learned）的著作《冰岛志》（Íslendingabók）。立法和司法系统对冰岛居民生活的影响也是其他冰岛传奇的常见主题，很多细节得以再现，尽管其精确度仍有争议，如有个传奇写道："他们说，法庭上我们会遭受挫折，我们必须请求有势力的酋长们的支持……"但是，酋长也要在法庭上辩论，且会在法官与陪审团之间犹豫不决。人们还是相信司法系统④。而"酋长的权力来自个人的品质、财富、朋友、议民、血亲和姻亲。那些最有才智、最乐于助人、最富裕和最慷慨大方的人就能成为最有权势的人"⑤。深言之，"政治和军事实力的基础"是农民的食品生产⑥。虽然农民骚乱相当普遍，传统意义上的农民造反在冰岛却从未发生⑤。

酋长的从众须从军，按照地位和装备构成连排建制，以此再组成远征

---

① Jón Viðar Sigurðsson, Translated by Jean Lundskaer-Nielsen. *Chieftains and Power in the Icelandic Commonwealth*. Viborg: Odense University Press, 1999: p. 168.

② The Vikings Were Libertarians - LewRockwell. https://www.lewrockwell.com/2002/06/roderick-t-long/the-vikings-were-libertarians. [2016-01-21]

③ Gwyn Jones. *The North Atlantic Saga: Being the Norse Voyages of Discovery and Settlement to Iceland, Greenland, and North America*. Oxford: Oxford University Press, 1986: pp. 149-151.

④ Anonymous, Translated by Herman Palsson and Paul Edwards. *Eyrbyggja Saga*. Harmondsworth: Penguin, 1989.

⑤ Jón Viðar Sigurðsson, Translated by Jean Lundskaer-Nielsen. *Chieftains and Power in the Icelandic Commonwealth*. Viborg: Odense University Press, 1999: p. 211.

⑥ Árni Daníel Júlíusson. "Peasant Unrest in Iceland". https://www.academia.edu/19051238/Peasant_Unrest_in_Iceland. [2016-01-21]

第五章　维京扩张与荷兰、葡萄牙和西班牙生成崛起的关联机制

军。无骑兵部队记录，只有配备了弓箭手和投石兵的步兵部队。至联邦末期，共修筑了二十一座堡垒和要塞。在动乱时期，平均每场战斗涉及 1000 名士兵，伤亡率为 15%，由此可见，屠戮战败者在冰岛社会并不光荣①。

联邦在 13 世纪早期的动乱时期由内部争执进而引发混乱和分裂。原来的酋长制合同关系大于固定地缘的首领制。到 1220 年，主导地缘划分的领导关系引发的战斗取代了原有的合同酋长制。世俗和宗教的权力划分使得一些家庭和地区相对强大，由此导致的权力格局不平衡是该时期混乱、暴力和战争的根源。挪威国王乘机给冰岛属国施压，到 1240 年，冰岛人开始接受由国王选择酋长。经过 1240—1260 年的二十年，挪威国王巩固了对冰岛的统治②。内部的仇视和外部的压力导致冰岛的酋长们于 1262 年签订归顺条约即旧约（Old Covenant）承认挪威哈康四世为其国王。两年后，冰岛所有的酋长均宣誓效忠挪威国王③。冰岛酋长们之所以屈从挪威王室，有如下几种解释：

第一，他们被内战弄得疲惫不堪，认为与挪威国王订立盟约可保持久和平。

第二，担心国王封锁冰岛的进出口贸易。

第三，基督教会支持国王的努力。

第四，酋长们通过盟约交换封臣地位。

第五，酋长们希望仍然可以通过封建制统治原有领地。

第六，当时冰岛人并没有主权观念、没有现代民族主义意识。

---

① Birgir Loftsson. *Hernaðarsaga Íslands*：1170—1581，*Pjaxi*. Reykjavík，2006：p. 76.

② Jón Viðar Sigurðsson, Translated by Jean Lundskaer-Nielsen. *Chieftains and Power in the Icelandic Commonwealth*. Viborg：Odense University Press, 1999：pp. 208-216.

③ Gunnar Karlsson. *The History of Iceland*. Minneapolis：University of Minnesota Press, 2000：pp. 82-83.

第七，挪威王室的权力要比冰岛联邦更有政治力量①。

与挪威达成的协议生效后，冰岛联邦结束，先与诺曼、后与丹麦联盟，一直延续到第二次世界大战时期的1944年冰岛共和国建立。根据协议规定，冰岛要承担国王的税赋，以此换取法定和平保障和两国之间贸易、运输往来；两国的人员在彼此国家内部的权利平等。由此可见，这份与圣经旧约同名的协议，究其实质，是一份两国海上贸易协定，与维京精神一致，因而得以历经数百年漫长考验而长久有效。

第二节　维京经略格陵兰岛

即使在当世，北极冰冠仍然覆盖了格陵兰岛80%，迫使居民只能生活其沿海一带。在维京探索格陵兰之前，断续地存在过几种史前爱斯基摩文化。这些爱斯基摩人是数千年前从西伯利亚移居到北美大陆以北岛屿居民的后裔。由于格陵兰岛过于偏远、气候过于恶劣，生存极其困难，在维京到达之前约三千多年的过程中，几个批次的爱斯基摩人前后承接，前者灭绝、后者再续。已知格陵兰的最早文化当属前2500—前800年的萨卡克文化（Saqqaq culture）②和前2400年—前1300年的存在于格陵兰北部的第一期独立文化（Independence I culture），彼此隔绝，分别来自加拿大北部③。约前800年，在原第一期文化的地区，第二期独立文化产生了④；前700年—200年，多

---

① Gunnar Karlsson. *The History of Iceland*. Minneapolis：University of Minnesota Press，2000：pp. 85-87.

② "Saqqaq culture chronology". Sila, the Greenland Research Centre at the National Museum of Denmark. ［2016-01-24］

③ "Independence I". From natmus. dk. Sila, the Greenland Research Centre at the National Museum of Denmark. ［2016-01-24］

④ "Independence II". From natmus. dk. Sila, the Greenland Research Centre at the National Museum of Denmark. ［2016-01-24］

第五章　维京扩张与荷兰、葡萄牙和西班牙生成崛起的关联机制

赛特文化（Dorset culture）续写了第二期独立文化①。此后数个世纪，格陵兰为无人区④。可能于800年左右，新移民又从加拿大过来，史称多赛特后期文化，延续到1300年前后②。

维京作为第一个源于欧洲的文化，在格陵兰也只是存在了一个历史阶段。980年，红胡子埃里克（Erik the Red）带领的一支探险队从冰岛出发抵达格陵兰的西南海岸，发现该地区无人居住。于是，埃里克将该岛命名为"绿地"（格陵兰在古北方语和现代冰岛语、丹麦语、挪威语中均为此意），用意是招揽移民开发。《冰岛志》（*Íslendingabók*）和《红胡子埃里克传奇》（*Saga of Eric the Red*）这样陈述："他将此地命名为绿地，并说，如果有个好名字，人们就会心生向往之意"③。据两部传奇载，红胡子埃里克在冰岛因谋杀而流放三年④。在勘察了格陵兰海岸线并声称岛上某些地区归其所有之后，埃里克回到冰岛游说众人到格陵兰与其共建定居点。冰岛传奇说，985年，有25只船跟随埃里克离开冰岛，只有14只船安全抵达格陵兰（图5-3）⑤。该时段大体上已为现代碳同位素年代测定技术所证实。

这批维京人分居格陵兰三处：东部居住地较大，西部居住地较小，而更小的中部居住地往往被认为是东部居住地的一部分。在其鼎盛时期，原先估计人口达2 000~10 000之间④，近期倾向于数字较低。可以确认的农庄遗迹约有620处：东部居住地有500处，西部95处，中部20处。居民从事贸易

---

① "Early Dorset/Greenlandic Dorset". From natmus. dk. Sila, the Greenland Research Centre at the National Museum of Denmark. ［2016-01-24］

② "Late Dorset". From natmus. dk. Sila, the Greenland Research Centre at the National Museum of Denmark. ［2016-01-24］

③ Jonath Grove. "The place of Greenland in medieval Icelandic saga narrative", in *Norse Greenland: Selected Papers of the Hvalsey Conference* 2008, Journal of the North Atlantic Special Volume 2（2009）: pp. 30-51.

④ The norse settlers in Greenland - A short history. http：//www.greenland-guide.gl/leif2000/history.htm. ［2016-01-24］

⑤ The Fate of Greenland's Vikings - Archaeology Magazine Archive. http：//archive.archaeology.org/online/features/greenland/. ［2016-01-24］

图 5-3　格陵兰沿海的夏季（约 1000 年）

Summer in the Greenland coast circa year 1000, by Jens Erik Carl Rasmussen（1841-1895）. http：//www.arcadja.com/auctions/de/private/rasmussen_carl_i_e_c_/kunstwerken/23879/0/.

活动：把海象牙、绳索、羊、海豹、羊毛和牛皮出口到欧洲；从冰岛和挪威进口铁制工具、木材（尤其是造船木材，虽然部分木材也从北美的达布拉多进口）、副食品，还有宗教和社会交流。每年都有从冰岛和挪威到格陵兰的商贸船只，这些船只有时在格陵兰过冬。从 13 世纪后期开始，法定要求从格陵兰出发的商船须直航挪威。

考古发现至少有 5 座教堂属于维京格陵兰时期。1126 年，格陵兰已有一个主教区，隶属挪威大主教区。1261 年，格陵兰民众接受挪威国王为君主，虽然格陵兰仍然继续拥有自己的法律。1380 年，挪威王国与丹麦王国结成联盟。经过初步繁荣后，自 14 世纪起，格陵兰的维京居住区渐趋衰落：1350 年前后，西部居住区荒废；1378 年，已无主教；1408 年，在记录了最后一场婚礼之后，从此再也没有文字记录提及岛上居民。文献记录了丹麦绘图师克拉维斯（Claudius Clavus）于 1420 年应该到访过格陵兰并绘制当地地图。20 世纪后期，丹麦学者发现了两部数学手稿，其中就包含了克拉维斯

第五章　维京扩张与荷兰、葡萄牙和西班牙生成崛起的关联机制

地图的第二部分（原图现存于维也纳）①。在日期标注为 1448 年罗马教皇写给冰岛两位主教的信件中，规定要确保为格陵兰居民提供牧师和一位主教。信中还提到格陵兰已经三十年没有主教了，因为异教徒（heathens）登岛后摧毁了大多数教堂并抓走了教堂里的人②。但是，格陵兰岛上的维京人消失的详情仍然无法判断。

维京定居格陵兰约 450~500 年之久（从 985 年到 1500 年）后突然消失，其原因至今众说纷纭。造成维京文化在格陵兰消失的因素包括：日渐积累的环境破坏，尤其是对本已稀疏的树木采伐；渐变的气候变化，特别是小冰河期的来临；与敌对邻居的冲突；失去欧洲的联系和支持；由于文化上的保守，未能适应渐趋恶化的自然环境；冰岛和挪威在大瘟疫之后留下许多耕地，给格陵兰维京人提供了回归的机会。格陵兰的冬季一直比冰岛和挪威更冷，全部地域难以进行农耕。孢粉学家对当地花粉和植物化石检测证实，格陵兰居民肯定曾经苦苦挣扎于土壤侵蚀和过度采伐④。20 世纪 50 年代发掘的维京农田埋于流沙之下 10 英尺，由此判断，土地越来越不适合耕种，迫使岛上的维京人种草从事牧业、然后再进一步从事渔猎来获取食物④。但是，维京人从来就没有学习同期居住在岛上北部的因纽特人（Inuit）渔猎技术，如皮筏、捕鲸和密闭船舱等。岛上的维京人属于农耕文化，而因纽特人是依靠在更北的浮冰上从事海洋捕捞的狩猎文化③。为调查气候变冷的可能性，科学家对格陵兰的冰冠进行了钻探取样，芯样表明，格陵兰的"中世纪温暖期"大致处于 800—1200 年，大约在 1300 前后，气候开始变冷，到 1420

---

① Transcription of the original letter: Diplomatarium Norvegicum XIII p. 70. Date: 12 February 1426. Place: Nidaros. http://www.dokpro.uio.no/perl/middelalder/diplom_vise_tekst.prl?b=11231&s=n&str=. [2016-01-24]

② Transcription of the original letter: Diplomatarium Norvegicum VI p. 554. Date: 20 September. 1448. Place: Rome. http://www.dokpro.uio.no/perl/middelalder/diplom_vise_tekst.prl?b=6260&s=n&str=. [2016-01-24]

③ Jared Diamond. Collapse: how societies choose to fail or succeed. New York: Viking Press. 2005: p. 217.

年,"小冰河期"到达极点①。14世纪后期到15世纪初期,岛上夏季的温度比现代要低6℃-8℃②。

研究还表明,酋长们的农庄有大群的牛和驯鹿遗迹,而数公里之外的贫穷农庄则只有海豹遗迹,而无家畜。同期格陵兰维京墓地的骨样显示,居民的食物中,海洋动物的比例由20%上升至80%③。冰岛传奇还提到格陵兰与冰岛之间的贸易。格陵兰岛上的酋长和大型农庄的拥有者控制了贸易④。他们垄断了对外贸易,收集和分发出口和进口货物⑤。18世纪的一则因纽特故事讲述道,欧洲远征船只劫掠岛上维京居民,用时三年,毁灭了维京居住区;在最后一次攻击前夕,维京人出海向南离开,因纽特人乘机将遗留的妇女和儿童收归己有⑥。

总体上处于格陵兰南部地区的维京文化消失了,早先存在于岛上最北部地区的多赛特后期文化也于1300年后不知所终⑤。约于1200年从北极圈内来到格陵兰的图勒(Thule)文化却持续生存下来,成为现代因纽特人的前身。一段格陵兰维京文化历史表明:维京人尽管不畏严寒、敢于探索,极具生存能力,但是,维京人无论是主动再次移民离开,或者不能随着环境变化改变生产方式,又或者被其他文化所驱离或消灭,维京海上商业文化的本质决定了维京的生存方式主要是建立在地缘文化关系中包括劫掠、贸易和殖民等集中财富,而不是主要从事农耕或渔猎或畜牧等积累财富的生存方式。格

---

① William W. Fitzhugh and Elisabeth I. Ward, ed. *Vikings: the North Atlantic saga*. Washington: Smithsonian Institution Press in association with the National Museum of Natural History. 2000: p. 330.

② William P. Patterson, Kristin A. Dietrich, Chris Holmden, and John T. Andrews (2010). "Two millennia of North Atlantic seasonality and implications for Norse colonies". http://www.pnas.org/content/107/12/5306. [2016-01-24]

③ Fitzhugh and Ward, 2000: p. 290.

④ Jonath Grove. "The place of Greenland in medieval Icelandic saga narrative", in *Norse Greenland: Selected Papers of the Hvalsey Conference* 2008, Journal of the North Atlantic Special Volume 2 (2009): p. 40.

⑤ William W. Fitzhugh and Elisabeth I. Ward, ed. *Vikings: the North Atlantic saga*. Washington: Smithsonian Institution Press in association with the National Museum of Natural History. 2000: p. 307.

陵兰的气候变化引发的连锁反应最终导致维京文化无法存在：气候变冷，导致农耕难以维持，从而丧失了贸易的基础；气候变冷又导致移民只出不进，从而丧失殖民基础；孤立封闭的地缘状况导致岛上人口稀少、地缘文化关系单一，使惯于在各种错综复杂关系中纵横捭阖的维京人失去了远交近攻的舞台；至于武士文化，荒凉的格陵兰迫使维京人擅长的劫掠活动无法实施，——事实上，连劫掠的对象都难以寻觅，相反，能够接触到的爱斯基摩人后裔，倒是在严寒的格陵兰有能力劫掠维京人。

第三节　维京涉足北美洲

985 年，在红胡子埃里克率领 400~700 名移民[①]和 25 只船从冰岛驶向格陵兰岛的途中，一位名为本杰尼·荷约夫松（Bjarni Herjólfsson）的商人被吹离了航线；经过三天航行，他看到了船队以西的陆地。本杰尼仅对自己父亲的农庄感兴趣，但是，在他向列夫·埃里克森描述了这一发现之后，后者于 1000 年对该地区进行了更详细的勘察并建立了小型居民点[②]。根据冰岛传奇——《红胡子埃里克传奇》[③]、《格陵兰人传奇》（Saga of the Greenlanders）以及其他志书的描述，此次探险发现了三处分散的区域：荷鲁兰（Helluland），意为"平整石头地"；马克兰（Markland），即"森林之地"，以此名吸引稀缺树木的格陵兰人过来定居；还有文兰（Vinland），意思是"酒乡"，在马克兰的以南。而文兰，就是传奇书中建立定居点的所在地。红胡子埃里克的三个子女到访过北美大陆：两个儿子列夫（Leif）和索瓦德

[①] Eric Oxenstierna. *The Norsemen*. New York: Graphic Soc. 1965: pp. 1-320.

[②] Robert Wernick. *The Seafarers*: *The Vikings*. Alexandria, Virginia: Time-Life Books. 1979: pp. 1-176.

[③] J. Sephton. "The Saga of Erik the Red"（1880）. Icelandic Saga Database. http://sagadb.org/eiriks_ saga_ rauda. en. ［2016-01-26］

(Thorvald)、女儿弗雷迪斯（Freydis）。其中，索瓦德死在那里。

1000年，根据本杰尼描述的航线、地标、潮流、岩石和风向，列夫带领35名船员，驾驶本杰尼那次航行用过的科纳尔商船，从格陵兰向西航行约1800英里抵达目的地（图5-4）。列夫把荷鲁兰描绘成"所到之处，尽皆平坦，森林覆盖；沙滩白净、宽阔；海岸线微微起伏"④。列夫和其他人原本打算由其父红胡子埃里克带领此次远征并已谈妥。然而，在准备加入儿子列夫驶向新陆地的时候，埃里克在海岸附近由于潮湿的岩石滑动从马上跌落下来受伤，只得留下。1001年冬季，列夫一行在新大陆过冬，可能在纽芬兰北部尖嘴一带。在那里，列夫的养父一日醉酒，原因就是传奇中描写的可酿酒的浆果。该地区遍地都是各种浆果。次年冬季，列夫继续留在新大陆的另外一处，未与当地人发生冲突，然后回到格陵兰侍奉其父。④。

图5-4 列夫·埃里克发现北美洲

Leif Erikson discovers North America, by Christian Krogh (1893). https：//commons.wikimedia.org/wiki/File：Christian-krohg-leiv-eriksson.jpg.

1004年，列夫的兄弟索瓦德·埃里克与30名船员抵达文兰，并在列夫的营地过冬。次年春，索瓦德等人攻击了在三只皮筏子里睡觉的九名当地

第五章　维京扩张与荷兰、葡萄牙和西班牙生成崛起的关联机制

人。结果，一人逃跑，不久便带领了大队人马回到维京营地；索瓦德死于箭下。尽管敌对状况骤然而起，但是并不长久。维京探险者们又停留了一个冬季，于下一个春季才离开。列夫的另一兄弟索尔斯坦（Thorstein），驶向新大陆，打算运回兄弟的遗体，不料，未出格陵兰却意外死亡[④]。

1009 年，"勇敢者索尔分"（Thorfinn the Valiant）提供三只船乘载着 160 名男女、携带家畜[③]，历经了严酷的寒冬，向南，在新大陆的斯特绕姆峡湾（Straumfjord）登陆。这次出行，维京人与当地人能够和平共处。双方用皮毛和松鼠交换牛奶和红布。土著用红布扎头，作装饰。一则关于冲突的故事这样叙述，一头属于勇敢者索尔分的公牛从树林中狂奔而出，受到惊吓的土著人跑上皮筏匆匆划走。三天后，大批土著蜂拥而来，动用了投石机，大块石球呼啸着从维京人头顶划过[①]。维京人退却了。列夫的姐妹弗雷迪斯身怀有孕，跟不上退却的维京人。她大声召唤，对付"这些可怜虫"，无须逃跑。弗雷迪斯一手从一个被当地人杀死的男人身上抓起一把匕首，一手从自己的内衣中抓出一只乳房，然后，用匕首扎进自己的乳房[①]——土著人再度受到惊吓，又匆匆逃离[①]。

维京居住北美大陆的目的是开发当地的皮毛、特别是木材等格陵兰短缺的自然资源[②]。至今仍不清楚短期的居住为什么没有变为永久定居，虽然部分原因可能是与当地人的敌对关系[③]。无论如何，零星前往马克兰的航行收集草料和木材，还有与当地人从事贸易活动可能持续了 400 年之久[④]。连续航行的证据包括据称从美国缅因州土著美洲人考古遗址发现的缅因便士，一

[①] Magnus Magnusson; Hermann Palsson. *The Vinland Sagas*. Penguin Books. 1965.
[②] Jared Diamond. *Collapse: How Societies Choose to Fail or Succeed*. Viking Press. 2005.
[③] John Murrin; Paul Johnson; James McPherson; Gary Gerstle. *Liberty, Equality, Power: A History of the American People, Compact*. Thomson Wadsworth. 2008: p. 6.
[④] Patricia Sutherland. "The Norse and Native Norse Americans". In William W. Fitzhugh and Elisabeth I. Ward, eds. *Vikings: The North Atlantic Saga*. Washington, DC: The Smithsonian Institution. 2000: pp. 238-247.

种奥拉夫五世时期的挪威硬币，表明维京与美洲土著在 11 世纪及之后存在着交换关系；冰岛编年史 1347 年条目提及一只十八名船员的格陵兰小船到达冰岛，打算到马克兰装满木材后返回格陵兰①。

2015 年在纽芬兰西南海岸的普安露滋（Point Rosee）考古发现的沼泽熔铁遗址揭示了又一处维京居民点。该遗址是通过卫星成像和磁力计读取技术发现的②，虽然有待进一步证实，却为争议不断的维京在北美的活动状况增加了一份可靠的一手资料。维京在除了格陵兰以外的美洲的这些跨海商贸和移居活动是欧洲人第一次踏上北美大陆，比哥伦布"发现"此新大陆早了五百年；更重要的是，埃里克"发现"与哥伦布"再发现"新世界两者之间具有潜在的、必然的历史文化关联。

第四节　维京撞击与荷兰商业文化实体的生成

一部宽泛意义上的荷兰历史就是生活在西北欧低地河流与北海三角洲擅长海事部落民族兴盛的过程。在罗马帝国和中世纪开始之际，日耳曼三个主要民族汇聚于此，弗里西亚（Frisia）在北部和沿海一带、低地萨克森在西北地区、法兰克在南方。19 世纪后期，荷兰史学家认为，法兰克、弗里西亚和萨克森人是荷兰人的祖先。主要理论范式是人类学的部落分布构成，并以此为依据专门解释比利时和荷兰南部（法兰克人）成为天主教和荷兰北部（弗里西亚人和萨克森人）信奉新教的缘由。该理论反映了荷兰 19 世纪民族主义和宗教价值观，将政治和地理区域包括在内，还考虑到文化多样性，适应了荷兰 19 世纪末到 20 世纪初建立和融合民族国家的需求。荷兰学

---

① Helluland/Markland　Archeology. http：//naturalhistory. si. edu/vikings/voyage/subset/markland/archeo. html. ［2016-01-26］

② Mark Strauss. "Discovery Could Rewrite History of Vikings in New World". National Geographic, March 31, 2016.

第五章 维京扩张与荷兰、葡萄牙和西班牙生成崛起的关联机制

校曾教授此理论。这种以部落为基础的理论，缺陷也很明显，即弱化或消除了外部界限，内部三个民族文化却界限分明。这种民族起源的神话提出了荷兰历史的前提，特别在第二次世界大战期间为荷兰地方分裂主义和与德国合并提供了理论支撑。二战后，部落范式理论对人类学家和历史学家失去吸引力。三部落构成荷兰民族国家的精确性从根本上受到质疑①。

这些民族与维京文化同出一源，换言之，维京文化生成的基础就包括但不限于此类民族。在 9 世纪和 10 世纪期间，维京人沿着海岸和低地国家（指现在荷兰、卢森堡和比利时一带）的河流劫掠了大量未设防的弗里西亚和法兰克城镇。尽管从未在这些地区大规模地定居，但是，维京人确实建立过长期基地，甚至有几次其统领地位还得到认可。随着 834 年至 863 年的维京劫掠之后，作为荷兰和弗里西亚历史上的贸易中心，多尔斯塔（Dorestad）便衰落了。然后，由于此地没有发现有关维京的考古证据，近期的怀疑不断增多②。

低地国家中一个最重要的维京家族是丹麦国王哈拉尔德·克拉克（Harald Klak）的两个侄子，罗里克（Rorik）（图 5-5）和其弟"小哈拉尔德"（younger Harald），两个各自拥有基地③。该家族与俄罗斯早年编年史中著名的留里克家族应该同出一支，因语种不同导致现在翻译略有区别。约 850 年，为与其父神圣罗马帝国的共治皇帝路易一世及兄弟争夺权势，洛泰尔一世（Lothair I）承认了罗里克为弗里斯兰（Friesland）大部地区的统治者以换取其效忠自己。870 年，罗里克再度受封于光头查尔斯（Charles the Bald），成为其封臣③。即便如此，维京劫掠在此期间仍然持续不断。873

---

① Marnix Beyen. "A Tribal Trinity: the Rise and Fall of the Franks, the Frisians and the Saxons in the Historical Consciousness of the Netherlands since 1850" in *European History Quarterly* 2000, 30 (4): 493-532.

② Gjallar-Noormannen in de Lage Landen-startpagina. http://www.gjallar.nl/. [2016-01-27]

③ RootsWeb: GEN - MEDIEVAL - L Danish Haralds in 9th century Frisia. http://archiver.rootsweb.ancestry.com/th/read/GEN-MEDIEVAL/2002-09/1031544685. [2016-01-27]

年，奥斯特购（Ostergo）的人民杀死哈拉尔德的儿子及其部属。罗里克也死于882年之前。主要由银器构成的维京宝藏已经在低地国家发现，其中两处在罗里克当初的基地。有一大笔财宝是1996年发现，可追溯到850年前后，可能与罗里克有关。如此珍贵的宝藏可以表明，当年此处应该是维京的永久居住地①。

图 5-5 维京罗里克——弗里斯兰的征服者和统治者

Rorik of Dorestad, *Viking conqueror and ruler of Friesland*, by Johannes H. Koekkoek.

http：//earth-history.com/Europe/Teutonic/chap22.htm

---

① Afscheid van Museumkennis-Naturalis Biodiversity Center. http：//www.naturalis.nl/nl/kennis/natuursites/museumkennis/. ［2016-01-27］

第五章　维京扩张与荷兰、葡萄牙和西班牙生成崛起的关联机制

879年左右，霍德弗里德（Godfrid）带来大批队伍抵达弗里西亚地区，在低地国家引起恐慌。这批维京人以根特（Ghent）为基地，大肆掠夺了根特、马斯特里赫特（Maastricht）、列日（Liège）、斯塔维洛特（Stavelot）、普吕姆（Prüm）、科隆（Cologne）和科布伦茨（Koblenz）等地。霍德弗里德从882年到885年死亡时，掌控了弗里西亚绝大多数地区，继罗里克伯爵之后，受封成为弗里西亚的公爵。霍德弗里德于885年被暗杀，维京统治弗里西亚遂告结束。维京对低地国家的劫掠持续了一个多世纪。在聚特芬（Zutphen）和代芬特尔（Deventer）已经发现了880—890年维京攻击的遗迹。920年，德意志亨利国王解放了乌勒特支（Utrecht）。据多种编年史记载，维京最后一轮攻击发生在11世纪的第一个十年，目标指向蒂尔（Tiel）和/或乌勒特支①。

维京的这些劫掠发生在法兰西和德意志君主争夺包括尼德兰（Netherlands）领地在内的欧洲中部帝国霸权之际，法、德君主对该地区的影响力很弱。因此，如果存在对维京的抵抗，应该主要来自当地贵族；当地贵族的影响力由此提升，地位也随之上升，如同一时期巴黎贵族抵抗维京一样。古荷兰语与古萨克森语、古英语和古弗里西亚语关系密切。因为法兰克书面语几乎不存在，稀少的古荷兰书面文献仅仅是零星片段，所以，古荷兰语的演化知之甚少。大约在1150年，古荷兰语转变为中期荷兰语②，一直到1500年再转变为现代荷兰语。凭此，可以初步判断，古荷兰语向中期荷兰语演化的过程就是维京文化冲击低地国家过程；维京文化冲击的过程和结果弱化了荷兰地区与罗马帝国及其主要王国的联系而强化了当地贵族和当地文化本土化的力量。于是，当维京劫掠和统治在当地结束的时候，古荷兰语也随之转换

---

① Judith Jesch. *Ships and Men in the Late Viking Age：The Vocabulary of Runic Inscriptions and Skaldic Verse.* Boydell & Brewer. 2001：p. 82.

② Jan W. de Vries, Roland Willemyns and Peter Burger. *Het verhaal van een taal*, Amsterdam：Prometheus. 2003：pp. 21-27.

为中期荷兰语。

如果不是从三部落的历史观看待荷兰作为文化实体的演化进程，那么，荷兰民族国家的生成和演化就是一部维京海上商业文化模式引领并支撑的历史。如同维京留里克家族之于俄罗斯民族国家，荷兰的形成和崛起，也直接起源于留里克家族的另一位成员罗里克。维京冲击低地国家所在区域以后，出现了一批独立地区，力量中心就位于荷兰伯爵领地。而荷兰作为政治实体的起源就是862年罗里克接受的伯爵封地，皇帝以此换取这位维京首领的忠诚。从那以后，荷兰领地在罗里克及其后裔的掌控之下得到迅速发展，无论在规模上还是重要程度上均是如此。截至11世纪早期，荷兰伯爵德克三世（Dirk III）已经在默兹河口向过往船只征收通行税，未经皇帝或主教的许可，并且有能力抵制他的上位领主下洛林（Lower Lorraine）公爵的军事干预①。荷兰至此，不仅已经形成了政治实体，而且已经开始崛起。"荷兰"（Holland）名称原意是"林地"，首次出现于1083年一份涉及当前荷兰南部和荷兰北方南部一半的契约上。此后，荷兰又经历了两个多世纪的持续发展，包括政治联姻和不断征战。荷兰统治者经过数代努力，征服了泽兰（Zeeland）的大部分，最终于1289年弗洛里斯五世（Floris V）才征服了北方北海一线的弗里西亚人。

已经崛起的荷兰秉承维京文化特有的传统，在农业、特别在商业方面不断发展，在商业精神的引领下，冲突不断。荷兰历代伯爵们先后通过从上位君主赎买城市权利（包括建造城墙、建立市场、存储货物垄断贸易、收取通行费、铸造城市币和征税等特权，个人自由权，还有自治权）取得半独立的共和国资格，又通过与内部贵族的战争排除发展商业的障碍，再发动地缘战争进行扩张，大力发展海外贸易和开拓殖民地等方式，终于建立了庞大的商

---

① Kees Nieuwenhuijsen. *The Battle of Vlaardingen* 1018. http://www.keesn.nl/vlaard/vlaard_en.htm.［2016-01-27］

业帝国，富甲天下。探其根源，还是维京海上商业文化精神使然。商业精神使荷兰的新兴中产阶级不重视政治上的忠诚、不在意宗教上的排外，因而自然形成了宽容的品质，包括对犹太人的宽容而吸引了富有的犹太商人到荷兰经商、对知识分子的宽容而招来不同观点的哲学家、艺术家等几乎形成了"欧洲智库"；商业精神所追求者，唯有经济利益而已。正是荷兰的欧洲智库，以荷兰的海外探险和商业发展为基础，建立了第一套现代中央银行系统，至少是雏形；制定了第一批现代国际法和商业法。由此，开启了人类文明世俗化和全球化进程，即现代化进程。

第五节　维京劫掠伊比利亚半岛与葡萄牙、西班牙民族文化的生成

409 年，随着罗马帝国的衰退，伊比利亚半岛被日耳曼各部落占领。罗马称这些部落为野蛮人①。411 年，凭借与罗马霍诺留皇帝（Emperor Honorius）签订的契约，这些部落的许多人在伊斯帕里亚（Hispania）定居下来。其中，重要的一支由苏维汇（Suebi）和汪达尔（Vandal）人组成，居住在加利西亚（Galicia），建立苏维汇王国，定都布拉加（Braga），并开始统治科英布拉（Coimbra）；南方，则有西哥特（Visigoths）人居住。苏维汇人和西哥特人持续存在于现代葡萄牙一带。除了基督教会组织，罗马体系在这些蛮族到来之后消失殆尽。苏维汇人和西哥特人放弃原有的多神教，随当地居民改信天主教。429 年，西哥特人向南驱逐阿兰（Alan）人和汪达尔人，建立了一个王国。自 470 年起，苏维汇和西哥特这两个移民王国之间的冲突日渐增加。585 年，西哥特国王征服苏维汇王国②。从此，西哥特王国统一了

---

① James Anderson. *The History of Portugal*. https：//www.questia.com/library/1905585/the-history-of-portugal．［2016-02-01］
② Roger Collins. *Visigothic Spain* 409-711. Wiley-Blackwell，2006.

伊比利亚半岛，包括现在的西班牙、葡萄牙、安道尔、直布罗陀和法兰西南部。

711年，柏柏尔（Berber）一位将领率一支小部队在直布罗陀登陆，干预西哥特王国的内战。得到穆斯林的中东阿拉伯统治者支持后，北非穆斯林摩尔（Moor）入侵取得胜利，征服并摧毁了伊比利亚半岛上的基督教西哥特王国①；其用意在于：以此为基地，征服欧洲并使之伊斯兰化。718年，西哥特贵族佩拉约（Pelagius）被流亡贵族选为首领，号召残部及征服地区的基督教西哥特人反叛。722年，佩拉约在战胜摩尔人的科瓦东加（Covadonga）战役后，建立基督教阿斯图里亚斯（Asturias）王国，成为国王，开始了葡萄牙和西班牙称为"收复失地运动"（Reconquista）的战争②。

从9世纪到12世纪，作为海上军事力量，维京劫掠和征服的一个方向是沿欧洲西海岸南下远征地中海。沿途，不断从各主要河口折进河道，溯流而上，打劫了大量的城乡。其中，经过伊比利亚半岛时，一个重要的劫掠地区是加利西亚，现为西班牙北部的一个省份。

维京劫掠葡萄牙和西班牙的依据主要是文字记载，部分地为考古发现所证实。对照编年史，维京曾在当地活动三年，并有部分维京人留下来与当地人融合，以此可以解释为何当地存在迥然有别于其他西班牙人的生姜颜色头发和蓝色眼睛的人群（图5-6）。考古发现物主要有当年维京长船港口或码头的锚和船体残骸③。《波提尼亚尼编年史》（Annales Bertiniani④）提到维京

---

① A. R. Disney. *A History of Portugal and the Portuguese Empire*, vol. 1: *Portugal*. Cambridge University Press. 2009: p. 53-54.

② Robin Hallett. *Africa to 1875: a Modern History*. Ann Arbor, Michigan: University of Michigan Press. 1970: pp. 47-48.

③ "Digging Up The Spanish Vikings". University of Aberdeen. 18 December 2014. https://www.abdn.ac.uk/the-north/news/7686/. [2016-01-30]

④ Monumenta Germaniae Historica, uitgave 1883. *Annales Bertiniani*. http://www.dmgh.de/de/fs1/object/display/bsb00000758_ meta: titlePage. html? sortIndex = 010: 070: 0005: 010: 00: 00&zoom = 0.75. [2016-01-30]

第五章　维京扩张与荷兰、葡萄牙和西班牙生成崛起的关联机制

第一次劫掠加利西亚是 844 年 8 月，一批维京远征劫掠船队进入加仑河（Garonne），在暴风推动下达到加利西亚。在抢劫了许多沿海村庄后，这批维京人最终在赫拉克勒斯塔（Tower of Hercules）附近受挫。当时阿斯图里亚斯国王拉米罗一世（Ramiro I）集中了加利西亚和阿斯图里亚斯的部队进行反击并取得胜利[1]。阿斯图里亚斯缺乏适合维京船队航行的河流，也缺少维京希望打劫的大型城市，维京人随后改变航线，驶向里斯本。

图 5-6　卡托伊拉的维京塑像

Statue of Vikings in Catoira. https：//commons.wikimedia.org/wiki/File：Catoira_060905_033.JPG.

---

[1] Roger Collins. "Ramiro I (842-850) ". *Caliphs and Kings*：*Spain*, 796-1031. Chichester, UK：John Wiley & Sons. 2012：pp. 70-72.

阿斯图里亚斯国王奥多尼奥一世（Ordoño I）在位时期的 859 年，一支沿途劫掠法兰西沿岸的维京远征先遣队，约一百只船，再度光顾加利西亚，在抢劫了伊利亚（Iria Flavia）之后，继续进发，逼近圣地亚哥（Santiago de Compostela），迫使邻近地区纳贡以免除劫掠。尽管如此，维京人还试图进入圣地亚哥城，此时唐佩德罗（Don Pedro）带领一支军队赶到，摧毁了维京38 只船，将维京人驱散。之后，维京残部驶向南方。此番维京远征的后果之一是迫使位于伊利亚的主教教座迁往圣地亚哥①。951 年，维京又一次攻击加利西亚沿岸。此后数年，加利西亚各城市加强了防御。964 年，维京又至，与维京人自己的主教罗森多（Rosendo）不期而遇，细节不详。1015年，奥拉夫（Olaf Haraldsson），即后来成为挪威国王的奥拉夫二世，率领的维京远征船队摧毁了加利西亚的四座城镇：卡斯特罗波尔（Castropol）、贝坦索斯（Betanzos）、里瓦斯（Rivas de Sil）和图伊（Tui）②。

在维京探索、劫掠和移居伊比利亚半岛期间，作为民族国家的文化实体，葡萄牙和西班牙开始生成并先后发展起来。后维京时期，葡萄牙和西班牙均移植了维京文化模式并继承了维京扩张方式，在地缘文化特别是与伊斯兰文化的复杂碰撞过程中，迅速崛起，成为全球大国。

当前，历史学家和考古学家一般都认为，一直到 9 世纪后期，尽管米纽（Minho）河与杜罗（Douro）河之间的葡萄牙北部基督教地区，人口密集，却不存在实际上的政权。此后，才成为加利西亚-阿斯图里亚斯、莱昂（León）和葡萄牙统治的辖区③。9 世纪末，根据莱昂、加利西亚和阿斯图里西亚国王阿方索三世（Alfonso III）的命令，佩雷斯（Vímara Peres）以凯

---

① Rolf Scheen. "Viking raids on the Spanish Peninsula". Revistas / Militaria. UCM, Madrid, 1996.
② Norge St. Jakob. "Vikings and Pilgrims in Galicia". http://www.pilegrim.no/page.php?id=1125404256. ［2016-01-31］
③ Luís Fontes. "O Norte de Portugal ente os séculos VIII e X: balanço e perspectivas de investigação" (in Portuguese). Archaeology Unit of the Minho University.

第五章　维京扩张与荷兰、葡萄牙和西班牙生成崛起的关联机制

尔港口（Portus Cale）为基础建立了小型不起眼的伯爵领地；后与几个伯爵领地合并，成为葡萄牙领地，佩雷斯被阿方索三世封为首任伯爵。此后，无论是规模还是重要性，领地均逐渐增加。10世纪以后，葡萄牙各伯爵领地开始使用公爵称号，以示更重要、规模更大。此时，该地区才有了"葡萄牙伯爵领地"（County of Portugal）的名称[①]。后来，阿斯图里亚斯王国因乱分裂，葡萄牙北部归入加利西亚王国，再后来，并入莱昂王国。

作为莱昂的封地，葡萄牙的权力和领地不断增加，偶尔在莱昂王权微弱的时候还能获得独立，甚至在999年—1008年期间，其伯爵还成为莱昂的摄政王。1070年，葡萄牙的伯爵希望获得"葡萄牙"称号，并于次年同加利西亚的加西亚二世（Garcia II）开战，因为加西亚获得自己的称号，并在1065年与莱昂王国分离后，将葡萄牙划入加利西亚的领地。战争以葡萄牙的伯爵死亡而告终，加西亚遂自称"葡萄牙与加利西亚国王"，成为冠以葡萄牙国王名号的第一人[②]。几经争夺后，阿方索六世集中全部力量，从1077年开始自称全伊斯帕尼亚（All Hispania）的皇帝。皇帝死后，名号由其女继承；与此同时，特瑞莎（Teresa）继承葡萄牙伯爵领地。葡萄牙于1095年从加利西亚王国脱离，其领地北起米纽河、南至蒙德古（Mondego）河，大部由山地、沼泽和森林构成。

葡萄牙将其国家起源追溯到1128年6月24日的圣马梅迪（São Mamede）战役。阿方索自称葡萄牙亲王，并于1139年，称葡萄牙国王。1143年，莱昂王国根据萨莫拉条约（Treaty of Zamora）予以承认；1179年教皇诏书正式确认阿方索一世为国王。葡萄牙南部于1249年被摩尔人征服；

[①] Ângelo Ribeiro; José Hermano. *History of Portugal － the Formation of the Territory*（in Portuguese）. QuidNovi. 2004.

[②] Ângelo Ribeiro; José Hermano. *History of Portugal－the Formation of the Territory*（in Portuguese）. QuidNovi. 2004：p. 44.

其首都于1255年转至里斯本①。而临近的西班牙一直到二百五十年之后的1492年才"收复失地"②。葡萄牙与西班牙陆地边界自13世纪之后几乎未作变动。1386年葡萄牙与英格兰之间签订温莎条约（Treaty of Windsor）而建立的同盟关系，该条约至今仍然有效。

虽然葡萄牙早期的经济活动就是捕鱼和海外贸易，但是，一直到葡萄牙王子航海家亨利（Henry the Navigator）致力于海上探险，连同航海技术的发展，葡萄牙海外扩张才具有可能性，并由此导致地理、数学、科学知识和船舶技术的巨大提升。如果不是维京文化的冲击并移植了维京文化模式，一直在陆上地缘文化相互征伐之中苦苦挣扎并处于相对弱势的葡萄牙怎么会率先走上海外扩张之路，并一跃成为名副其实的帝国，即全球大国？

更为奇特的是15世纪哈普斯堡王朝的西班牙，天主教卡斯提尔（Castile）王国与伊斯兰地缘文化特别是奥斯曼帝国、犹太地缘文化的关系严重冲突，不得不通过政治联姻与阿拉贡（Aragon）王国和葡萄牙王国稳定在伊利比亚半岛的地缘关系，然后，继续延伸，又凭借政治联姻，与欧洲各主要权力实体神圣罗马帝国、波西米亚（奥地利）、法兰西和英格兰王室建立个人联盟，以此稳定统治关系，一直到1492年才"收复失地"。然而，同年，伊莎贝拉女王（Isabella）凭借着资助意大利航海家克里斯多弗·哥伦布（Christopher Columbus）继列夫·埃里克（Leif Ericson）"发现"美洲近五百年后"再发现"这个"新世界"，以此为开端，西班牙迅速崛起，与葡萄牙一样，继承维京探险精神，领先欧洲各国一跃成为全球大国。

---

① Harold Livermore. *A New History of Portugal*. Cambridge University Press. 1969：p. 76.
② Robin Hallett. *Africa to 1875：a Modern History*. Ann Arbor, Michigan：University of Michigan Press. 1970：pp. 47-48.

第五章　维京扩张与荷兰、葡萄牙和西班牙生成崛起的关联机制

结论和讨论

（一）结论及分析

第一、维京经营和劫掠前荷兰、葡萄牙和西班牙地区，冲击了当地封建统治和教会统治秩序，为集中财富而实施城镇自治，引领了商业化趋势和世俗化趋势，为后来地缘文化生态变动而生成三国原型奠定了商业文化基础。

第二、维京经略北大西洋岛屿和登临北美岛屿及大陆以及绕行斯堪的纳维亚北部沿海地区，堪称后世欧洲向全球扩张的先导。维京以其小规模、零星探索当时所能抵达的极限地区，本质上是为集中财富，属于商业探险。如同在斯堪的纳维亚北方沿海因自然条件恶劣、阻力太大而难以持续存在一样，利益最大化和相应成本最小化驱使维京在当时条件下没有继续长期定居或持续跟进扩张北大西洋岛屿和北美地区。维京探险"无意"发现北美大陆是维京海上商业文化探险精神使然，实为后世哥伦布"再发现"新大陆的先声。

（二）进一步讨论

第一、维京扩张在格陵兰和北美为何没有落地生根？

后世在争议维京人为什么从格陵兰消失、又为什么没有在北美永久定居的时候，忽略了维京文化的本质之一：商业价值，且是商业价值的最大化，即维京人追求的财富积累方式是以短期财富集中而不是长期财富集聚为特点。斯堪的纳维亚确实存在着农耕、狩猎、捕鱼等缓慢积累财富的生产方式，但是，维京商业模式更重视劫掠、殖民、贸易包括充当雇佣军获取巨额佣金和从事奴隶贩卖等迅速集中财富的生活方式，为此，在不同的地缘文化

和力量中，总是借助突然攻击、绑架勒索、改变信仰、同类争夺、政治联姻和审时度势的各类谈判等手段，以最小的代价获取最大的利益。显然，维京人占据了格陵兰，但是，恶劣的气候、远距离跨海运输的风险和成本，特别是近距离缺少可以集中财富的社会条件，使得格陵兰对维京人缺少吸引力，这应该是维京人最终消失在格陵兰的根本原因。

格陵兰作为维京人连接欧、美的跳板，在当时的船舶技术和航海知识等方面，几乎已经达到了获取商业利润的极限，这类低利润率的贸易，本来就不为维京人所重视。而格陵兰的自身规模极小的贸易需求，不值得维京人大规模地开拓北美殖民地。因此，除非在北美发现"金矿"，否则，以"淘金"为己任而不避任何风险和困难的维京人，不会大规模地开拓北美。维京人在北美零星的、小规模的活动，具有探险和开拓性质，一旦发现没有多大商业价值，放弃是迟早的事情。与五百年后的哥伦布时代不可比拟，缺少维京人所需要的"市场"条件是维京弃守北美的必然选择。

第二、维京在前荷兰、葡萄牙和西班牙的扩张与后来三国率先向全球扩张并迅速崛起，有何关联？

原先文化薄弱、远离政治和宗教中心的荷兰地区，具有贸易的传统，临近维京文化的原发地，又处于河海口，最容易嫁接维京文化而再生出一个维京文化变体。维京劫掠后，荷兰很快就生成了新的文化实体，且凭借商贸迅速强盛。作为维京文化的继承者，荷兰重视商贸而不重视社会等级和宗教守护。在维京商业精神的引领和维京商业模式的运作下，市场化是荷兰文化的价值取向，由此产生了开拓海外市场、宗教宽容、城邦自治和思想自由的文化氛围，吸引了欧洲各地的商人和知识分子，由此，将全球纳入其市场范围，并构建一整套新型的适应其贸易需要的国际法和商业法，奠定了世界商业帝国的物质基础和制度基础。

地缘文化环境可能最恶劣的当属伊比利亚半岛的葡萄牙和西班牙地区，

第五章 维京扩张与荷兰、葡萄牙和西班牙生成崛起的关联机制

处于欧洲基督教各权力中心的边缘，又处于基督教和攻势凌厉的伊斯兰教之间的突出地带，是两大宗教互相攻守、冲突不断的"拉锯"区域。但是，维京劫掠之后，葡萄牙凭借在地缘文化关系中维持均衡的方式而作为附庸地位逐渐稳定，成为半岛上的三个政治文化实体之一；西班牙更困难，在基督教各权力中心的冲突中，为谋取稳定的附属地位，几乎主要依靠与欧洲各权力中心建立政治联姻关系才能存在，但是，面对北非和西亚伊斯兰的攻击长期处于被殖民地位，一直到资助哥伦布探险新大陆的那一年，西班牙才刚刚从伊斯兰教的统治下解脱出来。然而，另一方面，伊比利亚半岛的葡萄牙和西班牙也拥有全欧洲最为优越的商贸战略区位优势。拥有全欧洲最为适宜的气候条件、拥有全欧洲最为有利的可以绕过被伊斯兰世界阻断的区域而直接将欧洲与全世界连接起来的海上贸易战略区位。所以，葡萄牙紧随荷兰成为全球性商业帝国，而西班牙刚刚摆脱穆斯林的统治，就资助哥伦布"发现""新世界"，几乎一夜之间成为"暴发户"，跻身于世界性帝国之列，继荷兰、葡萄牙之后，成为第三个全球性头号现代帝国。

若不是维京文化精神和维京文化模式使然，远离政治、宗教中心的荷兰、葡萄牙和西班牙，在罗马衰弱之后的欧洲各强势中心的角逐中，充其量只能演变为弱势的、朝不保夕的伯爵领地，连建立一个袖珍公国都很艰难，怎么可能崛起为强势的民族国家实体？崛起后，与世界范围内多元强势文化的碰撞中，又如何能依次上升到全球头号帝国的地位？

第六章 维京诺曼文化引领地中海文明商业化和世俗化进程

11至12世纪，在欧洲各地扩张的维京人继续以无序的方式扩张至意大利南部，通过多次战斗和各自独立的征服，最后建立统一的西西里王国。维京征服意大利南部的历史体现了维京海上商业文化，突出地展示了武士文化的商业化模式即雇佣军模式。维京武士文化的雇佣军模式以超高人身风险为成本追逐超高利润为特质。维京雇佣军在意大利被称为诺曼人，意即（欧洲）北方人。诺曼武士模式在意大利半岛及周边地区历经了三个阶段的演变。

第一阶段是雇佣军活动阶段。从罗马教皇派遣帮助拜占庭帝国在意大利半岛领地上镇压反叛的伦巴第人开始，诺曼骑士以几十人小股雇佣军充当精锐，屡建奇功。之后，更多的诺曼人来到意大利，以分散的雇佣军身份参加到交战各方。在不断获胜的形势下，各方雇佣军都刻意避免任何一方完全获胜，从而维持雇佣军市场。无论如何，诺曼骑士通过第一阶段雇佣军活动已经成为半岛内外公认的强悍军事力量和不容小觑的政治势力。

第六章　维京诺曼文化引领地中海文明商业化和世俗化进程

第二阶段是殖民征服活动阶段。当诺曼雇佣军反从为主主导了战场局势，也就是主导了地缘政治格局。该阶段的诺曼活动已经从雇佣军活动变成登堂入室的殖民征服活动。在复杂的地缘关系中，诺曼人凭借武士文化优势，通过远交近攻、打破均势和利用危机等战略和策略，步步为营地征服意大利半岛南方各地，包括梅尔菲、阿韦尔萨、阿布鲁佐、阿玛尔菲、萨勒诺、西西里岛和那不勒斯，先割据称雄，再迫使教皇分封。

第三阶段是独立经营殖民地西西里王国阶段。诺曼将其占领的意大利南部地区合并为西西里王国并得到教皇批准。此后，维京诺曼人在着力经营实际上独立的殖民地西西里王国的同时，继续从事征服活动，扩张范围一度延伸至拜占庭帝国的巴尔干半岛、小亚细亚的十字军各国和北非的埃及，试图构建一个跨越欧、亚、非的地中海帝国。

第一节　诺曼初到意大利和伦巴第反叛

被称为诺曼人即"北方人"的维京武士最初达到意大利南部的时间是999年。到耶路撒冷的北方朝圣者，在归途中经停阿普利亚（Apulia），在萨勒诺与亲王圭马尔三世（Guaimar III）目睹了从非洲来的萨拉森人（Saracens）攻击萨勒诺城及郊区，索取到期末付的年贡。在圭马尔开始收集贡赋的时候，诺曼人在一旁嘲笑他和他的下属是胆小鬼，并向围城的萨拉森人发起袭扰攻击。萨拉森人退却，战利品充公。圭马尔感恩戴德，挽留诺曼人。诺曼人拒绝了，但是答应把贵重的礼品带给诺曼底的同胞，并告诉他们萨勒诺是雇佣军有利可图的地方。另有资料显示，圭马尔遣使诺曼底带回维京骑士。此所谓"萨勒诺传统"（"Salerno tradition"）[1][2]，是维京最早到达

---

[1] Einar Joranson. "The Inception of the Career of the Normans in Italy: Legend and History." *Speculum*, Vol. 23, No. 3. (Jul., 1948), pp. 353-396.
[2] Allen Brown. *The Normans*. Woodsbridge, Suffolk, UK: Boydell & Brewer. 1984: p. 97.

意大利的记录，其基本内容已为学术界所认同。"萨勒诺传统"最初为阿玛特斯（Amatus of Montecassino）于1071年至1086年所记录[②]。其中的主要信息为执事彼得（Peter the Deacon）在12世纪早期写入奥斯蒂亚利奥（Leo of Ostia）编年史续集中。17世纪的巴罗尼乌斯（Baronius）的教会年鉴中，这些萨勒诺故事已为史学家所接受[①]，主要内容至今还为多数学者所认同。

诺曼人初到意大利的另一个历史记述是"加尔加诺传统"（"Gargano tradition"），出现在早期编年史中。根据记载，1016年诺曼朝圣者们在加尔加诺山遇到伦巴第（Lombard）人巴里的梅乐思（Melus of Bari）。梅乐思劝说这些朝圣者加入到自己的队伍一起攻击阿普利亚（Apulia）的拜占庭政府。加尔加诺传统与萨勒诺传统一起，有两个最初的资料来源：可追溯到1088年—1110年的阿普利亚威廉的记述和一个世纪以后以威廉记述为基础的僧侣亚历山大记述[②]。

关于一些基本史实一致而情节不同的原始记录不赘述。综合格雷伯（Glaber）、阿德马尔（Adhemar）和利奥（Leo）三份编年史记述，诺曼到达梅索兹阿诺（Mezzogiorno）的时间是1017年。逃离理查二世的鲁道夫，带领40或250名左右的诺曼人来到罗马。教皇本尼迪克特八世（Benedict VIII）派遣他们到萨勒诺或加普亚组建雇佣军对抗拜占庭，因为拜占庭军队入侵了教皇的贝内文托地区[③]。到那里后，诺曼人会见了贝内文托的兰道夫五世（Landulf V of Benevento）、加普亚的潘道夫四世（Pandulf IV of Capua）、萨勒诺的圭马尔三世（Guaimar III of Salerno）和巴里的梅乐思。梅乐思的诺曼雇佣军对抗拜占庭的军事行动是1017年5月[①]。维京初到意大利

---

① Einar Joranson. "The Inception of the Career of the Normans in Italy: Legend and History." *Speculum*, Vol. 23, No. 3. (Jul., 1948), p. 356.

② Einar Joranson. "The Inception of the Career of the Normans in Italy: Legend and History." *Speculum*, Vol. 23, No. 3. (Jul., 1948), p. 358.

③ Einar Joranson. "The Inception of the Career of the Normans in Italy: Legend and History." *Speculum*, Vol. 23, No. 3. (Jul., 1948), pp. 371-373.

第六章 维京诺曼文化引领地中海文明商业化和世俗化进程

时的政治文化格局如图 6-1 所示。

图 6-1 诺曼初到意大利时的政治地图（1000 年）

Political map of Italy in 1000 AD. Created by MapMaster. https：//commons. wikimedia. org/wiki/File：Italy_ 1000_ AD. svg.

维京雇佣军参与、而且参与到交战双方的系列行动是 1009 年—1022 年期间的伦巴第反叛。1009 年 5 月 9 日，巴里爆发了反对拜占庭统治该地的叛乱。反叛在伦巴第当地人梅乐思的领导下很快扩展到其他城市。1009 年年底或 1010 年年初，拜占庭在当地的军政高官约翰·科尔库尔斯（John Curcuas）在战斗中被杀死。1010 年 3 月，约翰的继任者巴兹尔（Basil Mesardonites）带领增援登陆并包围了该城的叛乱者。城内的拜占庭居民与巴兹尔谈判并迫使伦巴第的领导人梅乐思及其弟逃走。巴兹尔于1011年6月11日入城，重建拜占庭的统治。巴兹尔获胜后并未采取严厉制裁措施，只是将梅乐思的儿子等家属送往康斯坦丁堡。意大利南部从此保持了数年的和平，巴兹尔死于1016年。

同年5月，利奥·陶尼康伊奥斯（Leo Tornikios Kontoleon）继任。巴兹尔死后，梅乐思再度反叛。这次，梅乐思启用了受教皇本尼迪克特派遣刚刚到达的诺曼小队，可能还有圭马尔的援助。陶尼康伊奥斯则派出了一支由利奥·帕斯按奥斯（Leo Passianos）率领的军队迎战伦巴第-诺曼联军。两军在福尔托雷（Fortore）河相遇，结果打个平手或梅乐思勉强取胜。随后，陶尼康伊奥斯亲自迎战，两军二度在奇维塔（Civita）相遇[1]。第二次战役以梅乐思获胜，但是巴里编年史记录相反[2]。第三次战役，梅乐思获得决定性胜利[2]，无争议：从福尔托雷河到特拉尼（Trani）的区域均归其控制。9月，鲍伊安尼斯（Basil Boiannes）接替陶尼康伊奥斯的职位，11月到任。根据阿玛特斯的记录，截至1018年10月，伦巴第和诺曼联军连续获得五次胜利[2]。

应鲍伊安尼斯请求，拜占庭帝国派出了一支精锐的瓦良格卫队即维京东支雇佣军赶赴意大利迎战诺曼骑士即维京南下雇佣军。两军在坎尼（Cannae）附近激战，拜占庭大获全胜[2]。编年史作者阿玛特斯写道：250人的诺曼分队仅有10人侥幸逃生[2]。此役之后，诺曼幸存者之一的冉诺夫（Ranulf Drengot）被选为小队首领[2]。为巩固获胜的成果，鲍伊安尼斯在亚平宁山隘口构筑要塞，防卫阿普利亚平原的入口。1019年，特罗亚要塞（Troia）由鲍伊安尼斯的诺曼部队镇守，说明：即便是维京南下的雇佣军也愿意参加到交战双方，不管哪方获胜，他们都将获得不菲的收益，包括诺曼骑士互相俘获[2]。

---

[1] Allen Brown. *The Normans*. Woodsbridge, Suffolk, UK: Boydell & Brewer. 1984: p.102-103.

第六章　维京诺曼文化引领地中海文明商业化和世俗化进程

教皇本尼迪克特八世最初发动诺曼卷入的这场战争，此时迅速逆转，迫使教皇本人于 1020 年北上班贝克（Bamberg）与神圣罗马皇帝亨利二世协商应对。虽然皇帝没有立即采取行动，但是，次年的形势还是逼其干预。鲍伊安尼斯与加普亚的潘道夫联合，向与教皇部队一起镇守加埃塔（Gaeta）公国的达特斯（Dattus）进攻。达特斯于 1021 年 6 月 15 日被俘，处以罗马传统的"沉水"对待：与一猴一鸡一蛇一起装入麻袋，扔进大海。1022 年，神圣罗马帝国大军分三路向南进发，分别由亨利二世皇帝、科隆朝圣者（Pilgrim of Cologne）和阿奎莱亚袍培（Poppo of Aquileia）率领，攻击特罗亚。虽然特罗亚没有攻破，但是，伦巴第的王公们还是与神圣罗马帝国联手，将潘道夫去职下狱。伦巴第反叛到此结束。

第二节　诺曼雇佣军

英勇善战的维京武士以小股雇佣军的身份在冲突不断的意大利南部参加对立各方的角逐，历经 1022 年—1046 年的多次战役，收获颇丰，并陆续受封而建功立业。1024 年，当圭马尔三世和潘道夫四世包围潘道夫五世所在的加普亚的时候，死里逃生的冉诺夫带领的诺曼雇佣军效命于圭马尔。在围城 18 月之后，1026 年加普亚投降，潘道夫四世恢复亲王衔。此后几年，冉诺夫为潘道夫效命，但是于 1029 年转而为那不勒斯的塞尔吉乌斯四世（Sergius IV）服务，而此人曾于 1027 年遭潘道夫逐出那不勒斯，冉诺夫可能还助了一臂之力。1029 年，冉诺夫和塞尔吉乌斯重新夺回那不勒斯。1030 年初，塞尔吉乌斯封冉诺夫为阿韦尔萨（Aversa）伯爵，此为意大利南部第一个诺曼领主[1]。塞尔吉乌斯还将其妹妹，加埃塔公爵的遗孀，嫁给冉诺夫[1]。1034 年，塞尔吉乌斯的妹妹死后，冉诺夫又转回效力于潘道夫。对

---

[1] Allen Brown. *The Normans*. Woodsbridge, Suffolk, UK：Boydell & Brewer. 1984：p. 102-103.

此，编年史者阿玛特斯早有评论："诺曼人绝不希望任何伦巴第人获得决定性胜利，如果那样，则对其不利。但是，此时支持一方、彼时又帮助另一方，则可避免任何一方彻底失败"。如此，则对诺曼雇佣军最为有利。

诺曼的补充，还有当地恶棍在冉诺夫军营受到英雄不问出处的欢迎，均使冉诺夫的人数大增[①]。对此情形，阿玛特斯评论道：诺曼语言和习俗把毫不相干的人群焊接成一个国家的模样。1035 年，奥特维尔坦克雷德（Tancred of Hauteville）的三个成年儿子"铁臂"威廉（William "Iron Arm"）、德罗戈（Drogo）和汉弗莱（Humphrey）从诺曼底来到阿尔维萨[①]。1037 年，另一说 1038 年夏[①]，诺曼的影响力进一步加强，因为神圣罗马帝国皇帝康拉德二世罢免了潘道夫，再封冉诺夫为阿韦尔萨伯爵。1038年，冉诺夫侵入加普亚，将其领地拓展为意大利南部最大的政治实体之一[①]。

1038 年，拜占庭皇帝迈克尔四世（Michael IV）发动了针对西西里穆斯林的军事行动，连同乔治（George Maniaches）将军率领的天主教军队对阵萨拉森人。哈拉尔德（Harald Hardrada），即后来的挪威国王，指挥远征中的瓦良格卫队；迈克尔四世呼吁萨勒诺的圭马尔四世和其他伦巴第领主为行动提供后续部队。圭马尔从阿韦尔萨派出 300 名诺曼骑士，其中包括奥特维尔三兄弟。奥特维尔的威廉一战成名被称为"铁臂威廉"（图 6-2），因为在围困锡拉库扎（Syracuse）城时，他单手杀死该城的埃米尔（emir）。在这场军事行动结束前，诺曼分队可能因为分配萨拉森战利品不公而提前撤出[②]。

1040 年一次暗杀后，诺曼人选举阿特诺夫（Atenulf）即贝内文托的潘道夫三世之弟为首领。1041 年 3 月 16 日的奥利文托（Olivento）一役，诺曼军队打败了拜占庭军队。1041 年 5 月 4 日，铁臂威廉率领的诺曼军队在坎尼一战中再次打败拜占庭军队，一洗 1018 年坎尼战役的战败之耻[②]。尽管从巴

[①] Marjorie Chibnall. *The Normans, a European People*. by the European Commission. Blackwell Publishing. 2006: p. 104.

第六章 维京诺曼文化引领地中海文明商业化和世俗化进程

图 6-2 "铁臂威廉"家族墓

Family grave of the Hauteville, Abbey of the Holy Trinity, Venosa. https：//commons. wikimedia. org/wiki/File：Tomba_ degli_ Altavilla. jpg.

里召集了大批瓦良格部队，拜占庭皇帝的军队还是溃败了，退却中许多士兵溺死奥凡托（Ofanto）河中①。

  1041 年 9 月 3 日，名义上归阿尔杜英（Arduin）和阿特诺夫（Atenulf）领导的诺曼人于蒙特帕莱索（Montepeloso）战役中打败拜占庭的当地军政高官艾克萨高斯特斯（Exaugustus Boioannes）并将其带到贝内文托。1042 年 2 月，阿特诺夫为艾克萨高斯特斯的赎金进行谈判，后携带赎金逃至拜占庭领地，其职位由阿尔及罗斯（Argyrus）取代。原先伦巴第的反叛已演变为诺曼人代替和领导。1042 年 9 月，包括冉诺夫、圭马尔四世和铁臂威廉在内，诺曼三个封地的领主在梅尔菲举行会议。威廉和其他领导人请求圭马尔承认

---

 ① Gordon Brown. *The Norman Conquest of Southern Italy and Sicily*. McFarland & Company Inc. 2003：p. 42.

其占领。圭马尔封威廉为阿普利亚伯爵,和冉诺夫一样,是封臣。于是,威廉成为阿普拉的诺曼领导人。圭马尔自称是阿普利亚和卡拉布里亚(Calabria)的公爵,尽管从未得到神圣罗马皇帝的正式认可。威廉还与索伦托(Sorrento)公爵的女儿、也是圭马尔的侄女结婚,加强了诺曼人与圭马尔的联盟①。1043年,除了梅尔菲城本身按照共和模式自治外,圭马尔将梅尔菲地区分为十二块男爵领地,分封给威廉等十二位诺曼领导人②。

1044年,威廉和圭马尔开始征服卡拉布里亚并在斯奎拉切(Squillace)附近构筑城堡。尽管其弟德罗戈(Drogo)征服了博维诺(Bovino),但是威廉在阿普利亚胜绩很少,还于1045年在塔兰托(Taranto)附近败于阿尔及罗斯。至威廉死亡为止、诺曼雇佣军时代结束时,两个名义上效忠神圣罗马皇帝的诺曼领地已经崛起:阿韦尔萨伯爵领地(后为加普亚领地)和阿普利亚伯爵领地(后为阿普利亚公国)。

第三节 诺曼建立梅尔菲、阿韦尔萨伯爵领地

11世纪50年代和60年代,意大利南部有两个诺曼权力中心:欧特维尔家族统治下的梅尔菲和德润高家族(Drengots)统治下的阿韦尔萨。1046年,欧特维尔家族的德罗戈进入阿普利亚并在塔兰托附近打败了当地的拜占庭统治者,与此同时,其兄汉弗莱迫使巴里与之签订条约。同年,德润高家族的理查德(Richard Drengot)带领40名骑士从诺曼底赶来,而欧特维尔家族的吉斯卡尔(Robert Guiscard)也与其他诺曼移民一起到达②。

1047年,圭马尔将其女嫁与德罗戈。神圣罗马皇帝亨利三世确认了德

---

① Marjorie Chibnall. *The Normans, a European People*. by the European Commission. Blackwell Publishing. 2006:pp. 104-106.

② Marjorie Chibnall. *The Normans, a European People*. by the European Commission. Blackwell Publishing. 2006:p. 106.

第六章 维京诺曼文化引领地中海文明商业化和世俗化进程

罗戈的阿韦尔萨伯爵地位，作为自己的封臣，授予其"意大利领主与公爵以及阿普利亚和卡拉布里亚全部诺曼人伯爵"的头衔，是梅尔菲诺曼人的第一个合法封号①。亨利并没有确认1042年会议上分封的其他头衔，还将圭马尔贬为"萨勒诺亲王"，将加普亚第三次也是最后一次授予潘道夫四世①。1048年，德罗戈指挥一支远征军经科森扎（Cosenza）附近的山谷进入卡拉布里亚，将征服的卡拉布里亚地区分封下属，将扼守征服地区的一座城堡交给其弟吉斯卡尔驻守（图6-3）。不久，吉斯卡尔另择圣马尔科阿尔真塔诺（San Marco Argentano）的一个城堡驻扎，随后与一位诺曼贵族之女结婚并从贵族那里得到200骑士①。1051年德罗戈遭拜占庭暗杀，其职位由其弟汉弗莱继承①。汉弗莱的第一个考验是教皇反对诺曼人。德罗戈在位期间，诺曼骑士对待伦巴第人引发了更多的反叛②。骚乱期间，一位修道院院长，意大利-诺曼人约翰在返回罗马的途中胜有感触，写信给教皇利奥四世（Leo IX）："意大利人仇恨诺曼人现在已经达到如此严重的地步，以至于任何诺曼人，哪怕是朝圣者，途径意大利城镇时，都会受到攻击、劫持、抢劫和殴打，即使幸运不死于监狱，也会被装进牢笼里"③。

教皇和包括未来教皇格雷戈里七世（Gregory VII）在内的支持者，号召组建军队把诺曼人逐出意大利③。1053年6月18日，汉弗莱统领诺曼各军对抗罗马教皇和神圣罗马帝国的联军，并在齐维塔特（Civitate）战役中，摧毁了教皇军队，生擒教皇利奥四世将其囚禁在已经投降的贝内文托。至1055年底，汉弗莱连续征服了奥里亚（Oria）、纳尔多（Nardò）和莱切（Lecce）。1054年，继承了彼得一世在特拉尼（Trani）职位的彼得二世从拜

---

① Marjorie Chibnall. *The Normans, a European People.* by the European Commission. Blackwell Publishing. 2006：p. 108.

② Marjorie Chibnall. *The Normans, a European People.* by the European Commission. Blackwell Publishing. 2006：p. 109.

③ Ferdinand Chalandon. *Histoire de la domination normande en Italie et en Sicile.* Paris：1907. p. 124.

图 6-3　北方人在梅尔菲建造的石制城堡

The stone castle at Melfi was constructed by the Normans. https://en.wikipedia.org/wiki/Castle_of_Melfi.

占庭手中夺取了该城。汉弗莱死于 1057 年，其职位由其弟吉斯卡尔继承；吉斯卡尔改变了效忠神圣罗马帝国转而接受教皇敕封的公爵[③]。

  同期稍后的另一个诺曼封地是 1049—1098 年的阿韦尔萨领地，由德润高家族统治。1049 年德润高家族的理查德成为阿韦尔萨伯爵领地的统治者并开始实行扩张政策，与诺曼的对手欧特维尔家族展开竞争。起初，理查德向邻近的伦巴第领主加普亚的潘道夫六世、加埃塔的阿特诺夫一世和萨勒诺的吉索尔夫二世（Gisulf II）开战，将一度规模巨大的萨勒诺领地的边界一直推后到仅剩萨勒诺城本身[①]。理查德也尝试通过和平的方式扩大影响力，把自己的女儿嫁给加埃塔的阿特诺夫的长子，但是，在婚前阿特诺夫的长子已死情形下，他仍然从对方父母那里索要伦巴第财产，遭到拒绝后，理查德于 1058 年夺取了阿基诺（Aquino）。阿特诺夫死后，理查德与长子乔丹

---

① Patricia Skinner. *Family Power in Southern Italy: The Duchy of Gaeta and its Neighbours*, 850–1139. Cambridge University Press. 1995：pp. 23, 156.

第六章　维京诺曼文化引领地中海文明商业化和世俗化进程

(Jordan)接管了加埃塔伯爵领地，只是允许阿特诺夫的继承人阿特诺夫二世作为他们的下属实施统治，到 1064 年，则将加埃塔完全并入德润高家族自己的领地，通常任命诺曼人作傀儡伯爵①。

当 1057 年加普亚亲王死后，理查德立即包围了科穆内（Comune）。编年史对此事记录不清。潘道夫死后由其弟兰道夫八世（Landulf VIII）继承亲王位一直到 1062 年 5 月 12 日。理查德和乔丹于 1058 年接过了该领地亲王头衔，但是，很明显兰道夫以下属身份继续统治了四年多时间。1059 年，教皇尼古拉二世（Nicholas II）在梅尔菲召集了一次宗教会议，确认了理查德的阿韦尔萨伯爵和加普亚亲王身份，理查德为此宣誓效忠教皇①。德润高家族随后将加普亚作为统治阿韦尔萨和加埃塔的中心。

理查德和乔丹把加埃塔和加普亚的新领地继续向北扩展到拉丁姆（Latium），进入教皇的直属领地。1066 年理查德向罗马进军，但是被轻易击退了。乔丹作为理查德继承人的职位意味着与教皇的联合，于是征服加普亚停止了。乔丹死于 1090 年，其年幼的儿子理查德二世和摄政者无力统治加普亚，被迫把权力交给伦巴第人兰多（Lando）。兰多的统治受到民众的支持，但是 1098 年诺曼欧特维尔家族联军包围加普亚又迫使兰多交出权力②。伦巴第人在意大利的统治终止了。

第四节　诺曼征服阿布鲁佐、西西里岛、
阿玛尔菲和萨勒诺

1053—1105 年期间，诺曼骑士征服了阿布鲁佐。贝内文托最后一位伦巴第亲王死于 1077 年，次年教皇任命吉斯卡尔继承。1081 年吉斯卡尔却放弃

---

① Robert Bartlett. "The Normans", episode 3, BBC-TV. [2016-03-07]
② Julius Norwich. *The Normans in the South* 1016-1130. Longmans：London, 1967.

了贝内文托。此前诺曼几十年的征服，特别是齐维塔特战役和1078年教皇任命吉斯卡尔之后，领地已经被挤压到仅剩贝内文托城区和郊区了。1080年6月教皇在切普拉诺再度将贝内文托交付吉斯卡尔控制，意在阻止其他诺曼人入侵并将其与吉斯卡尔亲戚已经占据的阿布鲁奇（Abruzzi）地区连成一片。齐维塔特战役之后，诺曼开始征服贝内文托的亚得里亚海沿岸。欧特维尔家族梅尔菲伯爵之弟杰弗里（Geoffrey）征服伦巴第人的拉里诺（Larino）并荡平了那里的城堡。杰弗里之子罗伯特于1061年统一征服地区为罗丽泰罗（Loritello）伯爵领地并继续扩张至伦巴第人的阿布鲁佐（Abruzzo），很快向北延伸至佩斯卡拉（Pescara）和教皇直属地。1078年罗伯特联合加普亚的乔丹掠夺了教皇领地阿布鲁佐，但是此后1080年与教皇格雷戈里七世签订的条约迫使他们尊重教皇领地。1100年罗伯特将领地延伸至福尔特雷（Fortore）河对岸。对莫利塞（Molise）的征服鲜见于文献。博亚诺（Boiano）伯爵领地授予了穆兰的鲁道夫（Rudolf of Moulins）；鲁道夫之孙，休（Hugh）则将其东扩至托罗（Toro）和加尔多（Galdo）的圣乔万尼（San Giovanni）、西向于1150年连接加普亚领地。

从1061年到1091年，诺曼人完成了对西西里岛的征服。西西里岛在831年—1072年期间属于穆斯林酋长国（Emirate），首府位于巴勒莫（Palermo）。从1044年开始，在哈桑（Hasan al-Samsam）酋长治下，西西里在穆斯林政权范围历经一系列内部的动荡纷争，岛屿四分五裂[①]。在此情形下，欧特维尔家族吉斯卡尔与其弟罗杰（Roger Bosso）带领诺曼人实施征服行动。教皇此前已经授予吉斯卡尔"西西里公爵"头衔，鼓励其从萨拉森人手中夺取西西里。1061年5月，吉斯卡尔和罗杰首次侵入西西里，越过卡拉布里亚（Calabria）的雷焦（Reggio），包围了墨西拿（Messina），旨在控

[①] "Brief history of Sicily" （PDF）. Archaeology. Stanford. edu. 24 November 2008. http：//web. stanford. edu/group/mountpolizzo/HandbookTOC. htm. ［2016-03-09］

第六章　维京诺曼文化引领地中海文明商业化和世俗化进程

制战略要冲墨西拿海峡。罗杰越过海峡趁着黑夜突袭了萨拉森军队，当天明吉斯卡尔的部队登陆时，惊恐的萨拉森军队已经弃城而走。吉斯卡尔立即加强城防并与一位酋长联合应对另一位酋长。随后，联军向西西里腹地推进，一路遇到袭扰抵抗，一直抵达位于现在恩纳（Enna）的西西里中部最坚固的城堡。尽管卫戍部队打败了，但是要塞久攻不下，加之冬季将至，吉斯卡尔决定返回阿普利亚。离开之前，他构筑了诺曼在西西里的第一座城堡。

1064年，吉斯卡尔回到西西里，直接向巴勒莫进发。然而，军营了感染了塔兰图拉毒蜘蛛迫使其取消行动。1071年，他第三次攻击巴勒莫，城区虽然攻下了（图6-4），要塞却到1072年1月才攻破[④]。吉斯卡尔培植罗杰为西西里伯爵，从属于自己的阿普利亚公国。西西里岛由该兄弟分治，巴勒莫、墨西拿的一半和大部基督教地区归吉斯卡尔，其他地区包括未征服地区归罗杰。1077年，罗杰包围了西西里岛西部两个萨拉森人的要塞之一特拉帕尼（Trapani），其子乔丹率队突击，震惊了守卫部队。切断粮食供给后，城市很快投降。1079年，围困陶尔米纳（Taormina）后，乔丹等于1081年又以一次出其不意的突袭征服了卡塔尼亚（Catania）。

1082年夏，罗杰离开西西里回到大陆协助其兄，留下其子乔丹负责。然而乔丹很快造反了，罗杰被迫返回西西里镇压其子。1085年，罗杰最后一次承担大规模军事行动。5月22日，罗杰从海上接近锡拉库扎（Syracuse），而乔丹也率骑兵小分队至城北15英里处。5月25日，伯爵的海军联合酋长攻打港口，酋长战死，与此同时，乔丹的部队包围了该城。围困持续了整整一个夏季。1086年3月锡拉库扎城认输之后，萨拉森只统治着诺托（Noto）。1091年2月，诺托也屈服了，诺曼完全征服了西西里岛。1091年，罗杰登上马耳他岛，制服了城墙坚固的姆迪纳（Mdina），随后在岛上征税，只是允许阿拉伯人继续统治而已。1127年，罗杰废除穆斯林政

图 6-4 罗杰一世接受巴勒莫城市钥匙（1071 年）

Roger I receiving the keys of Palermo in 1071, by Giuseppe Patania in 1863. https：//commons.wikimedia.org/wiki/File：RogerReceivingTheKeysOfPalermo.JPG.

府，代之以诺曼官员，但是，仍然尊重阿拉伯风俗习惯①。在诺曼统治下，希腊基督教岛民在穆斯林几个世纪统治下的阿拉伯语变成了马耳他语。

诺曼于 1073 年—1077 年期间还征服了阿玛尔菲（Amalfi）和萨勒诺。吉斯卡尔攻陷阿玛尔菲和萨勒诺受到其妻西切尔盖塔（Sichelgaita）的影响。阿玛尔菲的投降很有可能就是西切尔盖塔出面谈判的结果②；而萨勒诺的陷落则与她不再代表其兄萨勒诺亲王向其夫求情有关。阿玛尔菲人曾试图通过

---

① "Chronological - Historical Table Of Sicily". In Italy Magazine. 7 October 2007. http：//www.initaly.com/regions/sicily/chronol.htm. ［2016-03-09］

② Patricia Skinner. *Family Power in Southern Italy：The Duchy of Gaeta and its Neighbours*, 850-1139. Cambridge University Press. 1995：p.203.

第六章　维京诺曼文化引领地中海文明商业化和世俗化进程

屈从萨勒诺亲王吉索尔夫（Gisulf）以避免诺曼人的统治，但是，两国最终都沦为诺曼人的控制之下。

萨勒诺的吉索尔二世的海盗和劫掠行为刺激了诺曼人，1076年夏季，在加普亚的理查德和吉斯卡尔的带领下，诺曼联军包围了萨勒诺。尽管吉索尔夫命令市民储备了两年的粮食，但是过多的征收致使他的民众挨饿。1076年12月13日，萨勒诺屈服了。吉索尔夫及其随从退入城堡坚守至1077年5月。尽管吉索尔夫的土地和财产被没收了，但是其本人仍然保持自由。萨勒诺领地在此前的战争中已经被压缩到仅剩城区及郊区了。但是，在意大利南部，萨勒诺的地位最为显要，夺取该城是五十年创建王国的基础。

1073年阿玛尔菲的塞尔吉乌斯三世（Sergius III）死亡，继任者约翰三世还是婴儿。同年在动荡的形势下，阿玛尔菲人将年幼的公爵流放迎来了吉斯卡尔[①]。但是，阿玛尔菲在诺曼人的控制下还是不得安宁。吉斯卡尔的继任者罗杰·博尔萨（Roger Borsa）于1089年将市民在教皇支持下安排的被废黜的前萨勒诺亲王吉索尔夫逐出后控制阿玛尔菲[①]。1092—1097年，阿玛尔菲一直没有承认诺曼人的宗主地位，明显是在寻求拜占庭的帮助。马里纳斯（Marinus Sebaste）于1096年被推为统治者。

1097年吉斯卡尔之子与其弟西西里罗杰攻击阿玛尔菲，被击退。围城期间，诺曼人被征召加入第一次十字军东征。1111年，阿玛尔菲的贵族们叛逃到诺曼人一边致使马里纳斯失败。阿玛尔菲1130年在西西里的罗杰二世要求其效忠时，再度反叛。1131年，西西里的阿德米拉尔（Admiral John）从陆上进攻而安提俄克（Antioch）的乔治（George）又在海上封锁的情况下，阿玛尔菲最后被征服。

[①] Patricia Skinner. *Family Power in Southern Italy*：*The Duchy of Gaeta and its Neighbours*，850 - 1139. Cambridge University Press. 1995：p. 202.

第五节　诺曼—拜占庭之战及诺曼征服那不勒斯

在征服意大利南部的过程中，诺曼不可避免地清除拜占庭在意大利半岛的属地。不仅如此，从约 1040 年开始至 1185 年，诺曼还越过亚得里亚海，对拜占庭帝国的核心领地巴尔干半岛进行了一系列入侵活动。尽管诺曼入侵最终失败，但是，整个过程显露出双方的势均力敌。至 13 世纪中期，双方各自与地缘文化的其他冲突转移了各自的注意力。

1060 年吉斯卡尔征服卡拉布里亚的时候，拜占庭还握有阿普利亚沿海的几座城镇，包括巴里的首府。1068 年 10 月，诺曼包围并攻陷了奥特兰托（Otranto）；同年，包围了巴里城。在阿普利亚双方经过一系列战役，巴里城解围无望，于 1071 年投降，结束了拜占庭帝国在意大利南部地区的统治。

随着诺曼在意大利南部征服的步步得手，跨海征服拜占庭帝国的巴尔干半岛已势在必行（图 6-5）。1081 年—1085 年期间，诺曼展开了第一次征服行动。吉斯卡尔父子带领强悍的部队登陆巴尔干，攻克都拉斯（Dyrrhachium）和科孚（Corfu）并包围了拉里萨（Larissa）。拜占庭皇帝阿列克赛一世（Alexios I Comnenus）连败几次无力反击，便以三十六万金币贿赂德意志亨利四世国王袭击意大利的诺曼人，迫使诺曼人于 1083 年和 1084 年回防解决后顾之忧。另外，阿列克赛还颁发诏书给控制加尔加诺（Gargano）半岛的伯爵结成同盟。值 1085 年吉斯卡尔死亡之际，在威尼斯共和国的鼎力相助下，拜占庭才夺回巴尔干半岛上被占领地。

此后，大批诺曼人参加到第一次十字军东征中，斩获颇丰。拜占庭帝国也利用好斗的诺曼人在无数战役中打败塞尔柱王朝土耳其人（Seljuk Turks），攻城略地。1104—1140 年间，诺曼人造反了。安提俄克攻陷后，尽管拜占庭已经建立了统治秩序，诺曼人却拒绝转交。随着拜占庭帝国约翰二

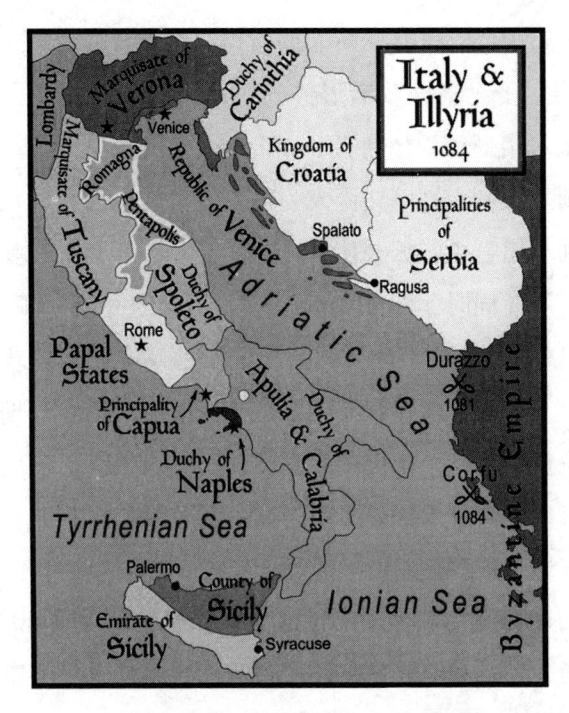

第六章　维京诺曼文化引领地中海文明商业化和世俗化进程

图 6-5　意大利与伊利里亚（1084 年）

Map of Italy and the Illyrian coast in the year 1084, by MapMaster. https：//commons.wikimedia.org/wiki/File：Italy_ and_ Illyria_ 1084_ v2. svg.

世的死亡，安提俄克的诺曼领主再次造反，还攻击塞浦路斯并入侵西里西亚（Cilicia）。拜占庭皇帝曼努埃尔（Manuel Comnenus）很快作出有力回应，于 1145 年迫使安提俄克为帝国提供部队并允许帝国守卫部队驻扎该城，从而保障了北方十字军各国免受土耳其的攻击。

1147—1149 年间，诺曼第二次入侵拜占庭帝国巴尔干半岛。1147 年，拜占庭皇帝曼努埃尔一世面临着西西里罗杰二世发起的战争。罗杰的舰队夺取拜占庭科孚岛后，大肆抢劫底比斯（Thebes）和科林斯（Corinth）。曼努埃尔尽管还受到库曼人（Cuman）攻击巴尔干的分心，仍然征召了德意志康拉德三世（Conrad III）和威尼斯人的帮助,很快率强大的舰队击败罗杰。1148年前后,巴尔干半岛的政治形势分成两派,一派是拜占庭帝国和威尼斯联盟,另一派是诺曼和匈牙利联军。诺曼人处境也危险,因为战场随时可能从巴尔干转到意大利南部。诺曼人为阻止曼努埃尔恢复意大利的计划,塞尔维亚、匈牙利和诺曼人互派公使[1]。1149年,曼努埃尔收复科孚并准备对诺曼发动攻势,与此同时,罗杰二世派安提俄克的乔治率领40艘船的舰队掠夺君士坦丁堡郊区[2]。曼努埃尔此前与康拉德议定同时进攻并瓜分意大利南部和西西里。与德意志保持联盟关系是曼努埃尔此后在位期间的首要外交政策,虽然康拉德死后两个帝国的利益分歧逐渐显露[3]。然而,正当曼努埃尔计划越过亚得里亚海进攻诺曼人的时候,塞尔维亚人反叛了,对拜占庭帝国亚得里亚各基地造成严重威胁[1]。

1154年2月罗杰死后,威廉一世继位,各地反对西西里和阿普利亚新国王叛乱风起云涌、阿普利亚难民在拜占庭帝国的出现,加上康拉德的继任者德皇巴巴罗萨（Frederick Barbarossa）无力处置诺曼人,这些均促使曼努埃尔利用意大利半岛各种不稳定因素实施干预[4]。曼努埃尔于1155年派出两位将军率领部队乘10艘战船,携带大量黄金入侵阿普利亚[5]。进军得到当地心怀不满男爵们的支持,异常顺利。曼努埃尔的远征进展迅速,整个意大利南部揭竿而起,反对西西里王朝和涉世不深的威廉一世[3]。在武力打击和黄金

---

[1] Jr. John Van Antwerp Fine. *The Early Medieval Balkans：A Critical Survey from the Sixth to the Late Twelfth Century*. University of Michigan Press. 1991：p. 237.

[2] Julius Norwich. *A Short History of Byzantium*. Penguin. 1998：pp. 98, 103.

[3] Paul Magdalino. "The Byzantine Empire（1118—1204）". *The New Cambridge Medieval History*. edited by Rosamond McKitterick, Timothy Reuter, Michael K. Jones, Christopher Allmand, David Abulafia, Jonathan Riley-Smith, Paul Fouracre, David Luscombe. Cambridge University Press. 2005：p. 621.

[4] Anne Duggan. "The Pope and the Princes". *Adrian IV, the English Pope*, 1154 – 1159：*Studies and Texts*. edited by Brenda Bolton and Anne J. Duggan. Ashgate Publishing, Ltd. 2003：p. 122.

[5] John Birkenmeier. "The Campaigns of Manuel I Komnenos". *The Development of the Komnenian Army：1081—1180*. Brill Academic Publishers. 2002：p. 114.

第六章　维京诺曼文化引领地中海文明商业化和世俗化进程

诱惑下，无数要塞纷纷投降，拜占庭取得了一连串辉煌的胜利①。

从 1077 年起，诺曼奥特维尔家族用了六十年时间完成对那不勒斯公国的吞并。那不勒斯名义属于拜占庭帝国的领土，此前与阿韦尔萨和加普亚的诺曼人结盟。1074 年夏，加普亚的理查德和吉斯卡尔之间的战火点燃了。那不勒斯的塞尔吉乌斯五世站在吉斯卡尔一边，为其部队提供后勤支持，由此成为理查德的对立面，而理查德得到教皇格雷戈里七世的支持。不久，理查德包围了那不勒斯，各方与教皇谈判后，才解了围。1077 年，理查德又一次包围那不勒斯，吉斯卡尔则从海上实施封锁。1078 年，包围期间，理查德死亡；临死之际，被逐出教会。乔丹继位后，与塞尔吉乌斯公爵达成和平，并暗中疏通教皇，终止围困那不勒斯。1130 年，教皇阿纳克莱图斯二世（Antipope Anacletus II）为西西里国王罗杰二世加冕，并宣布那不勒斯为期王国的封邑。1131 年，罗杰接管阿玛尔菲城防并索要城堡钥匙，遭到拒绝。于是，那不勒斯塞尔吉乌斯七世动用了一个舰队提供帮助，而此时，安提俄克的乔治用大型舰队封锁了那不勒斯港口。塞尔吉乌斯看到阿玛尔菲遭到镇压后，吓得赶紧屈从了罗杰。编年史记载，那不勒斯"自（古）罗马时期以来，从不畏惧武力征服，如今却仅仅因为一纸（阿玛尔菲失守）报告而屈服于罗杰"。1134 年塞尔吉乌斯支持加普亚的罗伯特二世和阿利费（Alife）的冉诺夫二世反叛，但又避免与罗杰之间冲突，在加普亚失陷后又向罗杰表示效忠。1135 年 4 月 24 日，加普亚公爵罗伯特二世亲自指挥一支八千人的比萨舰队增援，停泊在那不勒斯，此后两年成为反叛的中心。1136 年饥荒蔓延之前，塞尔吉乌斯、罗伯特和冉诺夫都被围在那不勒斯。1137 年 10 月 30 日，那不勒斯最后一位公爵死亡，至此，那不勒斯已难以抵挡诺曼的征服。1139 年，罗杰将那不勒斯并入自己的王国。教皇英诺森特二世

---

① Nugent Brooke. "East and West：1155—1198". *A History of Europe, from 911 to 1198*. Routledge. 2004：p. 482.

(Innocent II)、那不勒斯贵族承认罗杰年幼的儿子诺曼奥特维尔家族阿方索（Alfonso）为公爵。

第六节　诺曼西西里王国及其多元文化构成

严格意义上的诺曼西西里王国存在的期限是 1130 年—1198 年之间。尽管诺曼征服西西里基本依靠武力解决，但是吉斯卡尔和罗杰兄弟也通过与穆斯林签订条约获得土地。受制于西西里丘陵地形和军队规模相对较小的困扰，兄弟俩便以保障和平和为其土地、头衔提供保护为条件与疲惫不堪的穆斯林领导人签订条约。征服西西里是教皇授权统一指挥的，其他征服者无法挑战罗杰的权威，罗杰因此得以控制治下的希腊人、阿拉伯人、伦巴第人和诺曼人。西西里很快引入了罗马天主教会；教皇批准罗杰监督教会组织。巴勒莫、锡拉库扎和阿格里真托（Agrigento）分别设有主教教座，巴勒莫主教享有大主教权威。1130 年西西里升为王国之后，西西里成为诺曼人的中心，首都位于巴勒莫。西西里罗杰二世在继承其父罗杰一世的基础上，统一全境，经教皇英诺森特二世同意，于 1130 年圣诞节创建了西西里王国①。

西西里王国包括从穆斯林酋长国的阿拉伯人手中征服过来的马耳他列岛、阿普利亚公国和此前从属于阿普利亚公爵即罗杰二世堂兄威廉二世的西西里伯爵领地，以及包括北非地区在内的其他附属国②。1194 年，神圣罗马皇帝亨利六世代表其妻康士坦丝（Constance）即罗杰二世之女入侵西西里王国，终成气候，王国改换门庭为霍亨斯陶芬王朝（House of Hohenstaufen）。沿着康丝坦斯一脉，诺曼奥特维尔血统传至 1198 年神圣罗马皇帝弗雷德里克二世（Frederick II）和西西里国王。

---

① David Douglas. *The Norman Fate*, 1100-1154. Los Angeles：University of California Press，1976.
② Hubert Houben. *Roger II of Sicily：A Ruler between East and West*. Cambridge University Press. 2002：pp. 7，148.

第六章　维京诺曼文化引领地中海文明商业化和世俗化进程

从1061年诺曼开始征服意大利到1250年前后的近二百年期间，诺曼、阿拉伯和拜占庭文化互相撞击和融合，形成了诺曼-阿拉伯-拜占庭文化[1]，或诺曼-西西里文化[2]，或简单的诺曼-阿拉伯文化[3]，有时也称"诺曼-阿拉伯文明"。基于诺曼人对希腊语民众[4]和穆斯林居民的宽容，文化和科学领域里无数交流得以实现，诺曼统治下的西西里王国便成为诺曼-天主教、拜占庭-东正教和阿拉伯-伊斯兰教等多元文化的交汇之地。

诺曼-阿拉伯-拜占庭文化的发展集中表现为西西里罗杰二世（图6-6）的例证。罗杰朝廷拥有伊斯兰士兵、诗人和科学家[5]。罗杰本人喜好阿拉伯文化、操一口流利的阿拉伯语[6]。他在征战意大利南部的军事行动中使用阿拉伯部队和攻城装置，征召阿拉伯建筑师帮助诺曼人建造诺曼-阿拉伯-拜占庭风格的纪念碑。此前数个世纪内引进西西里的各种农业和工业技术得到继承和发展，显著地促进了岛屿的繁荣[7]。诺曼人统治两个世纪的西西里成为欧洲和阿拉伯半岛推崇的模式和样本[8]。英国历史学家诺维奇（John Julius Norwich）如此评论西西里王国："作为宽容和启蒙的样板，诺曼西西里矗立在欧洲面前——实实在在地矗立在整个狭隘的中世纪面前，教导人们，应该向那些血统和信仰与自己不同的人学习"[9]。

罗杰在位期间，西西里王国日益为多种族构成和不同寻常的宗教宽容所

---

[1] Michael Huxley. "The Geographical magazine", Vol. 34, Geographical Press. 1961：p. 339.
[2] Gordon Brown. "The Norman conquest of Southern Italy and Sicily". McFarland. 2003：p. 199.
[3] Moses Finley. *A History of Sicily*. Chatto & Windus. 1986：pp. 54, 6.
[4] Lynn White, Jr. "The Byzantinization of Sicily", *The American Historical Review*, Vol. 42, No. 1 (1936)：pp. 1-21.
[5] Bernard Lewis. *Les Arabes dans l'histoire*. Flammarion. 1993：p. 147.
[6] Pierre Aubé. *Les empires normands d'Orient*. Editions Perrin. 2006：p. 177.
[7] Pierre Aubé. *Les empires normands d'Orient*. Editions Perrin. 2006：p. 164.
[8] Pierre Aubé. *Les empires normands d'Orient*. Editions Perrin. 2006：p. 171.
[9] History Edition of Best of Sicily Magazine. http：//www.bestofsicily.com/mag/art171.htm.［2016-03-11］

图 6-6 罗杰二世（阿拉伯风格镶嵌画）

Roger II depicted on an Arabic-style mosaic, by Arabischer Maler der Palastkapelle in Palermo in c. 1150. Preserved in the Cappella Palatina.

塑造①。诺曼人、穆斯林阿拉伯人、拜占庭希腊人、伦巴第人和"土著"西西里人奇妙地相处融洽②。一直到 1154 年死亡之前，罗杰二世都在致力于建立一个包含埃及法蒂玛（Fatimid）王朝和黎凡特（Levant）十字军各国在内的帝国。中世纪最杰出的地理学专著之一是安达卢西亚（Andalusia）学者穆罕穆德（Muhammad al-Idrisi）为罗杰二世所写，书名就是《罗杰之书》

---

① L. Mendola and V. Salerno. "Sicilian Peoples：The Normans". http：//www.bestofsicily.com/mag/art171.htm. [2016-03-11]

② "Roger II". Britannica.com. https：//global.britannica.com/biography/Roger-II. [2016-03-11]

第六章　维京诺曼文化引领地中海文明商业化和世俗化进程

(*Kitab Rudjdjar*)①。

尽管西西里朝廷使用一种法语（Langue d'oïl）但是所有王室诏书均使用受众的语言：拉丁语、希腊语、阿拉伯语或希伯来语②。曾用于罗杰二世本人加冕礼及费雷德里克二世加冕礼的王室壁炉架，刻有阿拉伯语铭文，日期用伊斯兰教纪年 528，相当于基督教纪年 1133—1134③。伊斯兰作者们，如阿西尔（Ibn al-Athir）对诺曼国王们的自制非常惊奇："他们［穆斯林］受到仁慈的对待并得到保护，甚至在反对法兰克人［诺曼人时］也是如此。正因为如此，他们才爱戴罗杰国王"③。

以后的诺曼国王持续维护了这种多元文化交流的局面。1184 年西班牙裔阿拉伯地理学家朱拜尔（Ibn Jubair）在朝觐麦加返回途中登上西西里岛见证了威廉二世统治下的文化。朱拜尔受到诺曼天主教徒非常友好的接待，并惊讶地发现，天主教徒居然说阿拉伯语、大部分政府官员仍然是穆斯林、一百三十年前穆斯林统治西西里的遗迹依然保存完整③："国王的态度的确非同寻常。国王对穆斯林的态度全面周到：他为他们提供工作并从中选择官员，为所有人或几乎所有人保守信仰秘密，还能够对伊斯兰信仰保持忠心。国王完全信任穆斯林并依靠他们处理许多事务，包括最重要的事务，连同大监督官的厨子都是穆斯林……。国王管理穆斯林的高官（viziers）和宫廷总管还是太监，政府还有许多官员。国王就是依靠他们处理私人事情"⑤。朱拜尔还提到巴勒莫许多天主教徒穿戴穆斯林服饰、说阿拉伯语，诺曼国王们继续沿用伊斯兰教纪年刻在铸币上，宫廷造册用阿拉伯语书写③。西西里威廉二世说过的一句话被记录在册："你们每个人都应该向自己崇拜的对象祈求并遵从其信仰"④。

---

① Bernard Lewis. *Les Arabes dans l'histoire*. Flammarion. 1993：p. 148.
② Pierre Aubé. *Les empires normands d'Orient*. Editions Perrin. 2006：p. 162.
③ Pierre Aubé. *Les empires normands d'Orient*. Editions Perrin. 2006：p. 168.
④ Pierre Aubé. *Les empires normands d'Orient*. Editions Perrin. 2006：p. 170.

结论和讨论

（一）结论及分析

第一、诺曼武士在意大利半岛及周边的扩张，充分展示了维京文化的张力。维京文化内部，各方仅为一己之利而战，毫无文化凝聚力可言。意大利诺曼雇佣军分散到交战各方，互相敌手，彼此攻伐。意大利雇佣军还遭遇过拜占庭帝国派来增援的维京东支瓦良格卫队并受到重创。

第二、诺曼武士从充当雇佣军到征服意大利南部及周边地区，改变了地中海文明演化的方向：从等级森严的封建统治和教会严密控制走向商业化和世俗化。意大利诺曼雇佣军虽然彼此为各方雇主互相交战，但又暗中媾和，避免任何一方完全获胜，从而维护雇佣军市场的存在。后又反从为主，代替原交战各方雇主成为交战各方的主导力量。获胜后的雇佣军，往往割据称雄，直接替代原有封建领主，再与教皇互相利用，在实际占领之后再接受教皇的正式封号成为伯爵和公爵，然后再以封地为基础，在复杂的地缘关系中，凭借维京武士文化的优势，通过远交近攻、打破均势和利用危机等战略策略，步步征服意大利南方的各个封邑领地。更匪夷所思的是，已经皈依天主教多年的诺曼人居然在条件还不成熟的情况下，不仅征服了教皇身边的那不勒斯，还直接侵入教皇直属领地与教皇-神圣罗马帝国联军直接对抗并处于攻势地位。商业化和世俗化引领了诺曼人在意大利半岛及周边地区的全部行动。

第三、诺曼武士引领多元文化碰撞的地中海文明走向文化宽容。诺曼将其占领的意大利南部地区合并为西西里王国并得到教皇的批准后，西西里国王准备继续其征服活动，扩张至拜占庭帝国的巴尔干半岛、小亚细亚的十字

第六章　维京诺曼文化引领地中海文明商业化和世俗化进程

军各国和北非的埃及，构建一个跨越欧、亚、非的地中海帝国。与此同时，着力经营实际上独立的殖民地西西里王国。在西西里王国，天主教、东正教、伊斯兰教和犹太教均能各得其所，和谐相处，这在欧洲中世纪基督教世界是绝无仅有的。西西里王国内，各种宗教、科学、技术和文化互相激荡，绝不排斥，表现为建筑、艺术、语言、服饰和习俗的互相借鉴融合，形成了移民文化主导的开放、多元、积极、发展的诺曼西西里文化实体。

（二）进一步讨论

第一、维京扩张时期，诺曼人在意大利半岛和地中海一带的雇佣军、殖民等活动，是否与其他维京各支一道冲击了原有教会统治和封建统治的现实基础从而开启了欧洲13世纪至18世纪漫长的商业革命？

第二、维京扩张时期，诺曼人在古希腊罗马文明中心的商业活动极大地冲击了原有封建统治秩序和宗教统治秩序，商业化和世俗化趋势渐趋明朗，同时，在多元文化汇集的西西里王国实施宽容政策。这些是否构成了后来意大利文艺复兴思想的现实基础？

第三、维京扩张时期，地中海地区属于基督教与天主教严重冲突的地带、又属于基督教内部天主教和东正教严重冲突的地区，诺曼人在地中海的活动重视世俗生活而轻视宗教虔诚、重视商业利益而轻视封建依附关系，同时在各种宗教和文化汇集之地实行宗教宽容和文化宽容政策，是否在中世纪欧洲的社会实践中开启了宗教自由思想的先河？

第七章　维京扩张与德意志民族国家原型生成机制

前维京时代，从维京出发地斯堪的纳维亚及邻近地区分四个批次跨越北海移居北欧大陆的移民构成日耳曼各部落。日耳曼各部落所在地区于前1世纪遭到强势罗马帝国的侵袭后成为罗马帝国的边界地区。9年，日耳曼武士战胜罗马帝国三个军团，稳定了边界，大体划出了现代四国即德意志、荷兰、卢森堡和比利时的疆界范围。3世纪至6世纪欧亚大迁徙时期，日耳曼地区成为罗马帝国与各"蛮族"角逐以及各"蛮族"互相角逐的风暴中心之一。在罗马帝国衰落之际，日耳曼各部落乘势扩张，进入罗马帝国境内定居，形成以部落聚居地为中心的独立部落公国和边境侯国。5世纪以后，日耳曼一族法兰克在混战中崛起，征服日耳曼各支，建立法兰克王国，实际上取代西罗马帝国建立起法兰克帝国。维京扩张初期，法兰克帝国在取得基督教会认可后已经构建起松散的"神圣罗马帝国"。整个维京扩张时期，神圣罗马帝国阻挡了同出一源的维京武士向欧洲大陆腹地扩张，迫使维京武士只能沿水路在欧洲边缘地带沿海、沿江扩张。后维京时代，维京各变异体与神

第七章　维京扩张与德意志民族国家原型生成机制

圣罗马帝国既彼此博弈制衡又共同抵抗伊斯兰教和蒙古帝国向欧洲腹地扩张。基督教几次分裂后，在日耳曼文化特有的张力作用下，松散的日耳曼文化圈内部四分五裂、彼此混战。17世纪"三十年战争"后，《威斯特法利亚和约》依据实力和制衡原则划分各公国和自治共和国边界，神圣罗马帝国名存实亡，现代德意志民族国家以分裂的、不同性质和不同名义的政治实体为存在方式，如普鲁士、巴伐利亚和萨克森。19世纪初，在各强势维京文化变异体逼迫下和全球文化生态变动中，历经数次剧烈震荡，神圣罗马帝国体系最终崩溃。

第一节　日耳曼扩张与维京扩张同出一源

日耳曼族群，古文献又称条顿人、苏维汇人或哥特人，属北欧印欧语系的一支语族[1]。凭借使用日耳曼语族，日耳曼的文化身份得以认同，而日耳曼语族又由前罗马铁器时代原始日耳曼语分化而来[2]。考古和语言证据表明，北欧青铜器时代（Nordic Bronze Age）一种共同的物质文化已经存在于斯堪的纳维亚南部地区和今德国汉堡地区的日耳曼各部落之中[3]。前850年—前760年斯堪的纳维亚的气候变化和约前650年更急速的气候恶化引发了日耳曼各部迁往今德国东部海岸、甚至更进一步抵达维斯瓦河一带[4]。

与后世维京出发地大体一致，当时的欧洲最北端，即今欧洲平原丹麦部分和斯堪的纳维亚南部，最可能是日耳曼人的发祥地。该地区自新石器时期

---

[1] Carl Waldman and Catherine Mason. *Encyclopedia of European Peoples*. New York：Facts on File. 2006：p. 296.

[2] "Germanic Peoples". Encyclopedia Britannica Online. [2016-07-04]

[3] Hermann Kinder and Werner Hilgemann. *The Penguin Atlas of World History* (vol 1). Harmondsworth：Penguin Books. 2004：p. 109.

[4] "The Order of The Teutonic Knights of St. Mary's Hospital in Jerusalem, 1190-2012". *The Imperial Teutonic Order*. http：//www.imperialteutonicorder.com/id43.html. [2016-07-04]

人类刚开始通过从事农耕和饲养动物从而控制环境以来一直保持着"持续稳定"①。考古提供的证据显示,早在前 750 年日耳曼人在文化上就趋于更加统一②。随着人口增长,由于原住地土壤衰竭,日耳曼人向西迁移到海岸容易遭受水灾的平原上③。前 2 世纪,日耳曼部落扩张至邻近地区的易北河和奥得河一带④。

约前 250 年,又一轮扩张向南深入中欧腹地,由此出现了日耳曼五大群体。五大群体的方言彼此存在明显差异:斯堪的纳维亚南部的北日耳曼语支;西北欧日德兰半岛沿北海地区的北海日耳曼语支;沿莱茵河中段和威悉河一带的莱茵-威悉日耳曼语支;直接居住在易北河中段部落使用的易北日耳曼语支;还有在奥得河中段与维斯瓦河之间的东日耳曼语支⑤。

通过词源研究和考古发现,现有日耳曼部落的活动主要是与罗马帝国的互动⑥。与八百多年以后维京扩张主要沿水路从欧洲边缘南下不同,前 1 世纪前后,日耳曼各部落从其故土斯堪的纳维亚南部和现在的德国北部向南、东和西扩张(图 7-1)⑦,直接向欧洲大陆的腹地推进,在中欧和东欧与高

---

① Carl Waldman and Catherine Mason. *Encyclopedia of European Peoples*. New York: Facts on File. 2006: pp. 296-297.
② "The Order of The Teutonic Knights of St. Mary's Hospital in Jerusalem, 1190-2012". *The Imperial Teutonic Order*. http://www.imperialteutonicorder.com/id43.html. [2016-07-04]
③ Leo Verhart. Op Zoek naar de Kelten, Nieuwe archeologische ontdekkingen tussen Noordzee en Rijn. Utrecht: Matrijs. 2006: pp. 81-82.
④ J. B. Bury. *The Invasion of Europe by the Barbarians*. New York: W. W. Norton & Company. 2000: p. 5.
⑤ *The New Encyclopedia Britannica*, 15th edition, 22: pp. 641-642.
⑥ Jill Claster. *Medieval Experience*: 300-1400. New York University Press. 1982: p. 35.
⑦ Axel Kristinsson. "Germanic expansion and the fall of Rome". *Expansions: Competition and Conquest in Europe Since the Bronze Age*. Reykjavík: Reykjavíkur Akademían. 2010: p. 147.

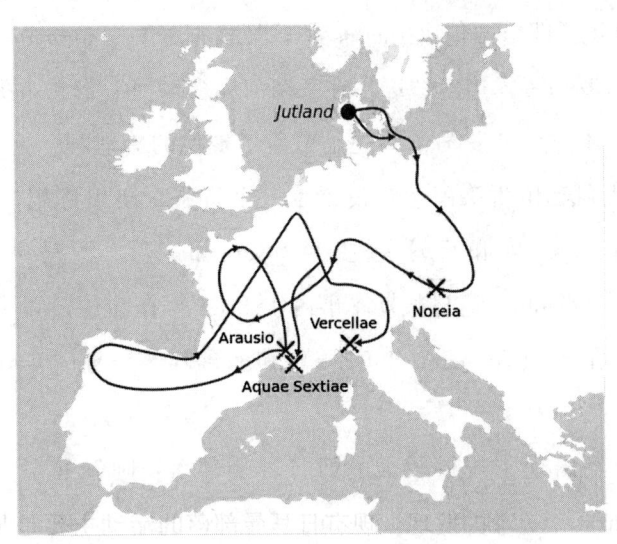

第七章　维京扩张与德意志民族国家原型生成机制

卢凯尔特部落接触，还与伊朗文化①、波罗的文化②和斯拉夫文化③碰撞。

图7-1　辛布里人和条顿人的迁徙及其与罗马人的战争

Migrations of the Cimbri and the Teutons (late 2nd century BCE) and their war with Rome (113 – 101 BCE), by Pethrus, 8 April 2009

1世纪早期，罗马军团在多瑙河上游和莱茵河以东发动了一系列攻势行动，旨在开疆拓土并缩短边境线。罗马帝国征服了切鲁西（Cherusci）等几个日耳曼部落。这些部落因而熟知罗马军队的战术。9年，切鲁西酋长阿米尼乌斯（Arminius）率部在条顿堡林山（Teutoburg Forest）大败罗马三个军

---

① Dennis Green. "Linguistic evidence for the early migrations of the Goths". In Heather, Peter. *The Visigoths from the Migration Period to the Seventh Century: An Ethnographic Perspective.* Studies in historical archaeoethnology (revised ed.). Boydell & Brewer Ltd. 2003: p. 29.

② Benjamin Fortson. *Indo-European Language and Culture: An Introduction.* Blackwell Textbooks in Linguistics. 30 (2 ed.). John Wiley & Sons. 2011: p. 433.

③ Dennis Green. *Language and History in the Early Germanic World* (revised ed.). Cambridge University Press. 2000: pp. 172–173.

团。此役终止了罗马军队在日耳曼地区的推进①，也标志着德国信史的开端②。至 100 年，即塔西佗（Tacitus）《日耳曼尼亚》（Germania）时期，日耳曼各部落沿罗马帝国边境线居住在莱茵河和多瑙河一带，占据了现今德国的大部地区。不过后来罗马帝国还是覆盖了现代的奥地利、德国的巴登-符腾堡、南巴伐利亚和西莱茵兰，设置了三个行省，诺里库姆（Noricum）③、拉埃提亚（Raetia）④ 和日耳曼尼亚（Germania）⑤。罗马皇帝奥古斯都（Augustus）在位期间，通过长期军事占领于 85 年在西德设置了两个罗马行省，下日耳曼尼亚（Germania Inferior）和上日耳曼尼亚（Germania Superior）⑥。

3 世纪已经出现了规模较大的西日耳曼部落：阿勒曼尼（Alamanni）、法兰克（Franks）、巴伐利（Bavarii）、卡蒂（Chatti）、萨克森（Saxons）、弗里斯（Frisii）、斯坎姆布利（Sicambri）和图林根（Thuringii）。260 年左右，日耳曼人冲破罗马帝国边界进入罗马控制区⑦。操德语的七大部落向西移民并见证了罗马帝国的衰落和西罗马帝国的形成：西哥特（Visigoths）、东哥特（Ostrogoths）、汪达尔（Vandals）、勃艮第（Burgundians）、伦巴第

---

① Fergus Bordewich, "The Ambush That Changed History: An amateur archaeologist discovers the field where wily Germanic warriors halted the spread of the Roman Empire". *Smithsonian*, September 2005.

② Steven Ozment. *A Mighty Fortress*: *A New History of the German people*. Harper Perennial. 2004: pp. 2-21.

③ Paula Sutter Fichtner. *Historical Dictionary of Austria*. Historical Dictionaries of Europe. 70 (2 ed.). Scarecrow Press. 2009: p. xlviii.

④ *The Journal of the Anthropological Society of Bombay*. Anthropological Society of Bombay. 10: 647. 1917. https://books.google.com/books?id=2hg7AQAAMAAJ. [2016-07-03]

⑤ Carlos Ramirez-Faria. "Germany". *Concise Encyclopedia Of World History*. Atlantic Publishers. 2007: p. 267.

⑥ C. Rüger. "Germany". In Alan K. Bowman; Edward Champlin; Andrew Lintott. *The Cambridge Ancient History*: X, *The Augustan Empire*, 43 B.C.-A.D. 69. 10 (2nd ed.). Cambridge University Press. 2004 (1996): pp. 527-528.

⑦ Alan Bowman; Peter Garnsey; Averil Cameron. *The crisis of empire*, A.D. 193-337. The Cambridge Ancient History. 12. Cambridge University Press. 2005: p. 442.

(Lombards)、萨克森和法兰克①。

基督教在罗马时期已传播到今西德地区,康斯坦丁一世(Constantine I)在位期间在特里尔(Trier)建造了帕拉蒂娜教堂(Aula Palatina)。4 世纪末,匈奴(Huns)侵入现在的德国地区,拉开了欧亚大迁徙(Migration Period)的序幕。匈奴对日耳曼的霸主地位一直持续到 469 年匈奴王阿提拉(Attila)的儿子丹克兹克(Dengizich)死亡为止②。

5 世纪,日耳曼迁徙(*Völkerwanderung*)将大批"蛮族"部落带入正在衰落中的罗马帝国。最先成为独立公国(Stem duchy)即部落公国有阿拉曼尼、图林根、萨克森、法兰克、勃艮第和鲁吉(Rugii)③。与此后的公国相比,这些部落公国没有明确的行政管理边界线,只有主要部落大致的居住区。经过几个世纪的征战、迁移和合并,最终法兰克人征服了日耳曼地区所有部落④。但是,少数几个独立公国的残留地区至今依然存在,成为现代西欧的政治实体或地区,如德国的巴伐利亚州和萨克森州,德国的斯瓦比亚地区、法国的勃艮第或弗朗什-孔泰(Franche-Comté)大区和洛林大区⑤。日耳曼地区这些独立的部落公国,源于特定的部落聚居区。至 9 世纪中期,西部公国如巴伐利亚、斯瓦比亚、法兰克利亚(Franconia)和图林根成为东法兰克王国一部分⑥,更西部的公国如勃艮第和洛林则归入中法兰克王国⑦。日耳曼东部地区,连续继任的统治者建立了一连串的边境侯国(border

---

① Peter Heather. *Empires and Barbarians*: *The Fall of Rome and the Birth of Europe*. Oxford University Press. 2010.

② Peter Heather. *The Fall of the Roman Empire*: *A New History of Rome and the Barbarians*(reprint ed.). New York: Oxford University Press. 2006: p. 349.

③ "Germany". Encyclopædia Britannica Online. Encyclopædia Britannica Inc. 2012. [2016-07-03]

④ Walter Goffart. *The narrators of barbarian history*(A. D. 550 – 800): *Jordanes, Gregory of Tours, Bede, and Paul the Deacon*. Princeton University Press. 1988.

⑤ "Germany, the Stem Duchies & Marches". Friesian. com. 1945-02-13. [2016-07-03]

⑥ Jim Bradbury. *The Routledge Companion to Medieval Warfare*. Routledge Companions to History. Routledge. 2004: p. 158.

⑦ John Rodes. *Germany*: *a history*. Holt, Rinehart and Winston. 1964: p. 3.

county, march）。靠近北方，这些侯国包括卢萨蒂亚（Lusatia）、北国（North March，该国后成为勃兰登堡及更后普鲁士的核心地区）和比隆国（Billung March）；而靠近南方，侯国包括卡尔尼奥拉（Carniola）、施第里尔（Styria）和奥地利（March of Austria，后成为现今的奥地利）①。

第二节　日耳曼扩张止于维京扩张

西元第一个千年后半期，日耳曼各部落的基督教化和稳定的日耳曼各王国取代部落结构标志着欧洲从大迁徙时期向中世纪的转变。500年，日耳曼征服者进入罗马城，东哥特西奥多里克（Theodoric the Great）的王位得到教皇的认可，尽管西奥多里克信奉阿里乌斯教（Arianism），而该教在325年的尼西亚会议上（Council of Nicaea）受过谴责②。西奥多里克的日耳曼部属和来自罗马天主教的管理者合作为其服务，建立一整套法律和条例体系，促进了哥特各部族融入迅速崛起的帝国之中，据此巩固了无意间确立的罗马身份——无论是罗马帝国还是罗马文化的身份③。罗马帝国奠定的基础能够让日耳曼各王国的继任者们保持类似的结构，日耳曼各王国的成功因此被视为罗马胜利的接续④。

5世纪西罗马帝国衰落后，日耳曼法兰克梅罗文加（Merovingian）王朝的国王们通过征服邻近的部落尤其是日耳曼部落建立了自己的帝国。486年法兰克的梅罗文加王朝征服北高卢。496年，斯瓦比亚在托比亚克

---

① "Germany, the Stem Duchies & Marches". Friesian.com. 1945-02-13. ［2016-07-03］

② Peter Heather. *The Restoration of Rome: Barbarian Popes and Imperial Pretenders*. Oxford and New York: Oxford University Press. 2014: pp. 58-59.

③ Peter Heather. *The Restoration of Rome: Barbarian Popes and Imperial Pretenders*. Oxford and New York: Oxford University Press. 2014: pp. 61-68.

④ Walter Pohl. "The Barbarian Successor States". In Leslie Webster; Michelle Brown, eds. *The Transformation of the Roman World, AD 400-900*. London: British Museum Press. 1997: p. 33.

(Tolbiac）战役后成为法兰克帝国的一个公国；530 年，萨克森和法兰克摧毁了图林根王国。克洛泰尔国王（Chlothar I）统治了如今德国的大部地区并远征萨克森，而现在德国东南地区仍然由东哥特统治。萨克森则退居温斯特鲁特（Unstrut）河地区[1]。梅罗文加王朝将法兰克帝国的不同地区置于半自治公爵的统治之下，这些公爵王往往是法兰克人或是当地统治者[2]。法兰克殖民者通常也迁居新征服地区[3]。在允许保留已有法律的同时[4]，这些日耳曼当地部落却面临着放弃本土阿里乌斯教（Arian）转而信奉基督教的压力[5]。后归入现代德国一部分的领土当时属于奥斯达拉西亚（Austrasia），意为东土，位于梅罗文加王朝法兰克王国的东北部。奥斯达拉西亚总体上覆盖了现今法兰西、德意志、比利时、卢森堡和荷兰等国。511 年，法兰克国王克洛维斯一世（Clovis I）死后，四个儿子瓜分了包括奥斯达拉西亚在内法兰克王国。后世的法兰克疆土在梅罗文加王朝的继任国王们统治下时分时合，奥斯达拉西亚也随之或独立或臣服[6]。

日耳曼在欧洲大陆上的扩张见证了梅罗文加王朝克洛维斯一世统治时期法兰克的崛起（图 7-2）。克洛维斯一世通过皈依基督教从而与高卢-罗马人（Gallo-Romans）结盟控制了大多数高卢人。梅罗文加王朝受到东哥特西奥多里克大帝制约后仍然是西欧最具实力的王国，通过与罗马人联姻进行融

---

[1] Edward James. *The Franks*. Basil Blackwell. 1991.

[2] Raymond Van Dam. "8: Merovingian Gaul and the Frankish conquests". In Fouracre, Paul. *The New Cambridge Medieval History*. 1, C. 500–c. 700. Cambridge University Press. 1995: p. 222.

[3] Folke Damminger. "Dwellings, Settlements and Settlement Patterns in Merovingian Southwest Germany and adjacent areas". In Wood, Ian. *Franks and Alamanni in the Merovingian Period: An Ethnographic Perspective*. Studies in historical archaeoethnology (revised ed.). Boydell & Brewer Ltd. 2003: p. 74.

[4] Katherine Fischer Drew. *The Laws of the Salian Franks*. The Middle Ages Series. University of Pennsylvania Press. 2011: pp. 8-9.

[5] Yitzhak Hen. *Culture and Religion in Merovingian Gaul: A. D.* 481-751. Cultures, Beliefs and Traditions; Medieval and Early Modern Peoples Series. 1. Brill. 1995: p. 17.

[6] William Kibler, ed. *Medieval France: An Encyclopedia*. Garland encyclopedias of the Middle Ages. 2. Psychology Press. 1995: p. 1159.

合，法兰克人在言语方式上更像是一个"欧洲民族"（"European people"）而少了几分日耳曼部落风格[1]。作为意大利的组成部分，梅罗文加王朝控制着大多数高卢人，而意大利的宗主地位还延伸到德意志（Germany），统治着图林根人、阿拉曼尼人和巴伐利亚人[2]。有证据表明，这种霸主地位甚至有可能覆盖英格兰西南部[3]。法国历史学家格雷戈里（Gregory）认为，克洛维斯皈依基督教部分原因是其妻的催促，更大的原因出自在几场战斗中高呼上帝（Christ）而获胜。格雷戈里还认为，克洛维斯皈依基督教是真诚的，但是也证实这种皈依是政治策略，克洛维斯将军队基督教化作为巩固其政治权力的一种手段[4]。与日耳曼传统不同，克洛维斯的四个儿子在不同的城市试图巩固各自权力，但是，战场上的失利和彼此明争暗斗导致西哥特重新回到选举领导人的传统方式上[5]。

718年，法兰克宫廷总管马特（Charles Martel）发起针对萨克森的战争，因其帮助纽斯特里亚（Neustria）意为新土即西土，与东土奥斯达拉西亚相对。其子卡洛曼（Carloman）于743年又对萨克森发动了一场战争，因其援助巴伐利亚的公爵奥迪罗（Odilo）[6]。751年，梅罗文加宫廷总管皮平三世（Pippin III）自立为王得到教会认可。查理大帝（Charles the Great）发动了持续数十年之久的军事行动，打击法兰克内部的黑森教徒（即异教徒，指非基督教徒），萨克森和阿瓦尔。战争和萨克森的反抗从772年延续到804年，

---

[1] Martin Kitchen. *The Cambridge Illustrated History of Germany*. New York and London：Cambridge University Press. 1996：p. 20.

[2] Susan Bauer. *The History of the Medieval World：From the Conversion of Constantine to the First Crusade*. New York：W. W. Norton & Company. 2010：p. 172.

[3] Edward James. "The Northern World in the Dark Ages, 400-900". In George Holmes, ed. *The Oxford History of Medieval Europe*. New York：Oxford University Press. 1995：pp. 66-67.

[4] Susan Bauer. *The History of the Medieval World：From the Conversion of Constantine to the First Crusade*. New York：W. W. Norton & Company. 2010：p. 173.

[5] Susan Bauer. *The History of the Medieval World：From the Conversion of Constantine to the First Crusade*. New York：W. W. Norton & Company. 2010：pp. 178-179.

[6] Paul Fouracre. *The Age of Charles Martel*. Harlow, Essex：Pearson Education Ltd. 2000.

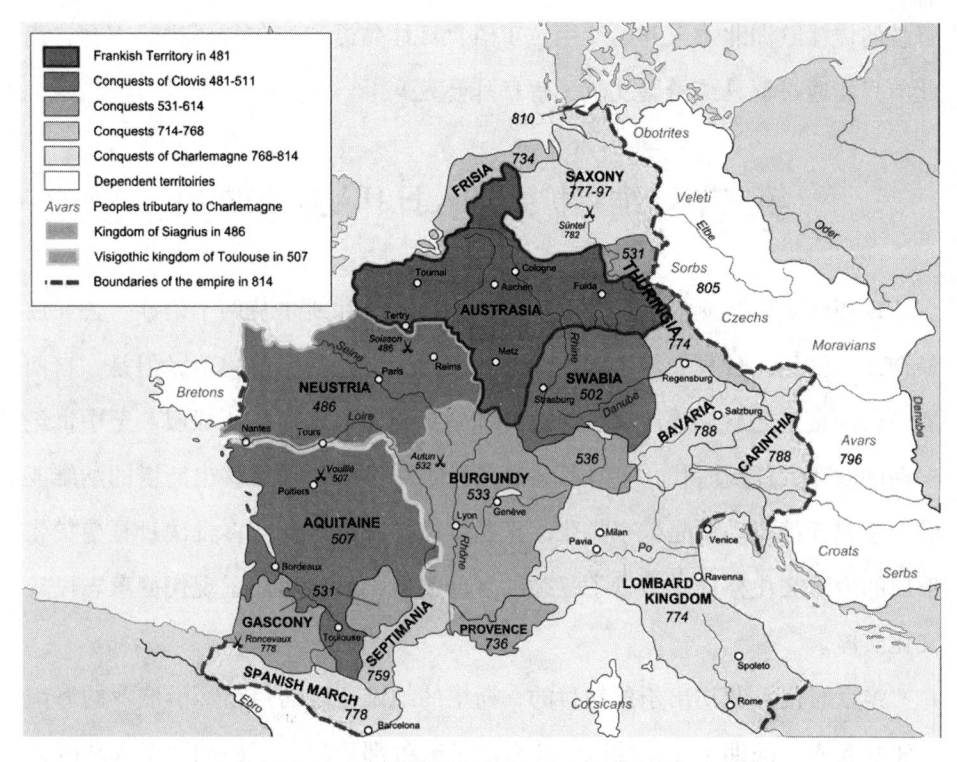

图 7-2　法兰克帝国的崛起（491 年–814 年）

Map of the rise of Frankish Empire, from 481 to 814, by Shepherd, William.

Based on *Historical Atlas*. New York: Henry Holt and Company, 1911

以法兰克征服萨克森和阿瓦尔告终，后者被迫皈依基督教，其邻近土地也被并入卡洛琳（Carolingian）帝国[1]。

800 年圣诞节教皇利奥三世（Leo III）为查理曼即皇帝位举行加冕礼代表了欧洲权力结构由南方转向北方。法兰克的权力最终奠定了现代法兰西和德意志作为民族国家的基础[2]。查理曼出现在欧洲编年史上也标志着由于基

---

[1] Rosamond McKitterick. *Charlemagne*: *The Formation of a European Identity*. Cambridge University-Press: 2008.

[2] J. B. Bury. *The Invasion of Europe by the Barbarians*. New York: W. W. Norton & Company. 2000: p. 239.

督教的传播欧洲北方人开始使用拉丁语、日耳曼语和凯尔特语进行书写，而此前只能通过罗马或希腊文献了解日耳曼人①。

第三节　维京扩张进入日耳曼扩张圈内

现德国领域公元前最后几个世纪分为日耳曼和凯尔特两个语族。公元后最初几个世纪，日耳曼聚居区的南部处于拉丁文化的影响之下，但是，自西罗马帝国衰落之后，该地区迅速被日耳曼部族如阿勒曼尼所征服。至中世纪早期的欧亚大迁徙时代，日耳曼各部落已定居下来。最后移出斯堪的纳维亚的一系列迁徙行动就是维京扩张。正是维京扩张进入此前多批次日耳曼扩张形成地缘文化格局，引发了复杂的互动关系，最终形成了现代德意志民族文化实体。

维京时代，起初出于贸易目的，斯堪的纳维亚定居点已经沿波罗的海南岸建立起来。同期定居该地区的还有斯拉夫各部落。斯堪的纳维亚人从刚开始移民到此就已经与斯拉夫人进行接触，此后不久，斯堪的纳维亚人在附近建立了商业中心而斯拉夫人则构筑了城镇②。斯堪的纳维亚定居点比斯拉夫人早期定居点要大，而且斯堪的纳维亚人还擅长航海③。不管怎样，斯堪的纳维亚人与斯拉夫人之间的贸易仅限于沿海及辐射地区④。

位于梅克伦堡（Mecklenburg）沿海的斯堪的纳维亚居民点包括维斯马

---

① Edward James. "The Northern World in the Dark Ages, 400-900". In George Holmes, ed. *The Oxford History of Medieval Europe*. New York: Oxford University Press. 1995: p. 60.

② Ole Harck; Christian Lübke. *Zwischen Reric und Bornhöved: Die Beziehungen zwischen den Dänen und ihren slawischen Nachbarn vom 9. Bis ins 13. International Conference*, Leipzig, 4-6 December 1997, Franz Steiner Verlag. Harck, 2001: p. 17.

③ Ole Harck; Christian Lübke. 2001: p. 15.

④ Ole Harck; Christian Lübke. 2001: p. 15.

(Wismar）湾东海岸的雷里克（Reric）[1]和罗斯托克（Rostock）附近的第尔蔻（Dierkow）[2]。雷里克约于700年建立，但是此后奥博德里人（Obodrite）和丹麦人之间战争迫使斯堪的纳维亚商人们重回海特哈布（Haithabu）居住[3]。第尔蔻则于8世纪后期至9世纪初期繁华一时[4]。

位于波美拉尼亚（Pomerania）沿海的斯堪的纳维亚居民点包括沃琳（Wolin）岛上的沃琳、吕根（Rügen）岛上的拉尔斯维克（Ralswiek）、佩讷（Peene）河下游的门子林（Altes Lager Menzlin）[5]和现在科沃布热格（Kolobrzeg）附近的巴尔迪-斯伟卢比（Bardy-Swielubie）[6]。门子林建于8世纪中期[7]。沃琳和拉尔斯维克于整个9世纪繁荣不衰[8]。阿克那（Arkona）附近也有过商人居住点，但是缺少考古证据[9]。门子林和巴尔迪-斯伟卢比从9世纪后期开始沉寂[10]。拉尔斯维克则进入新千年，但是，据编年史记载，至12世纪该居民点已失去其重要性[11]。沃琳，即传奇中维耐塔（Vineta）和半传奇中的焦穆斯堡（Jomsborg），是焦穆斯维京人（Jomsvikings）的基地，被丹麦人毁于12世纪。

焦穆斯维京是10世纪和11世纪维京雇佣军或盗匪带有半传奇色彩的社团。成员均是忠实的异教徒，信奉奥丁和托尔等神祇。据传该团为任何提供大量费用的雇主作战，包括偶尔也为基督教统治者而战。虽为异教，该团的组织建制一定程度上与中世纪后期的基督教骑士会（Knightly Orders）有一

---

[1] Ole Harck；Christian Lübke. 2001：p. 16-17.
[2] Ole Harck；Christian Lübke. 2001：p. 15.
[3] Ole Harck；Christian Lübke. 2001：p. 18.
[4] Ole Harck；Christian Lübke. 2001：p. 15.
[5] Joachim Herrmann. *Die Slawen in Deutschland*. Akademie-Verlag Berlin；1985. pp. 237, 244.
[6] Ole Harck；Christian Lübke. 2001：p. 15-16.
[7] Ole Harck；Christian Lübke. 2001：p. 12.
[8] Ole Harck；Christian Lübke. 2001：p. 18.
[9] Ole Harck；Christian Lübke. 2001：p. 13.
[10] Ole Harck；Christian Lübke. 2001：p. 16.
[11] Ole Harck；Christian Lübke. 2001：p. 18.

致之处①。焦穆斯维京传说首次出现在12和13世纪的《冰岛传奇》（Icelandic sagas）中。据《北方传奇》（Norse sagas），焦穆斯维京人的大本营焦穆斯堡位于波罗的海南岸，确切地址仍有争议。多数学者认为位于西尔伯伯格（Silberberg）山上，今波兰境内沃琳岛沃琳城以北。尽管资料稀缺，但是当代尚存三块如尼石刻（runestone）。焦穆斯维京人的战斗情景也出现在北方古诗中。

据《焦穆斯维京传奇》（Saga of the Jomsvikings）描述，进入焦穆斯维京社团须经严格遴选，年龄在18~50岁之间可证明勇气非凡是必备条件。为获得许可，候选者一般通过与一名焦穆斯维京人的一套格斗联赛，以证明武功和力量。一旦获得认可，新入选者须严格遵守规范以慢慢适应森严的军事纪律，违者即刻逐出。每个焦穆斯维京人必须保卫兄弟成员，必要时为其复仇。成员之间不得诋毁也不得争吵，有血仇由长官调解。面对力量相当或弱敌不得怯战、不得逃跑，尽管面对强敌可以有秩序地撤退。所有战利品均分。未经许可不得离开大本营三天。妇女儿童不得进入要塞；不得被俘。

焦穆斯维京的规模也有不同说法。据多种资料，焦穆斯堡的港口约有30~300只船。有史学家认为，焦穆斯堡主要是市场中心，由丹麦驻防②。984年或985年，一场叔侄武力争夺瑞典王位的战争摧毁了焦穆斯维京。史诗将焦穆斯维京人的失败归结于瑞典国王与主神奥丁之间的一个契约。三块如尼石刻颂扬了三位勇敢的战士，可能就是三位战死的焦穆斯维京人。这场战争也在冰岛诗歌中得到描述，不过描述人是参战的另一方。《焦穆斯传奇》叙述了986年焦穆斯维京人攻打挪威再遭败绩，并简略解释了战后情况，指出：此战失败便是焦穆斯维京人终结的开始。两场致命大战后，焦穆斯维京元气大伤，但是，挪威国王奥拉夫传奇记述了1000年焦穆斯维京人参与了

---

① Lee M. Hollander. *The Saga of the Jomsvikings*. University of Texas Press. 1989.
② Gwyn Jones. *A History of the Vikings*. Oxford University Press. 1973：p. 127.

废黜奥拉夫王位的战斗而且发挥了决定性的作用。战后丹麦国王斯文一世（Sweyn Forkbeard）取得挪威王位。据称，斯文一世和其父丹麦老国王蓝牙（Harald Bluetooth）已于 965 年接受了基督教洗礼①。

还有记述称，1009 年焦穆斯维京劫掠了东英格兰；11 世纪初期，偷袭了斯堪的纳维亚多处地区。1013 年，焦穆斯维京代表斯文一世国王参加了针对英格兰的战争，但是旋即改变了立场，可能是出于获取丹麦金的策略。与此同时，大批维京部队将埃塞烈德二世（Ethelred the Unready）驱逐到诺曼底。焦穆斯维京的衰退又持续了几十年。据《挪威王列传》（Heimskringla）记载，挪威国王马格纳斯一世决意消除焦穆斯维京的威胁。为了巩固他所控制的丹麦，1043 年马格纳斯一世洗劫了焦穆斯堡，摧毁了要塞，杀死了许多居民②。

梅克伦堡沿海河流和波美拉尼亚内地发现 8 世纪和 9 世纪斯堪的纳维亚箭头表明，期间斯堪的纳维亚人和斯拉夫人之间曾有过战事③。无论如何，维京扩张并没有在此前日耳曼扩张的现德国地区立住脚跟，维京文化与德意志民族国家的形成关系主要地是通过维京各变异体与德意志原型之间在复杂的地缘文化生态中产生交互作用而产生的。

第四节 维京在日耳曼神圣罗马帝国边缘的扩张

无论如何，维京在日耳曼已经扩张并站稳脚跟的欧洲大陆腹地的扩张并不成功，由此形成了先期日耳曼在欧洲大陆腹地建立并巩固神圣罗马帝国以

---

① Svend Ellehøj. "Olav Tryggvesons fald og Venderne". Historisk Tidsskrift. https：//tidsskrift.dk/index.php/historisktidsskrift/article/view/31101/59930.［2016-11-17］.

② Snorri Sturluson. "Saga Of Magnus The Good". Heimskringla, The Chronicle of The Kings of Norway. http：//www.wisdomlib.org/scandinavia/book/heimskringla/d/doc5536.html.［2016-11-17］.

③ Ole Harck；Christian Lübke. 2001：p. 18.

继承罗马帝国的进程,而维京扩张则沿河海水路从两翼包抄欧洲大陆腹地的神圣罗马帝国的态势。占据欧洲地缘文化主体中心地位的日耳曼神圣罗马帝国与占据欧洲地缘文化边缘的各维京文化变异体之间的碰撞与耦合关系将不可避免,在复杂的欧洲内外地缘关系的推动下,两者之间的交互作用和利用共生关系,推动地缘文化的演变向全球辐射。推动欧洲地缘文化演变走向全球化进程的主导力量是维京文化而不是日耳曼文化。

以查理大帝冠名卡洛琳帝国皇帝为标志,在西罗马帝国衰退三百年后,一个以罗马帝国继承者自居的统一帝国再度出现。尽管在查理大帝 814 年死后,帝国内外纷争不已,但是,仍然时不时地在卡洛琳王朝之内归于统一。843 年,《凡尔登条约》(*Treaty of Verdun*)确立了东、中、西法兰克王国三分帝国的格局①。然而,维京的攻击,不仅迫使卡洛琳帝国走上衰退之路,还改变了整个欧洲格局。877 年,光头查理死后,卡洛琳帝国的西部和北部均处于维京攻击之下。881 年,胖子查理卫冕帝国皇帝,于 884 年实际上再度统一了查理曼大帝的帝国。然而,胖子查理无力保卫帝国免受维京劫掠。886 年,查理通过缴纳赎金买通维京不再围困巴黎,被朝廷视为怯懦、不称职。次年,巴伐利亚卡洛曼国王的私生子举兵反叛,胖子查理出逃并于 888 年死亡,身后留下分裂和纷乱的帝国,从此以后,神圣罗马帝国不仅统一无望,连三分帝国的格局也保不住,代之以小国林立,奠定了现代欧洲、特别是西欧的基本格局。其中,巴黎伯爵奥多(Odo)因率众抵抗维京围困巴黎而被选为西法兰克国王——此为法兰西民族国家原型②。

900 年前后,五大自治公国再次出现在东法兰克。911 年,东法兰克自

---

① Eric Joseph Goldberg. *Struggle for Empire*: *Kingship and Conflict Under Louis the German*, 817 - 876. Cornell University Press, 2006.

② Simon MacLean. *Kingship and Politics in the Late Ninth Century*: *Charles the Fat and the End of the Carolingian Empire*. Cambridge University Press, 2003.

行选举了一位公爵为国王①。936年，奥托（Otto）被选为国王。951年，奥托帮助寡居的意大利王后击败众多对手，并与之结婚，从而控制了意大利②。955年，奥托取得了对马扎尔人（Magyars）的决定性胜利。以此为基础，962年，奥托由教皇约翰十二世（John XII）加冕为神圣罗马帝国皇帝③，因此，德意志王国、意大利王国和教皇事务缠绕在一起。此举标志着德意志国王成为查理大帝卡洛琳王朝的继承者，从那以后，德意志国王们自认为是古罗马的继承者。在此前后，维京在法兰西受封的诺曼底公国，以及在不列颠和法兰西建立的无其名却有其实的北海帝国、金雀花或安茹帝国，均属强势实体，尽管德意志神圣罗马帝国是当时欧洲唯一冠以帝国名称的实体，也难以染指作为维京变异体的不列颠和法兰西。而不列颠和法兰西也因为维京文化特有的张力不仅不能统一，反而冲突不断，因而也难以向德意志神圣罗马帝国扩张，直至1806年法兰西的拿破仑将神圣罗马帝国解体。

　　查理曼大帝之后，《凡尔登条约》确立的三分帝国最终由东法兰克的德意志而不是由处于罗马中心和教皇直属领地的中法兰克的意大利主导神圣罗马帝国，也与维京征服南意大利建立西西里王国直接关联。自999年起，维京诺曼人通过无计划、无组织却步步为营地用了一百多年的时间征服了意大利半岛三分之二、西西里岛、马耳他群岛和北非部分地区。1130年，经教皇英诺森二世（Innocent II）同意，由罗杰二世（Roger II）建立了跨地中海的西西里王国④。1139年，面对教皇、神圣罗马帝国和拜占庭帝国的联合攻击，罗杰二世的儿子，阿普利亚（Apulia）公爵罗杰三世甚至还俘获了罗马教皇英诺森二世⑤。罗杰还攻击了北非，获得了一个"非洲王"（"King of

---

① Bayard Taylor；Marie Hansen-Taylor. *A history of Germany from the earliest times to the present day*. New York：D. Appleton & Co. 1894：p. 117.
② Norman Cantor. *The Civilization of the Middle Ages*. Harper Perennial. 1994：pp. 214-215.
③ Frank Magill. *Dictionary of World Biography*. II. London：Fitzroy Dearborn. 1998：p. 707.
④ David Douglas. *The Norman Fate*，1100-1154. Los Angeles：University of California Press. 1976.
⑤ Malcolm Barber. *The two cities：medieval Europe*，1050-1320. Routledge. 2004：p. 211.

Africa")的非正式称号,同时派舰队攻击了拜占庭帝国,从而在此后近一个世纪内成为地中海最强势的海上力量①。处于扩张期间的西西里王国不仅占据了神圣罗马帝国主要是意大利王国的中心地带,还直接威胁到教皇直属领地、东罗马拜占庭帝国,还对西亚和北非的穆斯林造成挤压态势。但是,文化宗教多元的维京诺曼西西里王国,国王信奉罗马天主教、王位由教皇加冕,由此为整个欧洲基督教世界在南方构筑了一道隔绝伊斯兰扩张的屏障;在基督教世界内部,又与罗马天主教和神圣罗马帝国勾连,打压了拜占庭东正教;在天主教和神圣罗马帝国内部,又削弱了教皇和意大利王国的力量,从而客观上提高和巩固了德意志王国的力量和权威。

西西里王国与德意志神圣罗马帝国的联姻,无意间进一步强化了德意志神圣罗马帝国的优势地位,使德意志霍亨斯陶芬王朝到13世纪时达到神圣罗马帝国领地的顶峰。威廉二世即罗杰二世的女儿康丝坦斯,在继承王位之前已嫁给后来的神圣罗马帝国皇帝亨利六世,因此,1194年,亨利六世和康丝坦斯最终成为西西里王国的国王和王后。西西里王位的来自诺曼法兰西奥特维尔(Hauteville)家族血统通过康丝坦斯传给了其子(图7-4)——于1197年即位的神圣罗马皇帝费雷德里克二世(Frederick II)②。此后,霍亨斯陶芬王朝统治西西里王国一直到最后一位男性继承人康拉丁(Conradin)于1268年死亡为止,其主要原因是强势的神圣罗马帝国与西西里王国的联合一直为教皇所忌惮而冲突不断,由此导致1266年安茹入侵西西里王国③。

---

① Hubert Houben. *Roger II of Sicily: A Ruler between East and West*. Cambridge University Press. 2002: p. 148.

② Donald Matthew. *The Norman kingdom of Sicily*. Cambridge University Press. 1992: pp. 86-92.

③ Steve Runciman. *The Sicilian Vespers: a history of the Mediterranean world in the later thirteenth century*. Cambridge University Press. 1958: p. 209.

第七章 维京扩张与德意志民族国家原型生成机制

图 7-4 西西里康丝坦斯与其夫神圣罗马帝国皇帝亨利六世、其子弗雷德里克二世（15 世纪木刻）

（Penn Libraries call number: Inc B-720 All images from this book Penn Libraries catalog record.）

结论和讨论

（一）结论及分析

第一、同质文化的维京扩张与日耳曼扩张导致欧洲地缘文化向不同方向演化。维京人和日耳曼人同为处于罗马文明边缘的北欧"蛮族"，在罗马文明衰落之际，日耳曼各部落连同欧亚其他部落，分批次"入侵"和移民至罗马帝国境内，而维京扩张可视为最后一个批次"入侵"和移民罗马文明的"蛮族"。时间上的先后差异是引发后续地缘文化变迁的重要变量。日耳曼强势推进到罗马帝国腹地，主要路线是从北欧向南直接由陆路进入欧洲大陆腹地，直至罗马文明的中心；而维京扩张则主要从欧洲大陆两翼沿河海路线包抄欧洲大陆。路线的不同和占领地域的不同，也是导致后续地缘文化向不同方向演变的重要变量。

第二、商业化引导维京扩张与政治统一引导日耳曼神圣罗马帝国之间在欧洲基督教世界内部构成依附共生和缠绕制衡的文化生态关系。日耳曼部落推进到罗马帝国后，先入为主，不仅皈依了罗马国教基督教，还接受教皇加冕建立神圣罗马帝国，以罗马帝国、甚至以古罗马文化的继承者自居，而维京人虽然也先后在神圣罗马帝国的不同边缘地区接受基督教洗礼，却从未融入神圣罗马帝国。因而，联合与冲突并存的制衡关系，造成了日耳曼神圣罗马帝国与维京各变异体依附共生和缠绕制衡的欧洲文化生态格局。800年，在维京刚刚扩张时，查理曼大帝卫冕神圣罗马帝国皇帝，建立起统一的卡洛琳帝国，而814年查理曼死后造成的帝国分裂格局，一直到962年由日耳曼/德意志奥托一世在名义上继承而建立起新的松散联合体性质的神圣罗马帝国，即德意志民族国家的原型。查理曼大帝的卡洛琳王朝最终由东法兰克的日耳曼获得而非中法兰克或西法兰克获得，主要是因为9世纪和10世纪的法兰西和意大利均处于维京扩张并站稳了脚跟的时期：诺曼底公国和北海帝国牵制了法兰西；西西里王国更是占据了大量意大利领地并直接威胁到教皇直属领地；东罗马拜占庭帝国不仅受到维京基辅罗斯的有力牵制还面临着伊斯兰扩张的直接威胁，所以，神圣罗马帝国只能由日耳曼的东法兰克继承。维京扩张对神圣罗马帝国最直接的支持应该是13世纪维京西西里王国因政治联姻并入神圣罗马帝国的霍亨斯陶芬王朝，从而使神圣罗马帝国的范围达到历史的顶峰。

第三、维京文化商业属性引领欧洲文化生态的分裂并导致神圣罗马帝国统一梦想的破灭，从而生成德意志民族国家。德意志神圣罗马帝国，如伏尔泰所嘲讽的那样："这个自称神圣罗马帝国的连接体，绝不神圣，也不是罗马，更不是帝国"。维京环欧洲河海扩张，形成了若干强势维京变异体，在地缘文化生态复杂的缠绕关系中，一方面加强了德意志神圣罗马帝国的地位，另一方面也牵制了德意志神圣罗马帝国始终未能成为一个真正统一的帝国。德意志神圣罗马帝国无力统一这些强势实体，而这些实体彼此博弈牵制，与神圣罗马帝国交互共生，也未能兼并德意志神圣罗马帝国，此种局面一直到17世纪的"三十年战争"，经过系列大规模战争，才从价值观念、民族实体存在和制度安排上奠定了"德意志王国"而非"德意志民族的神圣罗马帝国"的基础。在演化方向上，日耳曼/德意志扩张和维京扩张的差异在于：尽管德意志民族国家迟迟难以统一，却从神圣罗马帝国建立起，一直到现在的德意志联邦，始终致力于欧洲一体化进程；而维京各变异体和再变异体，处于欧洲大陆的边缘地带，在三百年维京扩张的三百年后，向全世界继续扩张，启动全球化进程。

（二）进一步讨论

维京商业文化的分裂趋势与日耳曼/德意志文化追求统一趋势在演化方向和演化结果均构成悖论。维京商业文化以追求财富集中和建立在财富基础之上的荣誉为导向，并不刻意追求在扩张地区政治上的统一和文化上的正统，除非出于经济利益的需求。在维京扩张时期和维京二次扩张即各维京变异体向全球扩张过程中，各维京变异体从未谋取建立一个统一的全球政体，即便是21世纪的国际联盟和联合国，也不过是战胜国根据实力作出的制度安排。维京文化不谋求全球西方化、不谋求"欧洲人的欧洲"，即使在维京出发地，也从未出现过一个统一的"维京国"、或"诺曼国"、或"瓦良格国"。但是,维京扩张和维京变异体二次扩张,却导致了"欧洲文化"扩充为"西方文化",并进一步导致了全球多元文化的普世化趋势——实则西方化趋势。而日耳曼部落从建立神圣罗马帝国起,以古罗马帝国继承者自居,几乎从未中断过建立政治一统和文化统一的追求,一直到21世纪,德意志联邦仍然是欧洲联盟的主要推动者。但是,即便是现在的德意志民族国家也只是一个"联邦"而不是一个统一的政治实体或单一的文化实体。维京文化与日耳曼文化在价值观方面的逆向追求,却导致各自事与愿违的逆向结果,从而构成文化演化方向上的悖论。

第八章　欧洲强势民族国家原型的
　　　　　文化再生机制

　　与维京文化耦合生成的强势文化实体，后来依次崛起为具有全球投射力的现代大国，分别是：意大利、荷兰、葡萄牙、西班牙、不列颠、法兰西、德意志和俄罗斯。在欧洲（"欧洲"观念由此过程而产生）地缘文化生态内部和外部的演化进程中，这些强势民族文化实体的再生机制是：

　　——公元纪年前后，罗马文化已经占据了欧洲大陆地缘文化生态的中心地位。罗马文化是其后欧洲文化生态演化的母体、范式和框架模型。

　　——1世纪基督教产生后，作为新文化初始值进入欧洲地缘文化生态圈。无论有多少具体原因，基督教契合了罗马世界的文化生态。原因可能有二：第一、混乱不已的罗马世界人心思定，而作为穷人宗教的基督教正好契合了包括但不限于罗马世界底层人民的精神寄托；第二、处于衰退之中、又遭到欧亚众多"蛮族入侵"的罗马帝国，其统治者在经历了3世纪罗马危机之后也需要基督教这样的一神教来统一思想并为社会提供一套基本价值观念和基本社会规范，于是，4世纪罗马帝国由迫害基督教转而确立基督教为国教。无论如何，欧洲文化生态变迁过程中，罗马文化与基督教在公元四世纪发生耦合作用，形成了互利共生关系。经此文化突变，后世基督教的扩张和罗马文化奠定了新的文化生态基础。换言之，在欧洲地缘文化生态演变过程中，新的文化类型和文化模式均以耦合后的基督教和罗马文化结合体为基础而不断生成。

——在欧亚众多"蛮族入侵"罗马世界的时候，日耳曼各部落也从北欧出发，向罗马世界"入侵"、移民，历经数个世纪，在4至6世纪"欧亚民族大迁徙"之后乘乱建立众多以部落和部落联盟为基础的王国。以这些王国为基础，800年由查理大帝接受罗马教皇加冕成为"罗马人皇帝"。由此，日耳曼本土文化、基督教文化和罗马文化发生耦合作用，构成互利共生关系，"神圣罗马帝国"成为欧洲文化生态政治实体中的主体和基本政治框架。

——作为一种"异教"和"边缘"文化，维京文化可以视为新一轮日耳曼"入侵"或移民到包括但不限于罗马基督教世界的"蛮族"。正是维京文化这一新的文化初始值投入到欧洲地缘文化生态中，与各地本土文化耦合，产生"蝴蝶效应"，生成大国原型的强势维京文化变异体。这些维京文化变异体，在"混沌"的地缘文化生态"缠绕"制衡变迁过程中，不断复制出维京商业文化简单结构的近似值，并始终遵循着"向阻力最小方向运行"的规则，在经受了地缘文化以外蒙古帝国的凌厉冲击和穆斯林世界奥斯曼帝国的封堵之下，很大程度上被迫转向海洋寻求扩张之路，由此，张力十足的欧洲各国迅速依次崛起为具有全球投射力的大国。

高度依赖维京文化敏感的初始值，大国文化实体一般意义上的再生机制相同，而各国具体特殊的再生方式却取决于维京文化具体模式与具体地缘文化的碰撞与耦合方式的不同而不同。总体而言，各大国崛起过程，既是维京文化变异体"膨胀"过程，又是全球各地多元文化"腐蚀"、甚至消亡过程；大国将其影响力投射到全球，各本土文化或主动或被动接受的同时，又程度不同地或抵触或拒斥。此为当今全球文化生态单一化与多元化双重趋势并存和博弈的由来。

第一节　大国原型生成的前提：古罗马文化的裂变

与古希腊文明一起被称为欧洲古典时代的罗马文化和社会大体上属于地中海文明、以罗马城为中心，可追溯到前8世纪，存续了长达约12个世纪，历经君主制、古典共和制和专制帝国，通过征服和同化，统治过南欧、西欧、小亚细亚、北非以及北欧和东欧的部分地区。117年，鼎盛时期的罗马帝国是古代世界最大的帝国之一，拥有五千万至九千万居民，约占同期世界人口总数20%[1]，国土面积五百万平方公里[2]。

罗马文明中心的衰退与边缘众多"蛮族"的入侵/移民为大国原型的生成提供了文化生态基础。从前92年罗马与帕提亚第一次战争开始，长达七百二十一年的罗马-波斯战争堪称人类历史上最长的冲突，其持续效应和后果不仅改变了两个帝国的命运，也对地缘文化的深层结构产生了深刻的震动。罗马帝国时期，共和的习惯和传统已呈衰微趋势，而内战则直接为新帝王的产生打通了道路[3]。至5世纪，内部不稳而外部又遭到各移民部落的攻击（图8-1），罗马帝国西部遂分裂为独立的王国。欧洲由此进入所谓"黑暗时期"。

欧洲文化生态圈统一与分裂的制衡状态是大国原型存在的基本文化生态条件。被称为欧洲"民族大迁徙"（Migration Period）的运动为大国的生成提供了直接动力系统和文化社会基础。民族大迁徙范围主要位于欧洲境内且

---

[1] Frank McLynn. *Marcus Aurelius: Warrior, Philosopher, Emperor*. Random House. 2011: p. 3.

[2] Peter Turchin, Jonathan Adams, Thomas Hall (December 2006). "East-West Orientation of Historical Empires". *Journal of world-systems research*. 12 (2): 222.

[3] Andrew Hadfield. *Shakespeare and Republicanism*. Cambridge University Press. 2005: p. 68.

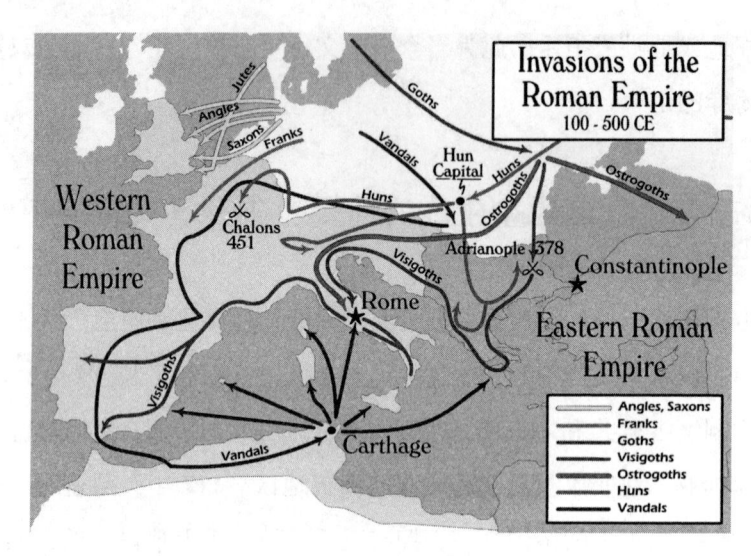

图 8-1　"蛮族"入侵罗马帝国（100 年—500 年）

Map of the "barbarian" invasions of the Roman Empire showing the major incursions from 100 to 500 CE. Based on Tim Cornell and John Matthews, *Atlas of the Roman World*, Facts on File, NY 1982; James Ermatinger, *Decline and Fall of the Roman Empire*, Greenwood Pub Group, 2004; Various, *Historical Atlas of the World*, 1970, Barnes & Noble, NY; Francis Ancona, *Atlas Of The World*, Barnes & Noble, NY, 1999.

不限于欧洲，时限集中在第一个千年的中段。从罗马和南欧的角度看，民族大迁徙是"蛮族入侵"（Barbarian Invasions）。其主要构成成分是日耳曼、斯拉夫和其他民族，位移的方向是当时的罗马帝国境内，且时时伴随侵略和战争。

迁徙往往包含十万到二十万作战人员或部落成员[1]，以一百年为计算单位，迁徙的总人数不超过 75 万，与同期罗马帝国平均近四千万人口规模相

---

[1] Peter Heather. *The Visigoths from the Migration Period to the Seventh Century: An Ethnographic Perspective*. Boydell & Brewer Ltd. 2003: p. 54.

第八章　欧洲强势民族国家原型的文化再生机制

比，规模并不大。整个罗马帝国时期，移民都在不断移入，而 19 世纪时，"民族大迁徙"的时段被确定在 5 世纪至 8 世纪①。第一波迁移的民族由日耳曼各部落发起，包括哥特人、汪达尔人、盎格鲁-萨克森人、伦巴第人、苏维汇人、弗里斯人、朱特人、勃艮第人、阿勒曼尼人、凯尔特人和法兰克人。这些部落后来被匈奴人、阿瓦人、斯拉夫人和保加尔人推移向西②。

"民族大迁徙"之后，维京人、诺曼人、匈牙利人、摩尔人、土耳其人和蒙古人接踵而至。若以整体观之，这一系列的"迁徙"过程，从公元纪年开始持续了约一千五百年，对欧洲地缘文化生态的变迁产生了渐变和突变的、聚变和裂变的因而也是根本的影响，即，从文化生态变迁的整体环境中，为大国文化形态的再生提供了土壤。西罗马帝国之后，欧洲文明的中心开始由南部向北、向西转移，即独立的各王国逐渐占据欧洲文明的中心。此后，欧洲文化生态系统维持着统一与分裂制衡的状态。这一动态制衡的状态突出地表现为 17 世纪围绕神圣罗马帝国为中心的欧洲文化生态圈爆发的"三十年战争"和各方妥协的产物《威斯特法利亚和约》。

"三十年战争"是地缘文化圈内外表现出的"缠绕"、共生关系的又一次突变。"三十年战争"是发生于 1618 年至 1648 年间欧洲的系列战争，主要表现为宗教冲突，耗时长久、破坏性极大③，造成约八百万人员的伤亡④。战争的一方是哈普斯堡各国及其同盟，包括：神圣罗马帝国、天主教联盟（Catholic League）、奥地利、波西米亚（1620 之后）、西班牙帝国、匈牙利⑤、克罗地亚王国、丹麦-挪威（1643—1645 年），并且得到波兰和哥萨

---

① John Hines, Karen Høilund Nielsen, Frank Siegmund. *The pace of change: studies in early-medieval chronology*. Oxbow Books. 1999: p. 93.
② J. B. Bury. *The Invasion of Europe by the Barbarians*. Norton Library, 1967.
③ Wilson Peter. *Europe's Tragedy: A New History of the Thirty Years War*. London: Penguin. 2010: p. 787.
④ Norman Davis. *Europe, a history*. Oxford University Press. 1996: p. 568.
⑤ Ervin Liptai. *Military history of Hungary*. Zrínyi Military Publisher. 1985.

克（Zaporozhian Sich）的支持；另一方是反哈普斯堡各国及其同盟，包括：瑞典（自 1630 年）、丹麦-挪威（1625—1629 年）、荷兰共和国、法兰西（自 1635 年起）、波西米亚（1618—1620 年）、萨克森、巴列丁奈特（Palatinate，止于 1923 年）、勃兰登堡-普鲁士、英格兰（1625—1630 年）、苏格兰和特兰西瓦尼亚（Transylvania，自 1619 年）、得到奥斯曼帝国和沙皇俄国的支持[1]。

"三十年战争"导致的结果包括：信奉新教的王公领地得以继续；天主教会衰退、哈普斯堡的霸权地位削弱、西班牙帝国承认荷兰共和国独立、荷兰共和国承认西班牙对荷兰南部和卢森堡拥有主权、法兰西波旁王朝崛起、瑞典帝国崛起、欧洲大陆封建制度衰退[2]、神圣罗马帝国更加四分五裂、引发法兰西-西班牙之战至 1659 年结束、神圣罗马帝国各国遭受巨大破坏和人员伤亡。

《威斯特法利亚和约》是 1648 年 5 月至 10 月期间在神圣罗马帝国威斯特法利亚的两个城市奥斯纳布吕克（Osnabrück）和明斯特（Münster）签署的系列和约，旨在结束欧洲的宗教战争。和约不仅结束了神圣罗马帝国的"三十年战争"，还结束了西班牙和荷兰共和国之间的"八十年战争"（1568 年—1648 年）。和谈代表 109 位，共涉及欧洲各方权势，包括神圣罗马帝国皇帝、西班牙、法兰西王国、瑞典帝国、荷兰共和国、神圣罗马帝国各王公和帝国各自由城市。和约并没有恢复欧洲全境的和平，却奠定了民族自决（self-determination）的基础。《威斯特法利亚和约》确立了通过外交谈判达

---

[1] Dariusz Kupisz. *Smoleńsk* 1632-1634. Bellona. 2001.
[2] Hans Ferdinand Helmolt. *The World's History*: *Western Europe to* 1800. W. Heinemann. 1903：p. 573.

到和平的先例①②、构建了中欧新的政治秩序,以主权国家共处的观念为基础形成了后来被称为"威斯特法利亚主权"的思想。侵犯国家受到均势力量的制约。由此奠定了反对干涉别国内部事务的规范。随着欧洲影响力扩展到全球,这些威斯特法利亚原则,特别是主权国家的观念,也就变成了国际法和世界秩序的核心思想③。

欧洲地缘文化生态与外部文化生态也一直处于动态的制衡关系之中,尤以蒙古帝国和伊斯兰奥斯曼帝国的冲击和挤压最为突出。强势地缘文化在东方和南方的挤压封堵了欧洲列国的贸易路线(主要是丝绸之路)才迫使众多欧洲小国转向大西洋,向更为广阔的区域、乃至世界范围内寻求财富,从而为迅速崛起为具有全球投射力的大国提供了契机。

地缘文化以外的蒙古对欧洲的入侵,在当时的欧洲几乎是突发而至的,对欧洲地缘文化生态的影响仍然有待进一步评估。13世纪蒙古帝国入侵并征服了欧洲部分地区。东斯拉夫各公国和主要城市,如基辅和弗拉基米尔,遭到灭顶之灾。蒙古入侵还波及中欧,与匈牙利冲突、还导致波兰四分五裂④。面对蒙古入侵,欧洲参战的王公们认识到,必须彼此合作,因此,中欧部分地区的内部冲突与战争被暂时搁置,直到蒙古人撤退后,才又起内战⑤。除了战争和杀戮,蒙古人还给欧洲带去了鼠疫,也造成了大量的人员伤亡⑥。蒙古对欧洲地缘文化生态变迁的影响除了与沙皇俄罗斯日后的急剧

---

① "Principles of the State System". Faculty. unlv. edu. THE GREAT POWERS AND THE STATE SYSTEM (1648 – 1815). https://faculty.unlv.edu/gbrown/westernciv/wc201/wciv2c10/wciv2c10lsec2.html. [2016-08-06]

② "Information from city of Münster". Muenster. de. http://www.stadt-muenster.de/english/welcome-to-muenster.html. [2016-08-06]

③ Henry Kissinger. "Introduction and Chpt 1". *World Order: Reflections on the Character of Nations and the Course of History*. Allen Lane. 2014.

④ Thomas Allsen. *Culture and Conquest in Mongol Eurasia*. Cambridge University Press. 2001.

⑤ Francis Dvornik. *The Slavs in European History and Civilization*. Rutgers University Press. 1962: p. 26.

⑥ Andrew Robertson and Laura Robertson. "From asps to allegations: biological warfare in history". *Military medicine*. 1995, 160#8: pp. 369-373.

扩张有关外，对波斯等长期统治、也对欧洲地缘文化造成挤压态势。还有一说，中国火药及相关武器如攻城的投射炸弹等也是通过蒙古入侵欧洲传到欧洲的①。

如果说西罗马帝国被众多"蛮族"蚕食瓜分的话，那么，东罗马帝国则被奥斯曼帝国所取代。奥斯曼帝国（Ottoman Empire）是13世纪末由土耳其一部落首领奥斯曼（Osman）在安纳托利亚西北部建立②。1354年之后，奥斯曼人越界进入欧洲，征服巴尔干人后，奥斯曼又一个地区单位（Beylik，后成为奥斯曼帝国省级区划）转变为洲际帝国。1453年，奥斯曼人在征服者穆罕穆德二世（Mehmed the Conqueror）带领下征服君士坦丁堡，终结了拜占庭帝国③。16至17世纪，苏莱曼大帝（Suleiman the Magnificent）在位期间，奥斯曼帝国势力达到顶峰，成为多民族、多语言的大国，控制着东南欧大部、中欧一部、西亚、高加索、北非、非洲之角（今索马里和埃塞俄比亚一带）的三大洲地域，面积近二百三十万平方公里④。此外，帝国已成为海上统治力量，控制着地中海大部⑤。奥斯曼帝国已经成为欧洲政治舞台的主要力量，其政治和军事上的成就可与罗马帝国匹配⑥。

---

① Kenneth Warren Chase. *Firearms: a global history to 1700 (illustrated ed.)*. Cambridge University Press. 2003: p. 58.
② Caroline Finkel. *Osman's Dream: The Story of the Ottoman Empire*, 1300–1923. Basic Books. 2005: pp. 2, 7.
③ Donald Quataert. *The Ottoman Empire*, 1700–1922 (2 ed.). Cambridge University Press. 2005: p. 4.
④ Gábor Ágoston. "Süleyman I". In Ágoston, Gábor; Bruce Masters. *Encyclopedia of the Ottoman Empire*. Infobase Publishing. 2009: p. 545.
⑤ Philip Mansel. *Constantinople: city of the world's desire 1453–1924*. London: Penguin. 1997: p. 61.
⑥ Selim Deringil. "The Turks and 'Europe': The Argument from History". *Middle Eastern Studies* (September 2007) 43 (5): pp. 709–723.

第二节　大国原型再生的价值观基础：
基督教植入地缘文化

基督教植入欧洲各地缘文化及后来伴随西方文化在全球各文明中的传播，是一系列多层次、多因素、经过反复角逐、不断推进的博弈进程，其中，基督教自身的传播方式、政教关系、基督教自身的裂变方式及基督教与非基督教文化的关系均是推动基督教扩张的动力。由此导致了基督教传播造就了西方现代大国的崛起，而西方大国的崛起又强化了基督教的地位和极大地促进了基督教在世界范围内的广泛传播。

早期基督教进入罗马帝国后成为地缘文化生态变迁的第一个初始值，由此引发了罗马文明的嬗变和西方文明的崛起。作为源于犹太教的"第二宗庙"（Second Temple），基督教从1世纪中期起于朱迪亚（Judea）[1]，迅速扩展至欧洲、叙利亚、美索不达米亚、小亚细亚、埃塞俄比亚和印度并于4世纪末成为罗马帝国的国教[2]。自那以后约一千年，伴随着"地理大发现"，通过传教和殖民，基督教传播到美洲、澳大利亚、撒哈拉以南非洲及世界其他地区[3]。在重塑西方文明的进程中，基督教发挥了突出的作用[4]。一部基督教的扩张历史，也是一部历经多次分裂和神学纷争的历史，导致教会和教派林立，差异明显。世界范围内，基督教的三大分支分别是天主教会、东正教会和名目繁多的新教教会。天主教和东正教是1054年"东西教会大分裂"

---

[1] George Robinson. *Essential Judaism: A Complete Guide to Beliefs, Customs and Rituals*. New York: Pocket Books. 2000: p. 229.
[2] James Rives. *Religion in the Roman Empire*. Wiley-Blackwell. 2006: p. 196.
[3] *Muslim-Christian Relations*. Amsterdam University Press. 2006. Fred Kammer. *Doing Faith Justice*. Paulist Press. 2004. *Christian Church Women: Shapers of a Movement*. Chalice Press. 1994.
[4] Caltron Hayas, *Christianity and Western Civilization*. Stanford University Press. 1953: p. 2.

后分道扬镳的，新教则是16世纪宗教改革后从天主教分离出来的①。

基督教在罗马帝国的传播以313年为分水岭分为前后两个阶段。此前，基督教在罗马帝国的传播过程中，曾遭到帝国的迫害、甚至是大规模的迫害，一直到313年，康斯坦丁一世颁布《米兰诏书》（Edict of Milan），帝国迫害基督教才停止。380年2月27日，狄奥多西一世皇帝通过立法确立尼西亚（Nicene）基督教为罗马帝国的国教（图8-2）②。最迟从4世纪起，基督教在塑造西方文明中开始发挥作用③。

早期基督教尽管屡遭迫害，但是仍然得以在地中海盆地成功传播④，其原因一直难有定论。基督教能够战胜异教的首要原因应该是基督教在传播过程中以不同的方式改善了信徒的生活⑤。一个重要的原因还在于基督教将希腊传统信仰中关于肉体永生与基督教关于死后复活的允诺结合起来，增加了世界末日来临时复活何以发生的解释⑥。《新约全书》的翻译和基督徒的忏悔方式也是两大成功要素⑦。早期基督教传播成功的历史原因可总结为：第一、与其母体犹太教相比，基督教在各方面特有的灵活性，尤其是对异教徒的开放性；第二、基督教关于来生的教义在不断扩大的新环境中也不断得到改进；第三、早期基督教会卓有成效的努力；第四、基督教徒单纯简朴的品行；第五、基督教共和制的联合和约束使其在罗马帝国的核心地带形成了独

---

① S. T. Kimbrough, ed. *Orthodox and Wesleyan Scriptural understanding and practice*. St Vladimir's Seminary Press. 2005.

② Theodosian Code XVI. i. 2, in: Bettenson. *Documents of the Christian Church*. p. 31.

③ Orlandis. *A Short History of the Catholic Church*. 1993: preface.

④ Michael Whitby, et al. eds. *Christian Persecution, Martyrdom and Orthodoxy*. Oxford University Press. 2006. https://www.questia.com/read/119816263/christian-persecution-martyrdom-and-orthodoxy.

⑤ Rodney Stark. *The Rise of Christianity*. Princeton: Princeton University Press. 1996.

⑥ Dag Øistein Endsjø. *Greek Resurrection Beliefs and the Success of Christianity*. New York: Palgrave Macmillan 2009.

⑦ Johann Lorenz von Moishem. *The Ecclesiastical History of the Second and Third Centuries: Illustrated from the Writings of Tertullian*. London: F. & J. Rivington. 1845: p. 106.

第八章　欧洲强势民族国家原型的文化再生机制

图 8-2　尼西亚圣像

Icon depicting the Emperor Constantine (centre) and the bishops of the First Council of Nicaea (325) holding the Niceno‐Constantinopolitan Creed of 381. Public domain work of art.

立且日益强大的国家①。

　　在欧亚各"蛮族"入侵和移民欧洲特别是罗马帝国的进程中，基督教发挥着最为根本的调和、缓冲和均衡的稳定器作用。

　　一方面，各异族在罗马帝国境内横冲直撞、不断扩张，另一方面，基督

---

① Edward Gibbon. *History of the Decline and Fall of the Roman Empire*, Chapter Fifteen, in 6 volumes. The Online Library Of Liberty. http：//oll.libertyfund.org/.

教反向扩张，不断地将入侵和移民的各"蛮族"基督教化。其中，日耳曼各部族基督教化方式多样，部分原因是基督教罗马帝国的声望促进了欧洲各异教的基督教化。因此，早期基督教在日耳曼部族中的传播是小规模的自觉自愿行为。4 世纪，哥特等东日耳曼部落皈依阿里乌斯教派（Arianism）。6 世纪以后，最初从法兰克开始，日耳曼各部落由天主教派传教士教化和再教化。在此期间，基督教主要混合阿里乌斯教、天主教和基督化的日耳曼异教。伦巴第人也是在 6 世纪进入意大利时皈依了天主教。日耳曼东、西各部落的基督化往往"自上而下"，传教士先给日耳曼贵族洗礼，由此启动了该族群的基督化进程，一般需要几个世纪，而且原先异教信仰的痕迹还保留着。5 世纪法兰克人随着克洛维斯一世皈依天主教。498 年克洛维斯一世（Clovis I）在兰斯接受洗礼[①]，此后，法兰克王国即成为基督教国家，尽管一直到 7 世纪民众才逐渐抛弃原有的异教习俗[②]。此种基督教和异教并行不悖的情形在欧洲基督化进程中颇具代表性。

统而言之，基督教自进入欧洲后，作为文化初始值，开始在欧洲文明和西方文明生态演化的进程中与原有文化生态结构中不同层次的因素发生耦合作用，不断地生成新的因素，深入欧洲生态的深层结构，尤其是价值观等核心结构，改变着制度、组织等中层结构，从而成为维系欧洲文化生态内部的最基本的价值规范基础，相应地，宗教冲突也就成为欧洲和后来的西方文化生态内部之间以及与外部文化冲突的根本。基督教作为欧洲文明的基础为欧洲抗衡蒙古帝国入侵和伊斯兰教在欧洲的扩张提供了最根本的凝聚力，历次十字军运动是其突出表现。欧洲民族国家原型陆续生成后，以基督教及其各教派的价值观和基督教会的干预作为大国制衡的基础和中间人；大国博弈也

[①] Lutz v Padberg. *Die Christianisierung Europas im Mittelalter*. Stuttgart, Reclam（German）. 1998: pp. 45-48, 53.

[②] Lutz v Padberg. *Die Christianisierung Europas im Mittelalter*. Stuttgart, Reclam（German）. 1998: p. 59.

挟教自重，促使基督教的分裂甚至对抗，十字军东征、16世纪宗教改革、17世纪"三十年战争"、20世纪"第二次三十年战争"（即作为一个连续运动的第一次和第二次世界大战）、冷战和后冷战"文明的冲突"（据亨廷顿"文明冲突"理论）①，均以宗教和意识形态的难以调和为根源。

第三节 维京文化植入各地本土文化：维京与基督教的依附共生关系

维京海上商业文化作为新的初始值与本土文化耦合生成强势文化实体即大国原型。维京人已超出当时普遍的自然经济生产方式而以集中财富为己有即收敛财富的方式为目的、凭借北欧人高大强悍的体质和擅长海事的相对优势、在当时的条件下以探索极限的冒险精神和极为灵活实用战略战术在欧洲地缘文化的边缘大肆扩张，并与各本土文化耦合，生成规模不大却极具攻势的强势文化实体即后来的大国原型。这些不同批次、不同支派的维京人在劫掠环欧洲沿海、沿河的过程中，多与当地文化耦合、占据当地文化的上层，主导了当地文化的演化方向。其中，在不同条件下处理宗教关系、特别是与强势的已经扎根欧洲大地的基督教关系是欧洲地缘文化演化的核心环节。

维京在扩张过程中处于相对弱势或均势时，往往通过谈判、有条件地皈依基督教，这符合维京扩张的需要，反映了维京文化性质，有利于维京统治者更稳定地集聚财富和获得荣誉；同时，基督教寻求和接受维京皈依基督教以扩大基督教世界的范围、维护基督教世界的秩序。双方在维京统治者"取实"与基督教教会"取势"的双赢基础上构成不稳定的均势。

据《盎格鲁-萨克森编年史》（*The Anglo-Saxon Chronicle*）记载：维京

---

① Samuel P. Huntington. *The Clash of Civilizations and the Remaking of World Order*. NY: Simon & Schuster, Inc., 2011.

丹麦首领古斯鲁姆（Guthrum）率部入侵英格兰后，几乎势不可挡，岛上各王国纷纷献出土地以求平安。在获得东安格利亚（East Anglia）王国、麦西亚（Mercia）王国和诺森布利亚（Northumbria）王国部分土地后，878年初，古斯鲁姆率部入侵西部的韦塞克斯（Wessex）王国，进展顺利，但是韦塞克斯国王阿尔弗雷德（Alfred）拒绝屈服，躲进沼泽地，后经过数月努力，召集少量人马，通过游击袭扰的方式，不断骚扰维京入侵者，并最终于同年在爱丁顿（Edington）大败丹麦入侵者，迫使对方签订《韦德摩尔条约》（Treaty of Wedmore）。带有宣传手册色彩的《盎格鲁-萨克森编年史》记载的该事件：维京劫掠军队给阿尔弗雷德国王献上人质并发誓离开韦塞克斯王国，还承诺其国王古斯鲁姆将接受基督教洗礼[1]。后来古斯鲁姆如约退出韦塞克斯王国、划定韦塞克斯王国与"丹麦区"（Danelaw）王国的边界线[2]、皈依基督教并接受阿尔弗雷德作为其教父，随后，古斯鲁姆不再向西而是折返向东回到东安格利亚，于880年被正式认可为东安格利亚国王[3]。

后世的不列颠王国直到今天仍然高度评价阿尔弗雷德大帝爱丁顿战役胜利和为古斯鲁姆洗礼所取得的文治武功、颂扬其为大不列颠民族国家建立和大不列颠帝国的崛起所奠定的基础工程，却有意无意地忽略了另外一面：从维京人的角度来看，《韦德摩尔条约》是英格兰本土世俗政权正式认可了丹麦入侵英格兰所建立殖民地"丹麦区"王国；更重要的，古斯鲁姆皈依基督教意味着"丹麦区"王国获得了更为强势的基督教世界认可，从而为维京的入侵和殖民统治取得了真正意义上的"合法性"基础。古斯鲁姆战败后皈依基督教，通过"丹麦区"王国将维京文化植入英格兰，开创了后世维京入侵不列颠"合法"建立殖民统治的先河。克努特大帝（Cnut the

---

[1] *Anglo Saxon Chronicle*. Trans. by M. J. Swanton. New York: Routledge, 1996.
[2] R. H. C. Davis. *From Alfred the Great to Stephen*. London: The Hambledon Press. 1991: p. 48.
[3] *Dudo of St-Quentin*: *History of the Normans*. trans. and ed. Eric Christiansen (Woodbridge 1998), p. xiv; Robert Ferguson, *The Hammer and the Cross: A New History of the Vikings*. 2009: pp. 177-182.

第八章　欧洲强势民族国家原型的文化再生机制

Great）和征服者威廉（Willian the Conqueror）于11世纪承接"丹麦区"先后在更大范围内建立了实际意义上的跨海帝国——"北海帝国"和"诺曼-英格兰帝国"。在历史文化的传承关系上，从"丹麦区"到英格兰王国、从"北海帝国"到"大不列颠帝国"均一脉相承，可视为维京文化移植到不列颠群岛后生成变异体不断扩张壮大的产物。

与"丹麦区"国王有过交往，祖籍挪威的另一位维京首领罗洛（Rollo）率众入侵西法兰克王国沿海地区，迫使其国王查理三世（Charles III）于911年签订《埃普特河畔圣克莱条约》（Treaty of Saint-Clair-sur-Epte）。根据该条约，查理三世认可罗洛及其部下占据的西法兰克领土，以占据地为基础建立诺曼底公国，封罗洛为公爵；罗洛接受基督教洗礼，同时娶查理三世之女为妻[1]；诺曼底公国协助国王防范其他维京人入侵王国[2]。随后，罗洛将公国土地划片再封给部下，自己则居住在公国首府鲁昂[3]。

与"丹麦区"国王古斯鲁姆一样，罗洛也通过接受基督教的方式取得入侵和占领异国的"合法性"。罗洛还进一步通过与国王联姻和协助国王保护王国的方式，融入占领地。罗洛死后，其子长剑威廉、其孙无畏理查德为公爵时，诺曼底公国成为法兰西王国最强势的公国[4]，换言之，法兰西国家的崛起以诺曼底公国为支柱，其深层原因在于维京文化的深度植入，维京文化与法兰克天主教文化的融合生成了诺曼文化。罗洛及其随从的后裔被称为"诺曼人"，在此后的两个世纪内，征服英格兰建立诺曼-英格兰王朝、征服意大利南部和西西里建立西西里王国、随十字军东征建立安提俄克

---

[1] Dudo of St-Quentin: History of the Normans. trans. and ed. Eric Christiansen（Woodbridge 1998），p. xiv；Robert Ferguson, The Hammer and the Cross: A New History of the Vikings. 2009：pp. 46-47.

[2] The Normans in Europe, trans and ed. Elizabeth Van Houts. Manchester. 2000：p. 25.

[3] David Bates. Normandy Before 1066. Longman, 1982：pp. 20-21.

[4] Eleanor Searle. Predatory Kinship and the Creation of Norman Power, 840-1066. University of California Press, Berkeley, 1988：p. 89.

(*Antioch*) 公国。所有这些征服对欧洲和近化历史文化的演化产生了重要影响①。

维京东支瓦良格人建立基辅罗斯后，于988年举行了著名的"罗斯洗礼"仪式，标志着维京东支和其统治下的斯拉夫人正式皈依东正教并与拜占庭帝国建立了紧密联系。10世纪后期，弗拉基米尔（Vladimir）大公在位的第一个十年期间，异教再度盛行于基辅罗斯。佩伦（Perun）是斯拉夫万神殿的至尊神，其神像安置在王国附近的山上。10世纪80年代后期，弗拉基米尔认为确有必要从外界引进一神教。《往年纪事》（*Primary Chronicle*）生动描述了弗拉基米尔与贵族们对地缘宗教进行了慎重地分析比较后作出的选择：穆斯林须行割礼、禁酒禁食猪肉，而弗拉基米尔认为饮酒是罗斯人的乐事，而考察保加利亚穆斯林的使者汇报说，那里只有悲伤和恶臭，毫无快乐可言；犹太教丢失了耶路撒冷，弗拉基米尔说，那是上帝抛弃他们的证据②；弗拉基米尔的使者在昏暗的日耳曼人天主教堂感受不到美感；但是，在拜占庭东正教描索菲亚大教堂，盛大的节日仪式震撼了使者们，他们回去汇报说，"置身其中，若在仙境，此种美妙，难以言说。"③

罗斯以外的资料对弗拉基米尔皈依拜占庭东正教描述的情形大体一致。987年，拜占庭帝国皇帝巴兹尔二世（Basil II）的两位将军反叛，其中一位自立为帝，率叛军向康斯坦丁堡进发。为避免都城被围困，巴兹尔二世转而求助当时还是敌对一方的基辅罗斯。弗拉基米尔同意援助，交换条件是与巴兹尔联姻，同时还同意接受东正教作为他自己及其民众的新信仰。安排婚礼后，弗拉基米尔派遣六千部队前往拜占庭帝国帮助镇压了叛乱。④《往年纪

---

① Francois Neveux and Howard Curtis. *A Brief History of the Normans*: *The Conquests that Changed the Face of Europe*. Robinson, 2008.
② *Primary Chronicle*, year 6494 (986).
③ *Primary Chronicle*, year 6495 (987).
④ P. B. Golden. "Rus." Encyclopaedia of Islam (Brill Online). Eds.: P. Bearman, Th. Bianquis, C. E. Bosworth, E. van Donzel and W. P. Heinrichs. Brill, 2006.

事》叙述了弗拉基米尔占领克里米亚商业和政治重镇科尔松（Korsun），作为答谢，巴兹尔二世将其妹安娜（Anna Porphyrogenita）嫁与弗拉基米尔。婚礼之前，弗拉基米尔在科尔松或基辅举行了皈依基督教的洗礼仪式，教名随妻兄也是巴兹尔。罗斯洗礼之后，弗拉基米尔及王公贵族们用"火"与"剑"的方式，强令各地民众接受新的信仰——拜占庭东正教。[1] 以此为开端，维京东支的基辅罗斯不仅与拜占庭帝国建立了紧密联系，基辅罗斯的后世国家政权也与东罗马帝国和东正教结下了不解之缘，渐次再生出斯拉夫—东正教文化实体。

本质上，最早的基督教世界是基督教神权政体，政府系统通过基督教义而建立，以基督教价值观为基础并维护这套价值观。尽管各国具体的政治领袖与神职人员关系各有不同，但是，理论上，国家和政治的分野均同属一个天主教会领导。此种政教关系模式在欧洲历史上被各不相同的教会领袖和政治领袖共同接受。[2] 希腊哲学家柏拉图心目中理想国的三个分层在中世纪基督教世界中东方的拜占庭希腊社会和西方的拉丁社会共同落地开花。顶层是教宗及其神职人员，中间是国王及其武士，下层则是各种体力劳动者（图8-3）。[3] 4世纪罗马帝国确立基督教为国教以后，基督教会逐渐变为罗马帝国决定性的机构。[4] 自5世纪罗马帝国衰落之后，西方社会再也没有出现单一的强有力的世俗政府，而罗马帝国的首都却出现了一个强有力的中央教会中枢——天主教会。为各地世俗王国获取权力的同时，10世纪初，天主教会开始了扩张。在统一的强势的罗马帝国衰落以后，其国教基督教却能反其

---

[1] *Novgorodskaia tretiaia letopis*, (PSRL 3), 208. On the initial conversion, see *Vasilii Tatishchev, Istoriia rossiiskaia*, A. I. Andreev, et al., eds. (Moscow and Leningrad: AN SSSR, 1962), vol. 1, pp. 112–113.

[2] Hugh Chisholm. *The Encyclopedia Britannica: A Dictionary of Arts, Sciences, Literature and General Information*. Encyclopedia Britannica Company. 1911: p. 700.

[3] Will Durant. *Story of Philosophy*. Simon & Schuster. 2005.

[4] William Kenneth Boyd. *The ecclesiastical edicts of the Theodosian code*. Columbia University Press. 1905.

道而行之，不仅没有随之衰落，反而在原罗马帝国四分五裂的内部和备受欧亚各"蛮族"入侵的外部均可扩张得势且建立起统一的以罗马为中心的超越以罗马帝国继任者自居的神圣罗马帝国等任何世俗政权的教会系统，绝不是偶然的。维京扩张与同时期基督教的反向扩张是维京统治者与基督教会在地缘文化生态的竞争中彼此需要所致。

一方面，维京扩张从外围植入欧洲文化生态并放弃自身的多神教改奉基督教是其核心因素，因而也是根本的缘由，决定了此后欧洲和西方文化的演化方向。而扩张中的维京首领和维京本土斯堪的纳维亚地区改奉基督教，又是获得既得统治地位的维京君主们对内维护统治和对外取得外交利益的需要的最优选择。

5世纪至8世纪，继罗马军团撤出英格兰后，盎格鲁-萨克森入侵并定居不列颠群岛时，势力所到之处，摧毁了此前传入的基督教，以日耳曼多神教分支的盎格鲁-萨克森本土宗教取而代之。[1] 至7世纪，不列颠群岛上主要混合着三类宗教，不列颠本土多神教、罗马-不列颠时期传入的基督教和盎格鲁-萨克森多神教，其中，信奉罗马军团时期传入的基督教和本土不列颠多神教的是被统治的下层人民，而外来的统治精英阶层则信奉盎格鲁-萨克森多神教。[2] 9世纪时，维京"丹麦区"首领皈依基督教之后，所建立和统治的殖民地东安格利亚也信奉基督教而不是维京本土的多神教，此后，11世纪上半叶建立"北海帝国"的克努特大帝统治英格兰王国和11世纪下半叶征服者威廉英格兰建立的诺曼王朝从诺曼底带来的主教将英格兰和威尔士天主教连接起来。[3]至诺曼王朝，维京征服者终于将外来的基督教——无论

---

[1] John Blair. "Anglo-Saxon Pagan Shrines and their Prototypes". *Anglo-Saxon Studies in Archaeology and History*. Oxford University Press. 1995：pp. 1–28.

[2] John Blair. "Anglo-Saxon Pagan Shrines and their Prototypes". *Anglo-Saxon Studies in Archaeology and History*. Oxford University Press. 1995：pp. 24–25.

[3] Bill Harper. "John and the Church of Rome" in *King John：New Interpretations*. Woodbridge：Boydell Press. 2007：pp. 307–308.

第八章　欧洲强势民族国家原型的文化再生机制

图 8-3　15 世纪西方世界传统的社会分层

The traditional social stratification of the Occident in the 15th century, by entworfen im Auftrag der Kirche, *Europa und die Welt um* 1500.

对不列颠群岛本土而言还是对维京文化而言——牢固地扎根于不列颠群岛的土地中。

罗洛皈依基督教之后,强大的诺曼底公国乃至法兰西民族国家此后与罗马天主教始终保持着紧密联系,至今未变。不仅如此,从诺曼底及其周边出发征服意大利南部地区和穆斯林西西里岛屿的维京人还建立了天主教的西西里王国。在参与十字军东征途中，维京诺曼人还建立了天主教安提俄克公国。这两个国家当时均处于拜占庭东正教和伊斯兰教的边缘地带。

对后世欧洲文化和西方文化产生重大影响的是维京基辅罗斯皈依拜占庭东正教。10世纪罗斯洗礼之后，弗拉基米尔大公凭借政权力量将原先传教士们缓慢推进的传教工作急剧推进，不仅在城镇迅速完成信仰的转变，还随着时间的推移，将偏远的乡村东正教化。在受到罗马天主教东征、萨满教蒙古鞑靼人入侵和穆斯林奥斯曼帝国一次次打击和洗劫之后，拜占庭帝国衰落并最终灭亡了，而拜占庭东正教却没有随之衰落和灭亡。基辅罗斯为莫斯科罗斯所继承，东正教的中心也相应地转移至莫斯科。东正教以莫斯科为中心，稳定地扎根于欧亚大陆，并延伸至北美阿拉斯加地区，至今尚存。由此再生的斯拉夫-东正教文化实体，成为跨越东、西方文化又不属于东、西方文化的当今世界八大主要文明体之一。

远离基督教中心罗马和拜占庭的维京本土斯堪的纳维亚地区，相对最迟完成基督教化。斯堪的纳维亚的基督教化标志着"欧洲"才从观念的欧洲变为现实的欧洲。罗马文明之后，"欧洲文明"代之而起。

另一方面，罗马和拜占庭基督教教会面对罗马帝国衰落后四分五裂的欧洲各地互相争雄的各地王权、面对欧洲地缘文化以为历史悠久的犹太教、刚刚兴起正在强势扩张的伊斯兰教、横冲直撞的各种"蛮教"以及13世纪从东方突如其来信奉萨满教的蒙古大军，"诏安"正在欧洲沿海、沿河四处攻击并已经站住了脚跟的维京势力是基督教会的最好选择。新兴的维京文化与已经深入欧洲土壤的基督教文化之间耦合共振、彼此依附共生的关系稳定了欧洲文化生态并主导了此后欧洲文化变迁的方向。

第四节　大国原型生成的动力机制：
维京文化与基督教会博弈冲突和缠绕制衡

大国原型再生后，以维京文化变异体与基督教会的依附共生关系为前提，欧洲文化生态中维京文化变异体与基督教会还存在彼此博弈的对立关系。

"主教叙任权之争"（Investiture controversy）是欧洲中世纪的政教冲突。[①] 11 世纪和 12 世纪，一连串的教皇与欧洲的君主们围绕究竟谁有权力任命地方城市主教和修道院院长等教会官员发生争执。争执首先发生在教皇格里高利七世（Gregory VII）与神圣罗马皇帝亨利四世（Henry IV）之间的权力斗争。[②] 为削弱神圣罗马帝国皇帝的权力，争执导致了日耳曼近五十年的内战，战争以各公国的公爵和修道院的院长们胜利而告终。此后一直到霍亨斯陶芬王朝，神圣罗马帝国的权力才得以重建。主教叙任权之争可视为中世纪欧洲文明的转折点，因为这些争端标志着包括维京故土和维京各变异体在内的日耳曼各族的基督教化到达了最终的、决定性的阶段。1122 年，神圣罗马帝国皇帝亨利五世（Henry V）与教皇卡利克斯特二世（Calixtus II）达成《沃尔姆斯宗教协定》（Concordat of Worms），结束了第一场政教之间的冲突。协定区分了教权与王权，限制了皇帝在选择主教问题上的作用，而教皇似乎成为上帝派到人间的首席代表。协定削弱了皇帝的权威，增加了地方分离主义的力量，对后世的欧洲格局产生了深远影响。[③]

[①]　Norman F. Cantor. *Church, Kingship, and Lay Investiture in England*: 1089 – 1135. Princeton University Press. 1958: pp. 8-9.

[②]　Jay Rubenstein. *Armies of Heaven: The First Crusade and the Quest for Apocalypse*. Basic Books. 2011: p. 18.

[③]　H. Hearder, D. P. Waley, eds. *A Short History of Italy: From Classical Times to the Present Day*. 1963.

1103年至1107年间，英格兰国王亨利一世（Henry I）与教皇帕斯卡尔二世（Paschal II）也为主教叙任权发生重大争执。亨利一世是维京诺曼人的后裔，征服者威廉的第四子。征服者威廉曾接受教皇的旗帜征服了英格兰，但是这丝毫没有动摇威廉辖区内主教和院长们对国王的忠诚。对任命坎特伯雷和约克等主教，威斯敏斯特和罗马之间的分歧到亨利一世在位时达到白热化的程度，以致亨利的首席顾问被罗马教廷逐出教会。面对被逐出教会的威胁，亨利国王不为所动，而罗马教皇与神圣罗马帝国的亨利皇帝关系还在破裂之中，况且计划中的十字军东征也需要英格兰的支持。① 最终，双方以1107年《伦敦宗教协定》（Concordat of London）互相妥协告终。协定确认了罗马教皇的至尊权威，但是，同时又保留了王国范围内主教等教会官员与世俗封臣一样对国王宣誓效忠。盎格鲁-诺曼的《伦敦宗教协定》划定教权和王权范围的模式为后来帝国与教皇达成《沃尔姆斯宗教协定》提供了范本，形成了划分天主教会和世俗权力的国际惯例的一个类型。②

坎特伯雷大主教贝克特之死集中反映了诺曼世俗王权在上升过程中对教会的冲击。维京诺曼人开创的跨越英吉利海峡的帝国，至英格兰国王亨利二世（Henry II）时，大幅扩展。亨利二世统治着安如（Anjou）伯爵领地、曼恩（Maine）伯爵领地、诺曼底公国、阿基坦（Aquitaine）公国、南斯（Nantes）伯爵领地、英格兰王国（1154年—1189年），是爱尔兰的宗主，还在不同时期控制着威尔士、苏格兰和布列塔尼（Brittany）。在此情形下，在处理政教矛盾时，亨利二世采取了攻势态度，突出表现在处理与坎特伯雷大主教贝克特（Thomas Becket）的争议。起初，亨利于1162年很可能出于信任任命自己的老朋友、英格兰大臣贝克特为坎特伯雷大主教（图8-4），

---

① Norman F. Cantor. *The Civilization of the Middle Ages*,"The Entrenchment of Secular Leadership". HarperCollins. 1993：p. 286.

② René Metz. "What Is Canon Law？". *The Twentieth Century Encyclopedia of Catholicism*, Section VI-II：The Organization of the Church. New York：Hawthorn Books Inc. 1960：p. 137.

意在重置英格兰的政教关系。但是,亨利的计划没有取得预期的效果,因为贝克特很快便改变了生活方式,抛弃了自己与国王特殊关系,将自己树立为教会权利坚定保护人的形象。

图 8-4　亨利二世国王和贝克特大主教

14th-century depiction of Becket with King Henry II, by unknown. http：//www.bl.uk/learning/images/medieval/bishop4.jpg.

亨利与贝克特很快产生了一连串的争议,包括贝克特试图重新控制原属于教会的土地和对亨利税收政策的不同看法。冲突主要表现在双方处理教士的世俗犯罪上,亨利争辩英格兰的法律传统允许国王执法,而贝克特坚持只能由教会法庭审理这类案件。1164 年 1 月,争议达到顶点,亨利强制通过《克拉伦敦宪章》(*Constitutions of Clarendon*),在极度压力下,贝克特暂时同意了宪章但很快便改变了立场。由于双方都不愿让步,争议升级为国际争端。双方都在全欧洲通过各种峰会寻求教皇亚历山大三世(Alexander III)和其他国际领导人的支持。1164 年,贝克特出逃法兰西寻求亨利的敌人路易斯七世的庇护,局面因此恶化。亨利袭扰了贝克特在英格兰的属下,而贝克特则将站在国王一边的教会和世俗官员一律逐出教会。教皇倾向支持贝克特，但是在涉及神圣罗马帝国皇帝佛雷德里克一世（Frederick I）的问题上又需要亨利的支持，因而反复寻求通过谈判解决争端。诺曼教会也干预其中，竭力帮助亨利寻求解决办法。

1170年7月，在教皇授权贝克特对英格兰实施禁令后，终于迫使亨利重新谈判并达成协议，贝克特于同年12月返回英格兰。正当事态似乎平息的时候，贝克特又将三名亨利的支持者逐出教会，对此，亨利勃然大怒。作为回应，1170年12月29日，四名骑士秘密抵达坎特伯雷，在贝克特拒绝逮捕后，在祭坛前将其劈死。此事震惊了整个欧洲基督教世界。尽管贝克特生前名声不大，死后被当地僧侣宣布为烈士。路易斯抓住此事，尽管诺曼教会试图采取行动阻止，还是通过发布一项新禁令查封亨利的财产。迫于国际压力的加大，1172年5月，亨利通过与教皇谈判解决此事，亨利誓言加入十字军东征并废除《克拉伦敦宪章》。此后数年，亨利尽管从未真正参加十字军东征，却利用对贝克特的祭祀达到自身的目的。

《大宪章》（*Magna Carta*）文本内外也存在着政教冲突。作为罗洛的后裔，继承征服者威廉诺曼底公爵和英格兰国王双重头衔的约翰（John，1199年—1216年在位）失去了诺曼底公爵不仅导致了安如帝国的崩溃还引发了英法两国数百年关系的走势，另外一个直接后果是触发了英格兰贵族造反。[1] 1215年签署的第一份《大宪章》在当时只是诺曼英格兰国王与贵族之间的和平协议，根本言之，它只是调整由于地缘政局变动导致英格兰王室与分封的贵族之间的利益关系，反映了维京文化习俗传统。1215年大宪章的第一条开创性地明确了英格兰"政教分离"的原则，原本只是英格兰贵族

---

[1] David A. Carpenter. *The Minority of Henry III*. Berkeley, US and Los Angeles, US: University of California Press. 1990: p. 7.

第八章　欧洲强势民族国家原型的文化再生机制

们防止国王利用教会侵犯其土地和财产权。[1] 然而，大宪章签署一个月后，教皇英诺森三世（Innocent III）便宣布废除这一"采用暴力和恐怖迫使其国王签订的可耻的、有损人格的协议"，招致了英格兰第一次贵族战争。[2] 尽管当时约翰国王卷入选举坎特伯雷大主教一事之中，被教皇处以七年的禁令[3]，但是，由贵族通过协议限制由教会加冕国王的权限，无疑被教皇视为对教会和教皇权威的挑衅。尽管如此，后来大宪章历经曲折和修改还是得到实施。维京贵族为追求物质财富和建立在物质财富基础的荣誉坚持不懈地不仅敢于挑战维京内部王权、还敢于挑战最高教权在大宪章文本中和实施过程中得到充分展示。

在处理政教关系上，英格兰王室的维京诺曼文化传统——为追逐利益最大化和成本最小化的商业传统，至亨利八世（Henry VIII）时达到巅峰。

---

[1] William Sharp McKechnie. *Magna Carta: A Commentary on the Great Charter of King John with an Historical Introduction.* Glasgow, UK: James Maclehose and Sons. 1914.
[2] Ralph Turner. *King John: England's Evil King?* Stroud, UK: History Press. 2009: p. 174.
[3] Ralph Turner. *King John: England's Evil King?* Stroud, UK: History Press. 2009: p. 180.

第九章 维京文化在弥散泛化过程中主导欧洲地缘文化演变

从 8 世纪末至 11 世纪，持续三百年的维京扩张以后，斯堪的纳维亚及周边地区的维京人不再按照原先的路线继续扩张。维京本土和已经扩张到欧洲各地的维京变异体，如不列颠群岛、诺曼底及周边地区、西西里王国、基辅罗斯的维京人及分散的维京各支雇佣军，通过与当地居民联姻、特别是王公贵族政治联姻与各国宫廷结盟并陆续投入到天主教及任何以天主教名义发动的十字军运动中。十字军与东南方向穆斯林世界长期冲突，同时也劫掠和攻击拜占庭帝国，在东方面临着强势蒙古帝国鞑靼人的凌厉攻势，在西南方试图"收复"被穆斯林统治的伊比利亚半岛。此外，占据欧洲统治地位的基督教对边缘地带各"异教"也展开十字军征服运动。在此过程中，维京文化和变异体即大国原型在欧洲基督教地缘文化生态的内外缠绕制衡关系中内外征伐，此消彼长，维京商业文化的五重结构模式得到强化和发展，导致了 13 世纪开启长达数百年的商业革命进程。

第九章　维京文化在弥散泛化过程中主导欧洲地缘文化演变

第一节　维京探险文化模式与中世纪"文艺复兴运动"

维京扩张三百年间，维京人除了为追求财富在海上探索和冒险之外，还在精神领域不断探索。无论在维京本土还是在维京扩张地区，最为深刻的思想"革命"，应该是各地的维京首领均率部先后改变信仰，皈依基督教。改变信仰是维京探索文化最集中的体现。远离罗马文明中心区域的维京文化，在凌厉扩张的同时，不仅能主动接受当时出于欧洲主流文化的基督教，还能广泛吸收能为之所用的一切文化成果，融入欧洲主流文化并最终主导欧洲文化的演化方向。创设书面文字；将斯堪的纳维亚一带口头语言与扩张地的语言结合生成新的语言（方言）；维京扩张后，与当地通婚是最为直接的文化融合方式，而维京统治者与欧洲各国统治者的政治联姻更是维京统治文化融入欧洲统治文化的有效手段。十字军运动时期，各地维京变异体大多能响应教皇诏令，加入十字军并成为十字军运动的主要力量，或至少表达了参加运动的意愿。维京探索文化还表现为与中世纪"文艺复兴运动"的交互关系上。中世纪的文艺复兴运动从 8 世纪发端、持续到 12 世纪，后与 15 世纪意大利文艺复兴运动衔接。

8 世纪和 9 世纪是中世纪文化复兴运动的第一个阶段，称"卡洛琳文艺复兴"（Carolingian Renaissance）。卡洛琳文艺复兴主要发生于查理曼大帝和虔诚者路易斯（Louis the Pious）在位时期，得到卡洛琳朝廷、特别是约克城阿尔昆（Alcuin of York）的支持。[①] 在道德改善方面，卡洛琳文艺复兴学习 4 世纪基督教罗马帝国的榜样；该时期的文学、书写、绘画、音乐、建筑、法律、基督教仪式和圣经文本研究均得到提高。卡洛琳小写字母（图 9

[①] G. W. Trompf. "The concept of the Carolingian Renaissance". *Journal of the History of Ideas*. 1973: 3ff.

-1）后被人文主义者发展为早期的现代意大利小写字母，为欧洲大部分地区的交流提供了共同语言和书写字体。卡洛琳文艺复兴时期的世俗和教会领导人还第一次运用理性思想解决社会纠纷。755年前后卡洛琳王朝在法兰西改革币制并最终得到推行①，该币制后传入英格兰，成为英格兰币制的基础，一直沿用到20世纪后期②。无论如何，卡洛琳文艺复兴对西方文化兴起的意义也受到质疑，运动范围主要在于卡洛琳文艺复兴主要局限于神职人员之间而没有发展为广泛的社会运动③，运动内容更多的是恢复罗马帝国的文化而不是创新文化④。该阶段是维京扩张的初期，在卡洛琳帝国及其周围劫掠的维京人和其他各地的维京移民，均不同程度地接触到罗马文化、基督教文化以及刚刚兴起不久的伊斯兰文化。

10世纪和11世纪的奥托文艺复兴（Ottonian Renaissance）主要限于神圣罗马帝国萨克森王朝早期三位皇帝资助在中欧和南欧的艺术和经济"复兴"。此次复兴以951年奥托一世与阿德莱德（Adelaide）的政治联姻为契机统一了意大利王国和德意志王国，从而拉近了与拜占庭的关系，由此，通过963年奥托一世加冕神圣罗马帝国皇帝，基督教世界在政治上得到统一。此次文艺复兴还延续到亨利二世时期、甚至撒利王朝。奥托文艺复兴局限于拉丁语范围的帝国宫廷文化，在艺术、建筑和政治思想方面受到与拜占庭的影响而建立的主教学校和为誊写圣经而建立的缮写室。⑤ 帝国宫廷由王室妇女领导成为当时宗教和精神生活的中心，这些妇女包括太后玛蒂尔达（Ma-

---

① Larry Allen. "Carolingian Reform", *The Encyclopedia of Money*. Sta. Barbara：ABC Clio. 2009：pp. 59-60.
② John Chown. *A History of Money from AD 800*. London：Routledge. 1994：p. 23.
③ Martin Scott. *Medieval Europe*. New York：Dorset Press. 1964：p. 30.
④ Norman Cantor. *The Civilization of the Middle Ages：a completely revised and expanded edition of Medieval history, the life and death of a civilization*. HarperCollins. 1993：p. 190.
⑤ Kenneth Sidwell. *Reading Medieval Latin*. Cambridge University Press，1995.

tilda)、公主季博佳（Gerberga）、皇后阿德莱德和女皇迪奥凡诺（Theophanu）。①

比较而言，12 世纪文艺复兴的内容更广泛、意义更大，而范围则转移到西欧。12 世纪文艺复兴包括社会、政治和经济转型，而知识复兴具有哲学和科学根基。这些变化为 15 世纪意大利文艺复兴和 17 世纪科学发展奠定了基础。② 自西罗马帝国崩溃之后，人口锐减等因素导致原来由希腊语书写的经典文献荡然无存，仅由少量拉丁语的译作以及对希腊科学和哲学评论得以幸存于拉丁语世界。此种情形到 12 世纪得到改观。西班牙和西西里的伊斯兰世界、十字军运动、收复失地运动以及与拜占庭的联系，使欧洲各地能够探究和翻译希腊化和伊斯兰的哲学和科学，特别是亚里士多德的著作。③ 中世纪大学的发展为这些研究、翻译和传播提供了科学交流的基础。事实上，欧洲大学把这些哲学和科学著作放在课程的中心位置，导致了中世纪大学对科学的重视程度远高于现代高等教育。④

北欧的汉萨同盟和东西方的丝绸将整个欧洲联系起来、将东西方世界联系起来，以马可波罗东游中国引发了大批探险家前往远东，大大增加了西方人的东方意识。⑤ 与后来意大利文艺复兴重视文学和历史文献相比，12 世纪文艺复兴的拉丁学者全神贯注于翻译和研究希腊和阿拉伯的自然科学、哲学和数学著作。12 世纪文艺复兴产生了经院主义的新方法，而将这些经院派

---

① P. Riché et J. Verger. *Des nains sur des épaules de géants. Maîtres et élèves au Moyen Âge*, Paris：Tallandier. 2006：p. 68.

② Susan Wise Bauer. *The History of the Renaissance World：From the Rediscovery of Aristotle to the Conquest of Constantinople*. New York：W. W. Norton & Company. 2013：p. 1-preface.

③ Robert Louis Benson, Giles Constable, Carol Carol Dana Lanham, eds. *Renaissance and Renewal in the Twelfth Century*. Harvard University Press. 1991：p. 471.

④ Edward Grant. "Science in the Medieval University", in James M. Kittleson and Pamela J. Transue, ed., *Rebirth, Reform and Resilience：Universities in Transition*, 1300–1700. Columbus：Ohio State University Press. 1984：p. 68.

⑤ Robert Hoyt；Stanley Chodorow. *Europe in the Middle Ages* (3 ed.). New York：Harcourt, Brace Jovanovich, Inc. 1976, p. 410.

成果通过世俗研究、推理又形成了实证主义。[1] 中世纪中期，生产上的创新得到提升并导致经济增长。这些创新包括风磨、纸张生产、辐条车轮、航行磁罗盘、眼镜、天体观测仪和印度-阿拉伯数字。

中世纪三次文艺复兴运动，正值维京扩张和十字军运动时期，维京文化通过维京扩张、参与十字军运动和收复失地运动以及通过与拜占庭帝国的雇佣军、战争和贸易等方式，在创造维京文化和维京变异体各种文字的同时，迅速学习和掌握了古希腊-罗马文化、伊斯兰文化和犹太文化。中世纪文艺复兴使维京人特别是维京贵族在获得土地、赎金和盗抢的物质财富和荣誉地位的同时，也通过皈依基督教和文艺复兴运动极大地提高了思想文化程度。而通过应用这些新知识和技术，维京文化将有可能突破地缘文化的限制，向全球继续扩张。

广义的十字军运动在大范围内持续数百年的文化根源在于维京文化追逐财富和荣誉而采取探索/冒险行动。1096年克莱蒙特会议之前的平民十字军东征典型地反映了当时普遍存在着冒险的社会心理。平民十字军在一位僧侣名叫皮特的鼓动下，以家庭、地域和种族为单位自行组织，达十万之众包括妇女和儿童在内的农民及少数低等级骑士构成的军队未经训练且目不识丁，就从法兰西北部和佛兰德斯（Flanders）出发，奔向他们可能不知所在的耶路撒冷。[2] 结果，平民十字军历经数月抵达尼西亚时遭土耳其人伏击，仅三千人逃回。[3]

维京三百年扩张后，维京文化模式已经扎根于环欧洲沿海、岛屿和河流地区，1095年教皇乌尔班二世（Urban II）在一次布道上为支持拜占庭帝国

---

[1] Charles Homer Haskins. *The Renaissance of the Twelfth Century*. Cambridge：Harvard University Press. 1927：p. viii-introduction.

[2] Geoffrey Hindley. *The Crusades：Islam and Christianity in the Struggle for World Supremacy*. Carrol & Graf. 2004：pp. 20-21.

[3] Geoffrey Hindley. *The Crusades：Islam and Christianity in the Struggle for World Supremacy*. Carrol & Graf. 2004：p. 23.

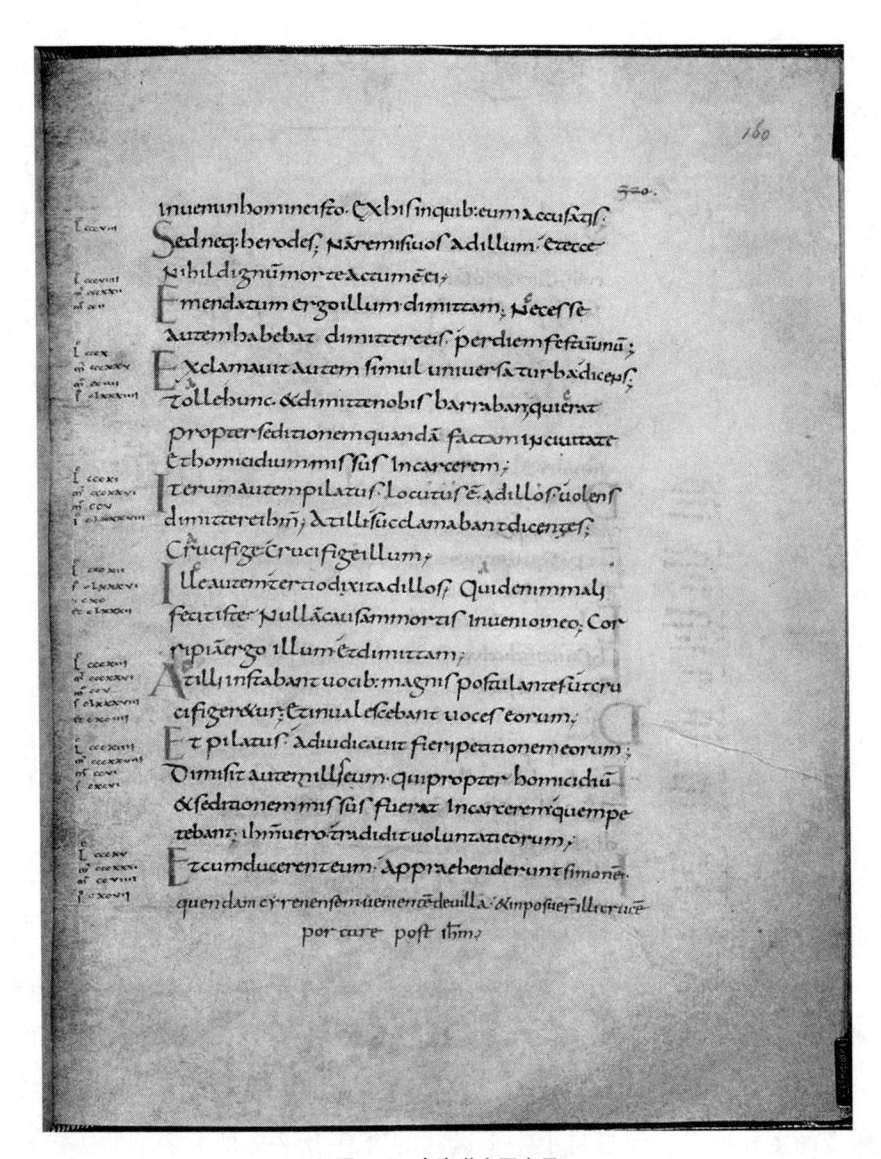

第九章　维京文化在弥散泛化过程中主导欧洲地缘文化演变

图 9-1　卡洛琳小写字母

Page of text (folio 160v) from a Carolingian Gospel Book (British Library, MS Add. 11848), written in Carolingian minuscule. — The text is Luke 23：14-26.

与土耳其的冲突而鼓励采取军事行动。无论教皇的动机和目的是什么，各地的维京人从国王到农夫陆续闻风而动，不管有没有教皇的批准均加入或直接组织十字军在欧洲东南方、西南方、非洲北部和欧洲东北部采取军事攻击行动，一直持续到16世纪，才迫于奥斯曼帝国的压力将注意力转向"新世界"。在约四百年的十字军运动中，维京故土和维京变异体均承接了维京三百年的扩张，继续欧洲以外和欧洲范围内扩张，完全秉承了第一次维京扩张时劫掠、雇佣军/军事、殖民和贸易方式，在行动上尤以探险、冒险精神为指引，而不是以教皇的号召为指引。第一次十字军东征建立四个十字军国家没有将其归还拜占庭帝国而是自主占领并统治之后，更刺激了西欧所有阶层参加和发动此后的十字军行动。参加者除了求取上帝宽恕其罪孽以外，还要寻求经济和政治利益以及跟随其封建领主获得荣誉。以扩张为目的的十字军运动实际上延续了此前的维京扩张，是扩张主义或帝国主义的表现，而"解放"被穆斯林占领的拜占庭帝国领土只是一个幌子或阴谋。①

第二节　教皇旗帜下的维京劫掠文化模式

维京扩张三百年后，维京本土和各地维京变异体均陆续皈依基督教。此时，欧洲基督教会的势力达到顶峰。1054年，欧洲基督教内部东、西大分裂。此后，基督教主导的欧洲文化外部面临着穆斯林的强大压力、内部尚有犹太教和各种"异教"或"蛮教"还未"征服"。为应对穆斯林对拜占庭帝国的凌厉攻势，11世纪后期，天主教发动的十字军运动是推动欧洲地缘文化嬗变的主导力量，而参与十字军运动的维京力量又是十字军的决定性因素。在维京力量参与十字军的过程中，维京承接前三百年的扩张，继续以天主教的名义进行"二次扩张"。维京第二次扩张的方式稍有不同，然而，其本质未变，即综合运用五种模式、以攫取超额物质利益和获取建立在物质利

---

① Thomas Asbridge. *The Crusades: The War for the Holy Land*. Simon & Schuster. 2012: pp. 675-680.

益基础上的荣誉为目的。

十字军运动中维京文化劫掠性在护教名义下不仅掠夺敌对的穆斯林,也掠夺境内犹太人、甚至援助对象的东正教。1096 年平民十字军行至德意志境内,在犹太人社区大肆屠杀,史称"莱茵兰大屠杀"(Rhineland massacres),是欧洲爆发的第一次反犹运动。① 同样的行动还发生在施佩尔(Speyer)、沃姆斯(Worms)、美茵兹(Mainz)和科隆(Cologne),这些反犹行动范围广泛,从自发零星的暴力到大规模的军事攻击,情形不一。② 无论反犹行动有多少宗教冲突的成分,一个显而易见的、甚至是决定性的目的是劫掠。

1097 年,第一次十字军东征尼西亚时,在十字军围困尼西亚城和拜占庭海军的攻击下,6 月 18 日尼西亚城的土耳其守军投降。尼西亚城交到了拜占庭部队手中。由此引发的十字军与拜占庭帝国的冲突。拜占庭禁止十字军抢劫甚至禁止十字军进入该城,除非三五成群且有看护。因此,收复尼西亚并未发生大规模劫掠事件,拜占庭帝国皇帝保证付给十字军丰厚的报酬。③ 随后,十字军向耶路撒冷进发,途径安纳托尼亚(Anatolia)时严重缺乏食物和水,于是,十字军便抢劫和掠夺一切。④ 1098 年 6 月,十字军攻陷安提俄克(Antioch)城,屠杀数千名居民,占该城居民总数一大半,并不区分基督徒和穆斯林。⑤

1099 年 7 月,十字军攻占耶路撒冷,大屠杀随即在圣城展开,因其显示了十字军极端残暴和丑陋信仰而声名狼藉。⑥ 十字军目击者自己描述的大屠

---

① Corliss K. Slack. *Historical Dictionary of the Crusades*. Scarecrow Press. 2013: pp. 108-109.
② Robert Chazan. *European Jewry and the First Crusade*. University of California Press. 1996: p. 60.
③ Thomas Asbridge. *The First Crusade: A New History*. Oxford. 2004: p. 130.
④ Thomas Asbridge. *The First Crusade: A New History*. Oxford. 2004: pp. 138-139.
⑤ Yuval Noah Harari. "The Gateway to the Middle East: Antioch, 1098". *Special Operations in the Age of Chivalry*, 1100-1550. The Boydell Press. 2007: pp. 53-73.
⑥ Christopher Tyerman. *God's War: A New History of the Crusades*. Cambridge: Belknap Press of Harvard University Press. 2006: p. 159.

杀可信度很高,尽管有史学家提出此后中世纪资料夸大了大屠杀的规模。①北城墙攻破后,守城者在诺曼底领导人坦克雷德率部追击下逃到圣殿山(Temple Mount)。坦克雷德部队到达后立即对该区展开攻击,残杀了许多守城者,守城者余部逃进清真寺。于是,坦克雷德下令停止屠杀,答应为清真寺内的守城者提供保护。南城守卫者闻听北城失守后逃进内城要塞,听任雷蒙德部队进入圣城。要塞指挥官与雷蒙德达成协议,献出内城要塞换取逃跑的安全通道。当天,屠杀持续进行:穆斯林遭到随意杀害,犹太人逃进犹太教堂避难,十字军火烧教堂,教堂里的犹太人无一幸存。次日,清真寺内被坦克雷德俘获的俘虏遭到屠杀。在耶路撒冷的这场大屠杀中,也有穆斯林和犹太人幸存下来:要么逃跑了,要么作为被索取赎金的人质。圣城中东正教信徒在围城之前已被驱逐,因而幸免于难。②

维京劫掠文化突出表现为 1204 年十字军第四次东征时对援助对象东正教拜占庭帝国首都康斯坦丁堡的洗劫。4 月 13 日,十字军占领康斯坦丁堡后(图 9-2),洗劫该城三天。期间,古希腊-罗马和中世纪拜占庭艺术作品被盗或损毁。许多平民遭杀害,财物遭抢劫。尽管可能被逐出教会,十字军还是毁坏、践踏和洗劫了城市的教堂和修道院。被抢财物总值约 90 万银马克。十字军分得雇佣应收款 5 万,威尼斯人 15 万;另有 10 万被威尼斯人和十字军均分;其余 50 万银马克被众多十字军骑士匿藏。③

《拜占庭与欧洲》一书对此次作了生动的记述:"拉丁军队让欧洲最伟大的城市(指拜占庭)遭受了浩劫。三天的谋杀、奸淫、抢劫和破坏,规模之大,甚至古代汪达尔人和哥特人也会觉得不可思议。康斯坦丁堡是古代和拜占庭艺术名副其实的博物馆,整座城市就是一座财富琳琅满目的大型商

---

① Thomas Madden. *New Concise History of the Crusades*. Rowman & Littlefield. 2005:p. 34.
② Christopher Tyerman. *God's War:A New History of the Crusades*. Cambridge:Belknap Press of Harvard University Press. 2006:pp. 157-159.
③ Angus Konstam. *Historical Atlas of The Crusades*. Facts On File Inc. 2002:p. 162.

第九章　维京文化在弥散泛化过程中主导欧洲地缘文化演变

图 9-2　十字军进入康斯坦丁堡

The Entry of the Crusaders in Constantinople, by Eugène Delacroix in 1840.

场，拉丁人见之惊愕不已。虽然威尼斯人欣赏他们发现的艺术作品（他们自己就是半个拜占庭人）并收藏了许多，但是，法兰西人和其他人则任意破坏，通过恣肆纵酒、强奸修女和杀戮东正教教士作为消遣方式。十字军还侮辱基督教世界最宏伟的教堂来发泄对希腊人的憎恨。他们砸毁教堂的圣障、圣像和索菲亚圣书，坐在牧首宝座上一边用圣器饮酒、一边听妓女唱着粗鄙的歌。（基督教世界）东方和西方持续了一个多世纪的疏远（关系）因为征服康斯坦丁堡和骇人听闻的大屠杀而达到了冰点。希腊人确信，即使土耳其人占领该城也没有拉丁基督教这般残忍。本已衰退的拜占庭经历了这次失败加速了政治瓦解，最终成为土耳其人唾手可得的猎物。第四次十字军东征乃至整个十字军运动因此最终以伊斯兰胜利而告终，一个完全背离了十字军运动初衷的结局。"[1]

---

[1] Speros Vryonis. *Byzantium and Europe*. New York：Harcourt, Brace & World. 1967：p. 152.

难以驾驭的十字军在血战维京瓦良格卫队占领康斯坦丁堡后，不仅掠夺了包括教堂和帝王坟墓在内所有能够劫掠的场所、还杀死数千居民并摧毁了城市的几个部分。① 一个拉丁帝国随后建立，佛兰德斯的鲍尔温（Baldwin）在君士坦丁堡的索菲亚大教堂加冕为君士坦丁堡帝国鲍尔温一世皇帝。洗劫之后，拜占庭帝国的大部分地区被十字军瓜分控制。② 拜占庭贵族们也建立了许多独立小国，其中之一是尼西亚（Nicaea）帝国。1261年，尼西亚帝国重新占领康斯坦丁堡并宣布恢复拜占庭帝国。③ 然而，恢复后的帝国无论在领土还是在经济方面均无法回到从前，最终于1453年沦于奥斯曼之手。十字军洗劫康斯坦丁堡是欧洲中世纪、更是基督教世界的重要转折点。十字军攻击基督教的主要都城不仅前所未有，即便在十字军内部当时就有争议。洗劫重创了基督教世界东、西方的关系，此后数百年间未能恢复，以至于800年后，教皇保罗二世（John Paul II）两次为此表达悲哀和歉意。④

第三节　维京武士文化模式与政治和宗教结合

雇佣军文化模式原来仅仅是一种亚文化模式，从属于军事或商业等行业文化，但是，当这种亚文化模式与世俗政权和教会相结合，则上升为能够自我决策的生存方式，即哲学意义上的生态文化。瓦良格卫队（Varangian Guard）、创建西西里王国和收复失地运动的雇佣军、建立基辅罗斯和莫斯科公国的雇佣军、医院骑士团和圣殿骑士团等均为维京雇佣军与政治、宗教结合向军国主义方向演化的文化实体。从根源上，十字军运动就是东正教拜占

---

① "Preface". Clir. org. https：//www.clir.org/pubs/reports/bellagio/bellag1.html. ［2017-06-27］

② "The Latin Occupation in the Greek Lands". Fhw. gr. http：//www2.fhw.gr/chronos/projects/fragokratia/en/webpages/frago.html. ［2017-06-27］

③ Michael Angold. *The Byzantine Empire* 1025 – 1204. 1997：pp. 327-28.

④ Kate Connolly "Pope says sorry for crusaders' rampage in 1204". *The Telegraph*（30 June 2004）. ［2017-06-27］

第九章 维京文化在弥散泛化过程中主导欧洲地缘文化演变

庭帝国为应对穆斯林的入侵而雇佣的天主教雇佣军。以维京为主力的十字军在历时约500年的征伐过程中，积淀和强化了浓厚的骑士精神和军事/军国主义（militarism）思想。其中，军事修士会成为突出的文化符号，尤以医院骑士团（Knights Hospitaller）和圣殿骑士团（Knights Templar）为标志。

"瓦良格卫队"是拜占庭帝国军队的精英，其中一部从10世纪至14世纪担任拜占庭皇帝的个人卫队。维京时代，瓦良格卫队基本上由"日耳曼各族"组成，诺曼征服英格兰后，一部分"盎格鲁-萨克森"逃亡到君士坦丁堡受雇于瓦良格卫队。[1] 无论是"日耳曼各族"、"诺曼人"和被诺曼人从英格兰逼走的这部分"盎格鲁-萨克森"人，其主体部分均为维京扩张时移民至英格兰、诺曼底和基辅罗斯的维京后裔。

维京东支罗斯人是瓦良格卫队最早来源。早在874年罗斯人就受雇于拜占庭。988年，基辅大公弗拉基米尔一世率基辅罗斯人基督教化以后，拜占庭帝国皇帝巴兹尔二世正式组建了卫队。刚刚凭借瓦良格武士之力夺取了基辅权力的弗拉基米尔，如约派出6 000人的部队援助巴兹尔。[2] 巴兹尔不信任首鼠两端、容易导致致命后果的拜占庭本土卫队，而瓦良格人此前在拜占庭服务已经证明了忠贞不二，因此，皇帝雇佣弗拉基米尔派出的瓦良格援军作为个人卫队。

一直到11世纪后期，从维京出发地及周边瑞典、丹麦、挪威和冰岛移民而来的诺斯（Norse，北方之意）人在卫队中占据绝对多数。据《瑞典历史》，斯堪的纳维亚瓦良格卫队（图9-3）成员是长发、左耳穿有红宝石、锁子甲装饰龙纹。斯堪的纳维亚人应征拜占庭瓦良格卫队人数如此之多，以至于中世纪瑞典法律规定，凡留在拜占庭的人将被剥夺继承权，以此阻止外

---

[1] "English Refugees in the Byzantine Armed Forces". http://deremilitari.org/2014/06/english-refugees-in-the-byzantine-armed-forces-the-varangian-guard-and-anglo-saxon-ethnic-consciousness/. [2017-07-17]

[2] Raffaele D'Amato. *The Varangian Guard* 988-1453. Osprey Publishing. 2010: pp. 6-7.

出长期充当雇佣军①，而欧洲另外两个宫廷基辅罗斯（约 980 年至 1060 年）和英格兰（1018 年至 1066 年）也同时招募斯堪的纳维亚人的时候，更是如此。瓦良格卫队不仅为拜占庭皇帝本人提供保护，还参加很多战争并经常起到决定性的作用，因为卫队通常被部署在战斗的关键时刻。至 13 世纪后期，瓦良格卫队成员多数融入到拜占庭希腊人当中，虽然直至 15 世纪，君士坦丁堡仍然有人自称"瓦良格人"。②

图 9-3 瓦良格卫队

Varangian Guardsmen, an illumination from the Skylitzis Chronicle https://commons.wikimedia.org/wiki/Chapters_of_the_Madrid_Skylitzes#/media/File：Skylitzis_Chronicle_VARANGIAN_GUARD.jpg

医院骑士团和圣殿骑士团等军事修士会是拉丁基督教的第一批职业军队，使命是为十字军运动时期建立起来的耶路撒冷王国及其他十字军国家提供保护。医院骑士团虽然成立于第一次十字军东征之前，但是，随后在医疗

---

① Sven Jansson. *Runstenar*. STF, Stockholm. 1980：p. 22.
② Mark Bartusis. *The Late Byzantine Army：Arms and Society* 1204-1453. Philadelphia. 1992：pp. 272-275.

第九章　维京文化在弥散泛化过程中主导欧洲地缘文化演变

功能以外增加了武装成分，从而成为规模较大的军事修士会。[1] 穷人的圣殿骑士团及其所罗门圣殿骑士团是一小批致力于保护通往耶路撒冷朝圣道路的骑士于1119年前后建立的。[2] 医院骑士团和圣殿骑士团是超国家的组织，原因在于得到教皇的支持，而教皇的支持导致了以全欧洲范围内土地和税收为基础的源源不断的资助。这种支持和资助反过来又导致了人员和财富源源不断地流入骑士团，从而保持和维护了拉丁基督教世界以外的各种军事工事。当时，骑士团成为这些地区的自治权力机构。[3] 阿卡（Acre）陷落后，医院骑士团先是迁往塞浦路斯，后又征服并统治罗德（Rhodes，1309年—1522年）和马耳他（1530年—1798年），至今医院骑士团仍然得以存在。法兰西国王菲利普四世很可能出于财政和政治原因而反对圣殿骑士团并给教皇克莱门特五世（Clement V）施压。作为回应，教皇于1312年借故发布了一系列诏书解散了圣殿骑士团。[4]

欧洲北方的十字军运动中，13世纪条顿骑士团（Teutonic Order）征服原普鲁士异教后以普鲁士为基础、沿波罗的海建立的十字军国家堪称军国主义的标志。[5] 卷入条顿骑士团的维京力量至少包括丹麦和基辅罗斯。条顿骑士团国始建于1230年，在不同时间段覆盖了现代爱沙尼亚、拉脱维亚、立陶宛、波兰和俄罗斯等国的全部或一部。[6] 1346年11月丹麦国王将爱沙尼亚卖给条顿骑士团。条顿骑士团衰落后，其立沃尼亚分支加入了1422年—

---

[1] Thomas Asbridge. *The Crusades: The War for the Holy Land*. Simon & Schuster. 2012: p. 169.
[2] Thomas Asbridge. *The Crusades: The War for the Holy Land*. Simon & Schuster. 2012: p. 168.
[3] Thomas Asbridge. *The Crusades: The War for the Holy Land*. Simon & Schuster. 2012: pp. 169-170.
[4] Norman Davies. *Europe-A History*. Pimlico. 1997: p. 359.
[5] John France. *The Crusades and the Expansion of Catholic Christendom*, 1000-1714. New York: Routledge. 2005: p. 380.
[6] Richard Frucht. *Eastern Europe: An Introduction to the People, Lands, and Culture*. ABC-CLIO. 2005: p. 69.

1435年建立的立沃尼亚联邦。① 1466年普鲁士境内的条顿领土一分为二，西部效忠普鲁士王室，融入波兰；东部作为僧侣国家于1525年新教改革后世俗化为普鲁士公国，成为波兰的封地。立沃尼亚分支则继续留在立沃尼亚联邦直至1561年解散。②

第四节　维京殖民文化模式的本土化和宗教化

维京变异体或大国原型的殖民文化模式在十字军运动中表现出本土化和宗教化的特征。十字军运动以援助拜占庭帝国抵抗穆斯林入侵或以保护到耶路撒冷朝圣的道路为由，维京文化和各维京文化变异体在实际行动中重新夺回被穆斯林占领的地区都不会归还拜占庭帝国、甚至还发生攻占拜占庭帝国首都自立帝国的事件。只不过十字军建立的国家均信奉天主教，因而实际上得到罗马天主教的许可或默认。与第一次维京扩张相比，十字军运动表现为宗教冲突，本质上，仍然是弥散到欧洲各地的维京文化或维京文化变异体借欧洲社会主流的基督教名义继续扩张。在维京文化特有的张力作业下，维京殖民文化所到之处均实行殖民统治，在武装推行天主教的同时，获取最大的殖民利益。

十字军在欧洲复杂的内外地缘文化冲突中建立十字军殖民国家以第一次东征时建立"安提俄克公国"（Principality of Antioch，1098—1268年）最具代表性。第一次十字军东征因法兰西国王菲利普一世和神圣罗马帝国皇帝亨利四世均与教皇乌尔班二世处于冲突状态中而未参加。十字军是由来自法兰西高阶贵族、西德意志、低地国家、意大利的以领主、家庭、种族和语言为

---

① Niels Skyum - Nielsen. *Danish Medieval History & Saxo Grammaticus*. Museum Tusculanum Press. 1981：p. 129.

② Norman Housley. *The later Crusades*, 1274-1580. 1992：p. 371.

第九章　维京文化在弥散泛化过程中主导欧洲地缘文化演变

基础组成的松散队伍。其中，以图卢兹伯爵雷蒙德四世（Raymond IV）、意大利南部诺曼人博西蒙德（Bohemond）及其侄坦克雷德（Tancred）为首，后来加入队伍的还有布伊隆的（Bouillon）戈佛雷（Godfrey）和其弟耶路撒冷国王鲍德温一世（Baldwin I）。这五位王公是十字军的关键人物。① 十字军包括非战斗人员多达十万之众，陆路东行，至拜占庭帝国时受到其皇帝阿历克塞一世（Alexios I）谨慎的欢迎。阿里克塞说服了十字军的王公们发誓效忠自己。② 此时穆斯林内部的领土争端、宗教和政治的不统一让十字军有机可乘，攻占了第一个目标——尼西亚（Nicaea），并遣使埃及寻求结盟。③

十字军首次与土耳其轻装弓箭手交战发生于博西蒙德和罗伯特公爵遭到伏击时。诺曼武士抵抗数小时后，十字军主力赶到，迫使突厥人撤退。自此，游牧部落的塞尔柱人皆避免与十字军交战。④ 突厥内部为争夺统治权而内讧的同时，十字军历时三个月抵达安提俄克也很艰难，一路因饥饿、劳累和疾病而不断减员，加之鲍德温决定为自己单独在爱德萨（Edessa）开疆辟土而带领一百武士离开。⑤ 十字军围困安提俄克开始后，围城因缺乏补给而无力进攻，守城者也因缺少补给而无力逐走入侵者，双方陷入僵局历时八个月（图9-4）。最终，博西蒙德说服一名守城卫兵打开城门。⑥ 十字军入城后，大肆屠杀居民并洗劫了整座城市。⑦ 博西蒙德没有按照誓言把安提俄克归还拜占庭帝国而是据为己有。后历经巴格达逊尼派穆斯林的反攻和埃及法蒂玛王朝哈里发（Fatimid Caliph）派出援兵争夺，继维京诺曼人博西蒙德一

---

① Thomas Asbridge. *The Crusades: The War for the Holy Land*. Simon & Schuster. 2012: pp. 43-47.
② Geoffrey Hindley. *The Crusades: Islam and Christianity in the Struggle for World Supremacy*. Carrol & Graf. 2004: pp. 30-31.
③ Thomas Asbridge. *The Crusades: The War for the Holy Land*. Simon & Schuster. 2012: pp. 52-56.
④ Thomas Asbridge. *The Crusades: The War for the Holy Land*. Simon & Schuster. 2012: pp. 57-59.
⑤ Thomas Asbridge. *The Crusades: The War for the Holy Land*. Simon & Schuster. 2012: pp. 21-22.
⑥ Thomas Asbridge. *The Crusades: The War for the Holy Land*. Simon & Schuster. 2012: pp. 59-61.
⑦ Thomas Asbridge. *The Crusades: The War for the Holy Land*. Simon & Schuster. 2012: pp. 70-71.

世入主安提俄克公国后，其侄坦克雷德留守该国。①

图 9-4 围攻安提俄克

The Siege of Antioch, from a medieval miniature painting, by Jean Colombe–Adam Bishop, 1 January 1474.

十字军各派力量首次在东地中海地区先后共建立了四个国家，此外还应加上取代东正教拜占庭帝国而建立的一个拉丁帝国。四个国家分别是爱德萨侯国（County of Edessa, 1098—1149 年）、安提俄克公国（Principality of Antioch, 1098—1268 年）、耶路撒冷王国（Kingdom of Jerusalem, 1099—1291 年）和的黎波里侯国（County of Tripoli, 1104—1289 年）。② 亚美尼亚的西

---

① Thomas Asbridge. *The Crusades: The War for the Holy Land*. Simon & Schuster. 2012：p. 106.
② Thomas Asbridge. *The Crusades: The War for the Holy Land*. Simon & Schuster. 2012：pp. 147-150.

第九章　维京文化在弥散泛化过程中主导欧洲地缘文化演变

里西亚王国（Armenian Kingdom of Cilicia）此前虽已存在，但是十字军东征后接受教皇英诺森三世的册封，再后被吕西尼昂（Lusignan）王朝完全西化。此所谓首批"欧洲海外"国家。① 第四次十字军东征在东方建立的拉丁帝国，允许十字军的参与者瓜分拜占庭帝国在欧洲的领地。拉丁帝国控制了四分之一，威尼斯控制八分之三（包括其首都君士坦丁堡的八分之三），其余则被十字军的其他领导人分割。由此进入了主要来自法兰西和意大利的拉丁天主教贵族统治东正教拜占庭的希腊时期。② 长远来看，威尼斯是唯一受益者。③

突如其来的蒙古入侵加快了基辅罗斯的碎片化进程。1223 年，四分五裂的罗斯各公国王子们在喀尔喀（Kalka）河遭遇蒙古劫掠部队，大败。④ 1237 年至 1238 年间，蒙古人焚毁了弗拉基米尔等俄罗斯东北主要城市⑤，一路将俄罗斯人打得溃不成军后，向西进入波兰和匈牙利。至此，蒙古人已征服俄罗斯大多数公国，仅剩诺夫哥罗德共和国逃过一劫，在汉萨同盟范围内继续保持繁荣。⑥

在蒙古鞑靼人的殖民统治下，基辅和弗拉基米尔等老牌公国再也没有恢复往日的繁华⑦，而莫斯科、特维尔和下诺夫哥罗德等新兴公国开始角逐俄罗斯的盟主地位⑧。尽管 1380 年一支俄罗斯部队打败过金帐汗，但是，一直

---

① Jonathan Riley-Smith. *The Crusades: A Short History* (Second ed.). Yale University Press. 2005: pp. 50-51.
② Steven Runciman. *A History of the Crusades: The Kingdom of Acre and the Later Crusades* (reprinted 1987 ed.). Cambridge University Press. 1951: p. 480.
③ Norman Davies. *Europe-A History*. Pimlico. 1997: p. 360.
④ David Nicolle. *Kalka River 1223: Genghis Khan's Mongols Invade Russia*. Osprey Publishing, 2001.
⑤ Janet Martin. *Medieval Russia*, 980-1584. Cambridge University Press. 1995: p. 139.
⑥ Jennifer Mills. "The Hanseatic League in the Eastern Baltic" Archived 29 June 2011 at the Wayback Machine. SCAND 344, May 1998.
⑦ Michael Franklin Hamm. *Kiev: A Portrait*, 1800—1917. Princeton University Press, 1993.
⑧ "Muscovy", excerpted from Glenn E. Curtis (ed.), *Russia: A Country Study*, Department of the Army, 1998.

到1480年，蒙古金帐汗，通常被称为鞑靼人，始终统治着俄罗斯人居住区，向俄罗斯各公国王子们索取贡赋，反过来，俄罗斯东部和南部的王子们又从金帐可汗手中接受许可状，充当鞑靼可汗的代理人。① 一般情况下，可汗允许这些俄罗斯王子拥有相当大统治自己公国的自由权，同时，俄罗斯东正教会甚至经历了精神上的复兴。俄罗斯新兴公国在蒙古殖民统治下的这种"自我殖民"统治，属于维京殖民文化模式的特例，却为后来俄罗斯的崛起奠定了基础。在蒙古占领期间，俄罗斯人学会了蒙古人的军事战术、交通运输，建立了自己的邮政网络、人口统计和财政系统以及军事组织。②

第五节　维京汉萨同盟：从贸易行会到超行会、超国家的商业文化实体雏形

汉萨同盟（Hanseatic League）是商人行会和市场城镇的商业和防御联盟，是维京海上商业文化的物质载体。汉萨同盟从12世纪由德意志北部几个城镇发展起来，统治欧洲北部沿海地区的波罗的海海上贸易达三个世纪，而且15世纪至19世纪从波罗的海延伸到北海和内地。同盟创建的目的是保护从属城镇和国家商业行会的经济利益和外交特权以及贸易路线上的到访商人。同盟所属各城镇拥有自己的法律体系和军队，彼此提供保护和帮助。尽管如此，同盟不是国家也不是城邦联盟；同盟中只有极少数城市享有神圣罗马自由城市的自治和自由。③ 在同盟建立之前、建立过程中、对同盟的发展、衰退和解体起到直接作用的维京本土和变异体至少包括：挪威、瑞典、

---

① "History of the Mongols". History World. http://www.historyworld.net/wrldhis/PlainTextHistories.asp? historyid＝aa76.［2017-07-24］

② "Kievan Rus' and Mongol Periods", excerpted from Glenn E. Curtis (ed.), *Russia: A Country Study*. Department of the Army, 1998.

③ Mogens Herman Hansen. *A comparative study of thirty city-state cultures: an investigation.* Royal Danish Academy of Sciences & Letters: Copenhagen Polis Centre (Historisk-filosofiske Skrifter 21). 2000: p. 305.

第九章　维京文化在弥散泛化过程中主导欧洲地缘文化演变

丹麦、基辅罗斯、莫斯科公国、条顿骑士团、英格兰等。

汉萨同盟之前，维斯比（Visby，瑞典东南部港市）是波罗的海沿岸的中心。1080年维斯比商人向东行驶在诺夫哥罗德（Novgorod）建立了贸易站。德意志北部的商人也在哥特兰岛（Gotlander）早期居民区逗留。德意志商人后来于13世纪上半叶也在诺夫哥罗德建立了自己的贸易站并进一步溯流而上①，还于1229年在诺夫哥罗德获得特权因而安全更有保障。② 1241年，吕贝克（Lubeck）与另一贸易城市汉堡结盟控制了途径吕贝克盐业贸易线路，此即汉萨同盟的前身。1266年科隆加入同盟议会（Diet）。同年，英格兰国王亨利三世授予吕贝克和汉堡汉萨在英格兰经营的特许状，1282年科隆汉萨加入特许经营更使汉萨在伦敦成为最具实力的殖民地。汉萨同盟合作的动力源于各地政府因为分散而不能为贸易提供保护。五十多年间，汉萨同盟自身出现了为结盟和合作的、横贯东西方的正式协定。1356年汉萨首届大会在主要城市和枢纽吕贝克举行，从此，汉萨同盟便有了正式的组织结构。③ 吕贝克在波罗的海的位置连接着斯堪的纳维亚和基辅罗斯之间的贸易，直接与此前控制波罗的海贸易路线斯堪的纳维亚人产生竞争。吕贝克与维斯比签订条约结束了竞争，根据条约，吕贝克也获准直达俄罗斯内陆港口诺夫哥罗德并建立贸易站。1356年汉萨大会之后，同盟网络扩大，加入的城镇数量约在70~170个之间波动（图9-5）。④

同盟起初只是从事粗纺毛织品贸易，逐渐发展为将商业和工业带到德意

---

① Justyna Wubs-Mrozewicz. *Traders, ties and tensions: the interactions of Lübeckers, Overijsslers and Hollanders in Late Medieval Bergen*. Uitgeverij Verloren. 2008: p. 111.

② Translation of the grant of privileges to merchants in 1229: "Medieval Sourcebook: Privileges Granted to German Merchants at Novgorod, 1229". Fordham. edu. http://sourcebooks.fordham.edu/halsall/source/1229novgorod-germans.asp. [2017-05-11]

③ Süha Atatüre. "The Historical Roots of European Union: Integration, Characteristics, and Responsibilities for the 21st Century". *European Journal of Social Sciences*. Eurojournal. 2008: 7 (2).

④ Fernand Braudel. *The Perspective of the World*. Volume 3: *Civilization and Capitalism, 15th – 18th century*. Phoenix Press. 17 January 2002.

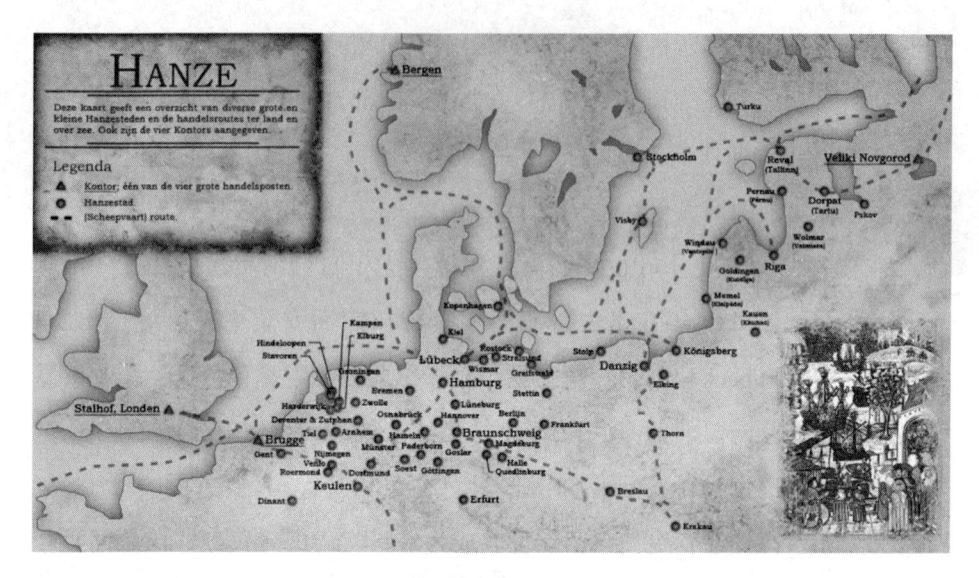

图 9-5　汉萨同盟主要城市和贸易路线图

Dutch map of the different small and large Hanseatic Leage cities and trade routes, by Doc Brown, 2008.

志北部。随之贸易的增长，新的精纺毛织品和麻织品，甚至丝织品也能够在德意志北部生产。家庭手工业的其他精制产品也出现了，如蚀刻、木刻、盔甲、金属雕刻和木材车削等。①

汉萨同盟尽管组织结构不断变化，但还是拥有共同特征。多数汉萨城镇要么本来就是自治城市、要么通过集体谈判获得自治，尽管自治程度有限。汉萨自由城市直接效忠神圣罗马皇帝而不必受制于当地贵族。14 世纪后期，汉萨商人还成功地通过其经济实力、有时还通过军事实力保护同盟的贸易路线，同盟的商船武装装备精良，凭此对神圣罗马帝国的政策产生影响。同盟也对帝国之外展示实力。1361 年至 1370 年间，同盟对丹麦发动了战争。起初战争并不顺利，1368 年汉萨各城联合同盟内的科隆洗劫了哥本哈根和赫

---

① Frederick Engels. "The Peasant War in Germany" contained in the *Collected Works of Karl Marx and Frederick Engels*: Volume 10. New York: International Publishers. 1978: p. 400.

第九章　维京文化在弥散泛化过程中主导欧洲地缘文化演变

尔辛基，迫使丹麦国王瓦尔德玛尔四世（Valdemar IV）和其女婿挪威国王哈康六世（Haakon VI）于1370年签订《斯特拉松德和约》（peace treaty of Stralsund）赋予同盟从丹麦贸易中获取15%利润的权益，如此，同盟拥有了在斯堪的纳维亚贸易和经济的垄断地位。该条约标志着汉萨实力达到高峰。1426年至1435年的丹麦-汉萨同盟之战以后，1435年《沃尔丁堡条约》（Treaty of Vordingborg）又更新了同盟的特权。① 同盟还对海盗展开打击行动。1392年至1440年间，同盟的海上贸易面临着海盗劫掠的危险，这些海盗是1392年瑞典国王雇佣针对丹麦女王玛格丽特一世的。1438年至1441年，阿姆斯特丹商人不断追寻并最终获准与波罗的海通商的权力从而打破了汉萨垄断。为保护对商船和货物的投资，同盟还训练领航员并建立灯塔。

多数外国城镇把汉萨商人限定在特定区域和汉萨自己的贸易站内。除了交易，汉萨商人极少与外国当地居民往来。当地居民、商人和贵族们，嫉妒汉萨权势并试图削弱之。伦敦当地商人为取消同盟特权持续施压，而汉萨拒绝为英格兰同行提供互惠权利无疑加剧了紧张局面。尽管存在潜在的敌意，英格兰国王还是在1474年《乌得勒支条约》（Treaty of Utrecht）中再次确认了同盟特权，部分原因是同盟在玫瑰战争中给予了约克派大批经济支持。1597年，英格兰女王伊丽莎白一世将同盟逐出伦敦，次年又关闭了杆秤院。1494年，俄罗斯伊凡三世关闭了同盟在诺夫哥罗德的贸易站。汉萨同盟存在连同其特权和垄断产生了经济和社会紧张，而这种紧张又经常引起同盟成员内部的对立。②

15世纪后期的经济危机也同样冲击了汉萨同盟，而真正对汉萨同盟构成终极威胁的是各地国家的出现，无论是新国家还是复兴的国家，而且不限于西部。1466年波兰战胜条顿骑士团，1478年莫斯科大公伊凡三世终止了

---

① Phillip Pulsiano；Kirsten Wolf. *Medieval Scandinavia*；*An Encyclopedia*. Taylor & Francis. 1993；p. 265.

② Philippe Dollinger. *The German Hansa*. Routledge. 2000；pp. 341–343.

同盟在诺夫哥罗德作为中间商的独立地位,并于1494年将其彻底关闭。① 由于波兰与汉萨同盟具有松散的联系②,1466年以后维斯瓦河缺少边境海关使波兰从维斯瓦河如海的谷物出口逐年提升,从15世纪后期每年近一万吨提升到17世纪每年超过二十万吨。③ 汉萨统治的海上谷物贸易使波兰成为主要贸易活动地区之一,丹泽(Danzig)因此成为同盟最大的城市。同盟城市承担起自我保护的责任。1567年,汉萨同盟再次确认以前同盟成员的义务和权利,如共同保护还有防御敌人等。④

但是,各国日益增长的重商主义(mercantilism)使同盟难以招架,在变化了政治和经济气候,同盟开始衰落。至16世纪后期,同盟内部分裂,内斗不已。社会和政治变化包括宗教改革、荷兰和英格兰商人的崛起,还有奥斯曼帝国入侵神圣罗马帝国及其贸易路线,使得出席1669年最后一次正式会议的成员只有九个,而将成员资格保留到1862年同盟解体的城市只有吕贝克、汉堡和不莱梅三个。此时,威廉一世创建德意志帝国。

汉萨同盟成员是德意志西部和北部商人,拥有市民资格,但并不是所有城镇的商人都是同盟成员。无论如何,汉萨商人也可来自非德意志城镇法管辖范围,尽管成为同盟资格的前提是德意志出身、遵从德意志法律并受过商业教育。同盟旨在增加和保护不同成员的共同利益,其商业目的是提高贸易、政治目的是从地方贵族统治者那里获取最大独立性。⑤

汉萨同盟作出决定和付诸行动是以达成共识为基础的程序结果。如果一

---

① Dirk Meier. *Seafarers, Merchants and Pirates in the Middle ages*. Boyden Press. 2009:p. 145.

② Helena Blumówna. *Kraków jego dzieje i sztuka:Praca zbiorowa* [*Krakow's history and art:Collective work*]. Katowice. 1966: p. 93.

③ Norman Davies. *God's playground. A history of Poland, Volume 1:The Origins to 1795*. Oxford University Press. 1982.

④ "Agreement of the Hanseatic League at Lübeck, 1557". Baltic Connections. http://www.balticconnections.net/views/exhibition/detail.cfm? mode = language&ID = 18CEDA3F-D929-4A8E-E777F313AC7EB8E4. [2017-05-13]

⑤ Rolf Hammel-Kiesow. *Die Hanse* (in German). Beck. 2008:pp. 10-11.

第九章　维京文化在弥散泛化过程中主导欧洲地缘文化演变

个议案提出，同盟成员将应邀参加中央会议（Hansetag），各成员社区随即选出代表在中央会议上表达本地意见，当然，不是每个社区都派出代表，代表往往被授权代表一连串社区。建立在共识基础上的地方和中央会议按照低地萨克森传统，共识被界定为经过讨论后没有反对。会议程序中，得到足够支持的提案被大声读出来并记录在案，如果没有出席者反对即获通过，成为有约束力的协定；而不大可能获得足够支持的替代提案被迫在会议程序中保持沉默。如果某一议案达不成共识，则一定数量的成员将被授权制定出替代的妥协方案。①

汉萨同盟各地贸易站（Kontore）各自拥有金库、法院和印鉴。与行会一样，贸易站由参议员（aldermen）领导。1347年，全同盟将不同地方的成员作为平等资格划分为三个区域（Drittel），三个分区分别是文德-萨克森（Wendish-Saxon）、威斯特法利亚-普鲁士（Westphalian-Prussian）和哥特兰-立沃尼亚-瑞典（Gothlandian-Livonian-Swedish）。每个区域的商人各自从十八人理事会中选出两位参议员和六位成员管理贸易站。三分区的做法后逐渐被采用而制度化。② 中央会议是同盟唯一的中心机构，但是，三分区以后，各分区经常举行各自分区会议，制定共同方案以便在中央会议上提出。在地方一级，同盟成员也经常开会，但是，区域一级会议从未形成机构，其重要性主要体现在准备和执行中央会议的决定上。③ 自1554年起，四分区（Quartiere）取代三分区，目的是减少地方多样性、加强地方合作，以便使同盟决策过程更有效。④ 四分区分别是：文德和波美拉尼亚（Wendish and Pomeranian）；萨克森、图林根和勃兰登堡（Saxon, Thuringian and Branden-

---

① Rolf Hammel-Kiesow. *Die Hanse* (in German). Beck. 2008：pp. 70-72.
② Rolf Hammel-Kiesow. *Die Hanse* (in German). Beck. 2008：pp. 62-63.
③ Eva-Marie Distler. *Städtebünde im deutschen Spätmittelalter. Eine rechtshistorische Untersuchung zu Begriff, Verfassung und Funktion* (in German). Vittorio Klostermann. 2006：pp. 55-57.
④ Konrad Fritze, et al. *Die Geschichte der Hanse* (in German). 1985：p. 217.

burg）；普鲁士、立沃尼亚和瑞典/东波罗的海（Prussia, Livonia and Sweden）；莱茵、威斯特法利亚和荷兰（Rhine, Westphalia and the Netherlands）。①

结论和讨论

（一）结论及分析

第一、后维京时期，维京文化和维京各地变异体均已纳入欧洲基督教秩序框架中，欧洲地缘文化以此框架为界限，呈现出商业、宗教和国家三维缠绕制衡结构模式，形成内外依附共生与缠绕制衡关系。各大国原型实体中，维京文化占据统治引领地位；欧洲地缘文化内，基督教总体上占据统治引导地位。按照地缘文化依附共生关系，各大国原型均皈依基督教，其中，基辅罗斯皈依东正教，其他均皈依天主教。欧洲文化内部，基督教大分裂、天主教会与各世俗政权的矛盾、各国之间的相互征伐及彼此利用，构成欧洲文化生态内部的缠绕制衡关系。以基督教框架为界限，作为维京变异体的欧洲各强势国家，彼此远交近攻、合纵连横，同时又以"主教叙任权"之争为典型，与罗马教廷争夺对本国教会的控制权。政、教之间也构成依附共生与缠绕制衡关系。强势扩张的维京文化与原有强势基督教文化彼此借重，与欧洲以外更为强势的地缘文化实体穆斯林势力和蒙古势力在整体上构成博弈抗争关系；穆斯林内部不统一和蒙古帝国内部矛盾，与欧洲文化实体内部矛盾互相勾连，又在欧洲外部地缘文化生态关系上构成缠绕制衡关系。

第二、后维京时代，维京文化及其变异体追逐财富集中的导向，与欧洲各地王权和教会彼此交织，是引领欧洲地缘文化生态走向世俗化和商业化的

---

① Richard Natkiel. *Atlas of Maritime History*. Smithmark Publishing. 1989：p. 33.

第九章　维京文化在弥散泛化过程中主导欧洲地缘文化演变

动力源。继维京扩张之后，维京探险文化不仅表现为敢于和善于参与欧洲内外一切冲突活动，还表现为以宽容、实用和学习的态度对待和处理一切文明成果。为追逐财富，以维京后裔为主力的十字军不仅劫掠和杀戮穆斯林和犹太人，只要可能，也劫掠和杀戮东正教徒、甚至天主教徒；维京后裔瓦良格雇佣军和诺曼雇佣军，成为欧洲各国倚重和畏惧的军事力量，是欧洲内外战场的精锐之师，而各种"骑士团"则直接体现了天主教会的权威和力量；十字军所到之处，不仅在欧洲以外、地中海东部建立国家，实行殖民统治，也在欧洲东南瓜分拜占庭帝国、欧洲南部意大利半岛和西西里岛建立国家实行殖民统治、还在欧洲北部征服异教实行殖民统治，莫斯科公国甚至为蒙古金帐汗国充当代理对原基辅罗斯各公国实行"自我殖民"统治。汉萨同盟这种超国家、超贸易行会、具有垄断性质的商业文化实体，是欧洲北部各国力量衰弱的产物，必然随着各国力量的上升而衰落。汉萨同盟直接表现了维京商业文化属性：为协调同盟内部利益建立机构和制度、对外则为取得垄断利润而以贸易为导向引领和控制生产制造、以经济和武力为后盾保护同盟利益。汉萨同盟的出现，意味着在驱动地缘文化生态关系变迁的两只引擎宗教文化实体——基督教会和政治文化实体——国家政权之外，又出现了第三只引擎——商业文化实体。

（二）进一步讨论

维京商业文化作为初始值投入欧洲地缘文化生态后，引发了"蝴蝶效应"，将把欧洲文明引向何处？一方面，欧洲文化生态三维缠绕制衡模式导致欧洲文化生态内部张力增加，实际上处于四分五裂状态。当东方蒙古帝国骤然而至时，各国无力抵抗，若不是蒙古帝国内部原因，欧洲势必将整体沦为蒙古殖民地。十字军东征的最终结果不但未能恢复耶路撒冷，反而加剧了东正教拜占庭帝国与罗马天主教国家的分裂，加速了拜占庭帝国的衰退。另一方面，地缘文化生态的博弈，导致欧洲对外贸易通道被奥斯曼帝国封堵，迫使张力十足的维京文化改变扩张方向，而伊比利亚半岛"收复失地运动"的成功为各维京变异体从大西洋方向扩张提供了可能。同时，蒙古帝国内部出现纷争，不仅使欧洲免于沦为蒙古殖民地，还为退守极北之地的莫斯科公国提供了可乘之机。

总结论　西方大国崛起的文化再生机制

　　作为文化实体的欧洲/西方九国——意大利、葡萄牙、西班牙、荷兰、不列颠、法兰西、德意志、苏联/俄罗斯和美利坚，依次崛起为现代全球大国有其内在规律。理论依据是：在欧洲/西方地缘文化生态和全球文化生态演化进程中，简单结构的文化有机体，如部落或部落联盟，在不断复制自身时产生了细微的变量——文化初始值。文化生态的演化高度依赖这些不断产生的敏感的初始值。初始值加入到文化有机体复制过程中，产生更多的变量；更多的变量加入简单结构的不断复制，通过渐变和突变生成原有文化的变异体——新的文化有机体；新的有机体在文化生态依附共生与"缠绕"制衡关系的博弈进程中，总是循着阻力最小的方向运行，通过扩张和弥散，成长为强势文化实体。强势文化实体的"膨胀"势必造成地缘文化生态中相应文化实体的"腐蚀"。此为九国崛起的文化生态基本原理。

　　公元纪年以后，在罗马帝国衰退与欧亚大陆众多"蛮族"多波次移民/

"入侵"时期,新生的基督教作为初始值植入罗马世界,引发了罗马文化及地缘文化系列反应,奠定了此后欧洲/西方文化生态基础。8世纪末至11世纪中期,维京海上商业文化作为新的初始值通过三百年"维京扩张"植入欧洲基督教文化和封建文化生态,生成维京文化强势变异体即欧洲大国原型。此后,维京商业文化引导大国原型在欧洲及其地缘文化生态两个范围和宗教教会—封建国家—商业利益三个维度依附共生与缠绕制衡关系中运行,于13世纪导致欧洲"商业革命"。商业革命又引发了欧洲文化生态持久系列的连锁反应,包括文艺复兴运动、地理大发现、殖民运动、宗教改革、"三十年战争"、政治革命、科学革命和启蒙运动,创造了"欧洲奇迹",并最终为18世纪工业革命、19世纪第二次工业革命所承接,延续至20世纪信息革命。与此同时,在地缘文化逼迫下,以15世纪和16世纪为发端,维京海上商业文化引导欧洲商业文化实体从海上和陆地两个方向对全球文化生态进行探险与扩张,至20世纪完成对地球两个极地的探险和开发。此为"第二次维京扩张"。两次维京扩张的千年进程就是现代西方大国生成与崛起的历史和逻辑依据。

　　自然经济时代欧亚大陆数次大迁徙生成了非自然经济属性的维京商业文化实体。维京文化作为初始值植入欧洲文化生态,主导了欧洲文化、欧洲地缘文化和全球文化生态从自然经济转向商品经济或现代市场经济、从神的世界转向人—神的世界、从等级世界转向阶级世界、从个人及家族的国家转向以共同利益及其价值观为基础的民族国家,即转向世俗化和商业化。在此进程中,现代西方九个大国原型陆续生成并依次崛起。九国崛起存在着一套文化再生机制。这套机制可以历史地、逻辑地分为三个步骤:第一、大国原型初始值的生成机制;第二、大国原型生成机制;第三、大国崛起过程中的文化再生机制。

总结论　西方大国崛起的文化再生机制

一、大国原型及其初始值的生成机制

（一）大国原型初始值的生成机制

维京文化实体的生态基础：罗马文化、基督教文化和欧亚众多"蛮族"文化构成的依附共生和缠绕制衡关系是生成现代大国原型初始值——维京文化实体的生态基础。公元纪年前后，罗马文化和刚刚产生并进入罗马世界的基督教文化占据了罗马地缘文化生态的中心地位。此后，罗马文化和基督教文化是欧洲文化生态演化的母体、范式和框架模型。基督教产生并作为新的文化初始值进入罗马地缘文化生态圈，契合了罗马世界的文化生态。无论有多少具体原因，基督教入主罗马世界的社会文化根源可能有二：第一、混乱不已的罗马世界人心思定，而作为穷人宗教的基督教正好契合了包括但不限于罗马世界底层人民的精神寄托；第二、处于衰退之中、又遭到欧亚众多"蛮族入侵"的罗马帝国，其统治者在经历了3世纪罗马危机之后也需要基督教这样的一神教来统一思想，并为社会提供一套基本价值观念和基本社会规范。无论如何，欧洲文化生态变迁过程中，处于衰退和分裂状态的罗马文化与新兴的处于扩张进程中的基督教发生耦合作用，形成了依附共生关系。4世纪后期，罗马帝国将基督教确立为国教，对基督教的扩张、对罗马文化的延续，都是临界点。在欧亚众多"蛮族入侵"罗马世界的时候，日耳曼各部落也从北欧出发，向罗马世界入侵和移民，历经数个世纪，在4至6世纪"民族大迁徙"之后乘乱建立了王国，并于800年由查理大帝接受罗马教皇加冕成为"罗马人皇帝"。由此，处于衰退中四分五裂的罗马文化、新兴的处于扩张中的基督教文化和攻势凌厉的日耳曼本土部落文化又一次在欧洲地缘文化圈中发生耦合作用，构成欧洲文化圈内最基本的依附共生与缠绕制衡关系。从那以后，一直延续到当前，在欧洲地缘文化生态及西方地缘文化生态的演化过程中，新的文化初始值均以罗马文化、基督教文化和日耳曼文化耦合后的结合体为基础而不断生成。

维京文化实体的构成：扩散到斯堪的纳维亚南部及周边地区的移民文化与当地本土文化冲突并耦合后生成了主导与从属两层社会结构的文化实体——维京文化实体。维京文化是一种再生文化。维京不是相对稳定的文明体，而是前维京时代在欧亚大陆上众多"蛮族"移民在各文明中心的边缘和外围经过长时期、多批次地、反复辗转迁徙冲突后，被迫流落到苦寒贫瘠的斯堪的纳维亚及周边地区，与当地文化冲突与融合后再生的文化实体。其中，外来的具有非自然经济属性的移民文化占据主导地位，本土自然经济的农耕渔猎文化居于从属地位。构成维京再生移民文化的部族主要有：伦巴第、苏维汇、弗里西、朱特、法兰克、匈奴、阿瓦尔、斯拉夫、保加尔、阿兰、哥特、汪达尔、盎格鲁和萨克森。这些部族从自然经济的农耕、游牧、渔猎文化中分离出来，再经过长期主动扩张的入侵和被驱逐转移，最终啸聚于斯堪的纳维亚地区，与本土文化融合并占据主导地位。维京文化中，外来移民的武士、贸易等传统得到继承，本土的造船、海事技术则得到充分发挥，两者结合后形成了一种独特的、具有非自然经济特性的文化实体。

维京文化的特质。相对于欧亚大陆上繁华富庶的文化中心，维京移民文化处于文明中心的边缘之外，历史文化生态关系决定了维京文化与自然经济条件下其他文化截然不同的特质，即主要不是通过自然条件缓慢积累财富和荣誉，而是通过快速占有他人财富为己有并以占有的财富为基础获取荣誉。维京文化快速占有他人财富的属性决定了维京文化的另一特质——张力，无论对内还是对外，维京文化都极具张力，因此，维京文化缺少能够维系维京社会稳定的文化内核，即维京文化缺乏凝聚力。

维京文化的结构。维京文化实体的结构模型由探险、劫掠、武士、贸易和殖民亚文化模式彼此勾连而成，是五位一体的松散联合体，反映了维京文化属性。小规模、文化贫瘠、经济落后的维京文化之所以能够在强势地缘文化生态中大范围、连续扩张三百年,在于其拥有独特的、实用的、综合的文化结构模型。维京文化之所以能够成为现代欧洲大国/西方大国的初始值,其优势和独特之处并不在于其拥有五个亚文化模式,这些亚文化模式在同期的地缘文化和世界其他文化中都不同程度的存在;也不在于维京人擅长造船和善于海上航行,较之地中海文明,维京的海事水平相形见绌;甚至还不在于其勇于探险、敢于征伐和为占有他人财富而不择手段,这些特征在人类文明史上各大文明中心的统治者和文明边缘的"野蛮人"中比比皆是。维京文化独特之处在于,在自然经济条件下汇集了众多移民而又同时拥有五个亚文化模式的海上商业属性。维京文化张力源于其商业属性。维京移民来源多样、身型高大及长于海事和五位一体的商业文化模型结构是维京文化的三大特征。

(二) 大国原型生成机制——维京文化与各地本土文化的耦合机制

欧洲文明中心罗马文化的衰微和欧亚众多"蛮族"多波次反复"入侵"和移民导致的地缘文化生态剧烈变动是"维京扩张"的根本原因。基督教在罗马世界的广泛传播为维京文化与欧洲各地本土文化的耦合提供了契机。凭此,强势而规模微小的维京文化才能够广泛地在环欧洲沿海和沿主要江河地区落地生根,与各地本土文化融合,再生出强势的维京文化变异体,即强势欧洲大国原型。换言之,欧洲地缘文化中心与文化边缘的相互依附关系及强弱态势发生剧烈震荡是引发维京扩张的文化根源。维京扩张只不过是欧洲众多"蛮族"多波次"入侵"和移民罗马世界及基督教世界的一个波次而已,具有历史必然性。维京扩张时期,维京文化植入欧洲各地本土而再生出维京变异体的强势国家原型包括但不限于:不列颠、荷兰、俄罗斯、法兰西和意大利;维京经略而未能立足却植入维京文化的地区涵盖后世强国包括:

美利坚合众国、德意志、西班牙和葡萄牙。

通过维京扩张，维京文化强势植入环欧洲边缘各地本土文化。8世纪后期至11世纪中、后期是欧洲历史上的"维京时代"。维京人（也被欧洲各地和各种语言称为诺曼人、北方人、瓦良格人或罗斯人）身型高大、信奉主神为奥丁的多神教、有口头语言而无文字。从欧洲文明边缘的边缘、人口稀少的苦寒之地斯堪的纳维亚半岛出发，维京人在未知财富引导下，不避艰险、不畏强势，为追逐财富和建立在财富基础上的荣誉，出入北海和波罗的海，多波次、分阶段、沿水路通过已知的航线并探寻新的航线，向一切已知和未知的极限地区推进。

维京扩张运用商业模型，包括综合地、灵活地运用各种战略、策略和方式方法，集中他人财富为己有。这种商业模型可拆分为探险、劫掠、武士、贸易和殖民模式。具体如何运用这些方法，则依据扩张地区的情形和扩张对象的强弱程度，一般可分为：在未知地区情况不明时，往往实施小规模突袭，劫掠财物并俘获人员充当己方奴隶或将其贩卖；如能站住脚，则采取有组织的武装殖民并移民的方式，实行殖民统治，取得最大化利益；在动荡不安的地区，则攻城略地，搜尽财富，包括通过威胁毁城或绑架王族成员取得大笔赎金；对强势的繁华都市，则通过贸易和充当雇佣军取得长期利益。

与维京扩张地区的势力比较，维京人力量极度微弱、严重分散，因为缺少作为凝聚力的文化核心，从未取得统一。虽然共同的利益可能使各股维京势力统一行动，但是，商业文化的本质所固有的利益冲突又使维京人互相争夺、彼此攻伐。尽管如此，商业文化引领维京人通过斯堪的纳维亚半岛西部沿海、绕行至北部沿海，进入北极圈范围内；维京人通过北大西洋岛屿，早于哥伦布五百年数次抵达北美大陆；维京人还在欧洲与亚洲毗邻的河海地区和崇山峻岭间，开辟了水陆转运商道，抵达巴格达。维京扩张时期，维京人在波罗的海南岸向欧洲腹地推进几乎没有进展。这也迫使总体规模微小、力量薄弱的维京武士舍近求远,从东、西两大方向,避开波罗的海南岸以南广大的欧洲腹地,却沿着河海路线、远距离追逐财富。总体而言,在维京时代,一方面,维京海上商业文化通过维京扩张,从北欧出发,四面包抄欧洲文化圈,将维京文化强势植入欧洲主流文化,在欧洲文化圈边缘地带生成了多个维京强势变异体,即新兴国家;另一方面,基督教文化凭借罗马国教优势地位,从南向北,继续逆向强势扩张,教化全欧洲,奠定了欧洲文化的基本价值观和建立在基本价值观基础上的基本社会秩序。

维京文化植入欧洲地缘文化板块的断层地带或薄弱地带与当地文化耦合生成强势维京文化变异体即大国原型。维京时代,维京文化实体尽管强势,但是自身规模狭小而且严重分散,又缺失凝聚力,因此,维京扩张只能在欧洲地缘文化板块之间的冲突地带或薄弱地带。不列颠、北大西洋岛屿和斯堪的纳维亚西部及北部地区,均处于欧洲文化板块的边缘地带,人口稀少而且统治薄弱,易于维京海上扩张,困难主要在于自然条件恶劣。维京诺曼对法兰西扩张,也是利用法兰克王国与周边强势政治实体争夺权力且内部政局不稳、叛乱丛生的混乱局面。维京诺曼在天主教中心地带意大利征服的起点,不过是规模不等、零星的雇佣军受雇于基督教政权各方,包括受雇于基督教政权用于抗衡伊斯兰教扩张、受雇于天主教和东正教双方用于彼此攻伐、受雇于各地王权用于镇压叛乱。维京瓦良格扩张无论是起源于"应邀"调解斯拉夫部落纠纷,还是到拜占庭帝国劫掠或经商,若不是该地区王权势力薄弱又处于基督教与伊斯兰教冲突地带、天主教与东正教争夺地带,力量单薄、分散、又不团结的维京人无论如何都将难以立足。反观神圣罗马帝国腹地的中欧地带,维京势力则无法介入;当地力量稍微强势一点的伊比利亚半岛,维京数次冲击后,也只能从海上顺道而过;维京罗斯人的基辅大公国建立后,成为欧洲最强势政权之一,但是,在蒙古帝国冲击下,迅速土崩瓦解;扩张在整个欧洲的维京变异体几乎全数参与到十字军运动中,最终也没有能够在耶路撒冷站住脚跟，而是被奥斯曼帝国封堵。正是在欧洲文化薄弱地带和欧洲地缘文化板块冲突地带，维京海上文化才能跨海远距离扩张，维京商业文化才能与各强势文化实体依附共生，维京文化不同的亚模式才能各展所长并占据环欧洲各地文化的上层。维京各支凭借不同亚模式与薄弱地带文化冲突并融合、利用强势文化之间的矛盾冲突与各强势文化实体缠绕制衡，不断地在欧洲文化和欧洲地缘文化生态的依附共生与缠绕制衡关系中扩张，遇到内部如神圣罗马帝国则退居边缘、遇到外部如蒙古帝国、穆斯林奥斯曼帝国也顺势回旋，总是循着阻力最小的方向运行。通过扩张，维京文化植入环欧洲各地薄弱地带和冲突地带。维京文化与各地本土文化在冲突后融合而生成维京文化变异体——大国原型，其中维京文化占据大国原型的社会上层，处于引领地位。

（三）维京商业文化变异体——大国原型在欧洲地缘文化生态中的依附共生与缠绕制衡关系

1. 维京文化与基督教文化的依附共生与缠绕制衡关系

维京扩张者与基督教会互相依附。维京首领带领武士扩张到欧洲各地，均不约而同地放弃自身多神教而有条件地皈依基督教并强令部属和属地居民也皈依基督教。其中，维京多数首领接受当地天主教，如英格兰、法兰西和从法兰西到意大利半岛建立西西里王国的维京雇佣军；基辅罗斯大公则接受临近拜占庭帝国东正教。维京扩张者与基督教会互相依附，各取所需。对维京统治者而言，对内，维京改奉一神教的基督教，维京首领可以对内加强思想统治，一定程度上改变了多神教时期为经济利益而存在的严重弱肉强食的无序争斗；对外，维京整体融入占据主流和统治地位的欧洲基督教世界是维京实施殖民统治的"合法"基础，也是人口稀少、力量薄弱的维京文化能够植入维京扩张地区的不二选择，否则，"蛮族"、异教的维京人无法在强势的基督教世界或其边缘立足。后世维京变异体均继承基督教传统，从而使基督教成为维系社会秩序和统治秩序最基本的价值观和最基本的社会规范。对基督教会而言，收复桀骜不驯的维京扩张者，化敌为友，极大地增强了基督教会的力量，"招安"维京首领是自罗马帝国宣布基督教为国教以来数百年间基督教最重要的一次扩充力量，在基督教传播史上意义深远。在当时，维京力量加入基督教成为基督教应对正在强势崛起并且向欧洲扩张的伊斯兰教的急迫需求。实际上，维京各地武士也确实成为了十字军运动的主力。

维京扩张者与基督教会又"缠绕"制衡。维京扩张者在基督教框架内无视教规，巧取豪夺，与基督教会冲突不断。在很大意义上，维京各地首领率众皈依基督教只是一种取得更多、更长期商业利益的战略选择。维京首领在皈依基督教时均签署协议，协议中将维京皈依基督教作为交换条件，换取在占领地实行合法殖民统治、贸易优惠和其他利益。各维京变异体生成以后，维京王权与教权冲突不断，突出表现为争夺当地主教叙任权。莫斯科罗斯更是将东正教中心从康斯坦丁堡转移至莫斯科，并拒绝了罗马天主教廷要求与东正教和好的会议文件。意大利半岛上早已皈依天主教并接受封号的维京贵族为争夺地盘甚至不惜攻击教皇直属领地。十字军东征起因是罗马天主教廷为援助正在遭受伊斯兰教攻击的同为基督教的东正教拜占庭帝国，而各地十字军却趁火打劫东正教世界。十字军东征从穆斯林手中夺回的拜占庭领地往往并不归还拜占庭，维京武士往往都是自占自有，建立独立国家，实行殖民统治。第四次十字军东征时，以各地维京力量为主力的十字军甚至洗劫蹂躏东正教拜占庭帝国都城康斯坦丁堡，并伙同意大利自治的商业城邦共和国瓜分拜占庭帝国大部分领土。一直到八百年之后的21世纪，罗马天主教皇会见东正教牧首时，还为此事向东正教道歉。

2. 维京文化与各地封建王权的依附共生与缠绕制衡关系

维京扩张者与各地封建王权也彼此依附而共生。各地维京扩张者每占领一个地区，在皈依基督教的同时，还通过协议接受扩张地封建王室封号，将事实上的占领地合法化，如法兰西王国的诺曼底公国，基辅大公国，意大利半岛诺曼人先后占领并接受分封的大小公国和西西里王国；在英格兰，维京首领在势均力敌时与周边王国通过协议划定边界，如"丹麦区"；在荷兰等地维京人则通过赎买而建立自治和半自治的城邦共和国。通过这些协定，一方面，维京扩张者可以将占领地区合法而且和平地据为己有，另一方面，各地帝王也可以通过在名义上"诏安"这些强势维京扩张者而壮大自己的声势。这些协议的实质是维京扩张者与欧洲各地王权结成同盟关系，在欧洲内外征战不断的情况下，结盟双方可以互相倚重，避免同时树敌过多。维京扩张者还通过广泛的政治联姻来结成盟友关系，以至于欧洲各国王室彼此交叉都在一张联姻网内，因此，欧洲各国之间的混战本质上只是王子/公主争夺王位继承权的战争而已。蒙古帝国入侵东欧后，占领了基辅大公国大部分领地，莫斯科公国则依附蒙古金帐汗国，充当其代理人，向其他罗斯公国征税。莫斯科大公国由此暴富，成为整个罗斯势力最大的公国，为后来反抗金帐汗的统治和建立俄罗斯国家及东正教中心奠定了直接基础。

维京扩张者与神圣罗马帝国、拜占庭帝国等政治实体的缠绕制衡关系。维京扩张初期，因规模小而零散，只能在远离神圣罗马帝国和拜占庭帝国的欧洲边缘从事劫掠和殖民活动，能够殖民的重要条件之一是扩张地四分五裂，如不列颠群岛和东斯拉夫各部落。维京扩张不可避免地与扩张地产生冲突。在不列颠群岛，维京人解决冲突的方式是割地称雄，这又加剧了当地的冲突；在斯拉夫部落，冲突不仅存在维京内部的各部之间，也存在于维京罗斯人与拜占庭帝国之间；在意大利，维京诺曼人则以充当雇佣军方式，利用合法身份反客为主，在冲突中割据称雄。维京一旦劫掠成功，一方面通过占有当地人力、物力和财力急速扩充实力，另一方面又吸引更多的维京人从事劫掠活动，从而引发维京时代长达三百年的大肆扩张。实力剧增的各方维京殖民者，还乘势与更强的王权分庭抗礼，如维京首领罗洛率部从不列颠殖民地出发围困法兰西王国都城巴黎，建立诺曼底公国，其后裔征服者威廉则率领八千之众反向入侵并统治英格兰王国二十万居民，将当地原有贵族几乎斩杀和驱逐殆尽。维京诺曼雇佣军还从法兰西出发，在意大利半岛东征西讨，不仅将半岛大部分据为己有，还为争地盘攻击教皇直属地、攻击拜占庭帝国领地。西西里王国建立后，范围延伸至穆斯林世界西西里岛和北非，试图象维京北海帝国那样建立一个版图覆盖欧、亚、非的维京地中海帝国，几乎就是古罗马帝国的新版。植入各地并占据各地上层社会的维京人，再生出强势维京变异体，建立起后世欧洲大国的强势原型后，张力十足，与欧洲最大、最正统的两个政治实体神圣罗马帝国和拜占庭帝国，明争暗斗，构成缠绕制衡关系。这些维京文化变异体的大国原型，秉承维京商业文化集中财富为己有的传统和张力，必然使两个"第二罗马"和以后多个"第三罗马"试图建立统一的"欧洲人的欧洲"成为泡影。其影响所及，直至当今的欧洲联盟——在历史文化的意义上，当今的欧洲联盟已经发展到巅峰，往后，将曲折下滑。

3. 维京商业文化冲击基督教文化和封建文化并引领欧洲文化生态走上世俗化和商业化道路

在自然经济时期，维京商业文化植入欧洲基督教世界，生成维京变异体即强势大国原型。维京变异体追逐集中利益而充满张力，不仅造成维京世界内部为占有更多的利益而彼此角逐争斗，还为更大的利益在基督教世界、在繁荣的神圣罗马帝国和拜占庭帝国中心和腹地也不断争名夺利，使原已分裂的基督教世界更加分裂并持续层层分裂，使原本松散的神圣罗马帝国更加四分五裂、使处于衰退中的拜占庭帝国更加衰退。

维京扩张者一方面建立并维护自己的封建统治秩序，另一方面，维京文化又冲破欧洲封建等级秩序，引领欧洲社会走向商业化方向。以维京出发地及波罗的海为中心建立的汉莎联盟是具有国家性质和工商贸易的行会垄断性质却又超越国家、超越行会的联合体。维京人在扩张地区建立的封建国家，接受分封后又将属地分封给部属，分封的主要依据是战功，从而打破了欧洲原有国家的贵族等级秩序。维京海上商业文化快速聚敛的财富，无论是劫掠、勒索、充当雇佣军还是攻城略地，暴富群体远远不限于维京首领和当地贵族，武士/骑士阶层和商人阶层应运而生。由此，在神职人员和传统封建贵族之外，"第三阶层"的崛起，成为改变欧洲文化生态演化方向的基本力量。

维京统治者一方面为维护自身的统治率众皈依基督教，维京力量为抵御穆斯林向欧洲扩张和征服其他"异教"而加入十字军并成为主要力量，另一方面，维京文化冲破基督教统治秩序，引领欧洲社会走向世俗化方向。维京文化冲击基督教统治秩序的突出表现是各地维京统治者与天主教廷及东正教廷争夺自己领地的教会权力，使王权高于主教权力，莫斯科大公则干脆将东正教中心移至莫斯科并将王权置于牧首之上。根本上，维京商业文化在全欧洲范围内用实际行动追逐财富及相应的荣誉，重视现世生活，与基督教义背道而驰。西西里王国实行宗教宽容政策和重视商业活动，吸引了各地商人、艺术家、学者纷至沓来，罗马文化、拜占庭文化和伊斯兰文化汇集于意大利半岛，各种思想互相激荡、各种艺术流派竞相呈现。由此，维京商业文化通过维京扩张和十字军运动植入欧洲文化生态，开启了欧洲基督教神权秩序的世俗化道路。欧洲中世纪中期启动的文化复兴运动和商业革命只不过反映了正在欧洲社会实践着的维京商业文化而已，否则，意大利文化复兴思潮和商业革命思想就无从产生，或者，即便产生了，也不能在欧洲大地广泛传播，再或者，即便传播了，也不能转化为普遍的社会实践。

二、大国崛起的文化再生机制

（一）九国在全球文化生态中持续扩张奠定崛起的物质基础

维京扩张之后，维京文化在欧洲文化圈弥散生成商业属性的欧洲强势国家，加剧了欧洲文化圈内紧张局势，冲突不断。在欧洲地缘文化生态中，基督教发起的十字军运动最终也没有征服强势崛起的穆斯林，甚至也没有能够挽救东正教拜占庭帝国衰落的颓势，反而被奥斯曼帝国封堵了国际贸易通道。13世纪后期，突如其来的蒙古帝国几乎对欧洲构成碾压之势，维京（罗斯/瓦良格）基辅大公国、拜占庭帝国自此衰落。若不是蒙古帝国内部争斗而自行衰落，整个欧洲可能沦为蒙古殖民地。然而，维京商业文化又一次拯救了欧洲文化并将其推向全球。维京文化引领欧洲在地缘文化生态博弈过程中从陆地和海洋两个方向对全球文化生态进行扩张，持续五百年，可称为"第二次维京扩张"。1453年东罗马首都君士坦丁堡落入奥斯曼帝国之手，欧洲基督教世界与东方的商业联系被切断（确切言之，是东西方不能直接或顺畅通商）。1455年教皇尼古拉五世发布敕令，将新发现的博哈多尔角（Cape Bojador）以外的土地和海洋，包括贸易和对穆斯林及异教徒的征服，都授予葡萄牙国王阿丰索五世（Afonso V）及其继承者，由此启动了大西洋的领海政策，也启动了基督教世界对非基督教世界的征服和扩张。

蒙古金帐汗统治东欧时期，原基辅大公国的莫斯科罗斯通过代理金帐汗殖民统治者管理斯拉夫各部，获取了大量财富，还将拜占庭帝国衰落后同样衰落的东正教中心转移至莫斯科，将王权置于教权之上。财富集中、绝对君主制和对东正教会的控制，使俄罗斯成为具有文化核心、因而具有凝聚力的强势民族国家。莫斯科罗斯乘蒙古帝国内乱之际，迅速反抗，取得独立后，强势俄罗斯乘势扩张。俄罗斯在南方取得巨大进展，与奥斯曼帝国对抗过程中，总体上处于攻势地位；在东方，俄罗斯沿原蒙古帝国扩张方向反向扩张，直至阿拉斯加及北美西海岸。通过扩张，一个庞大而强势的俄罗斯也将东正教传播到扩张地区及以外，以至于斯拉夫-东正教文明成为当今全球文明生态的主要文明之一。

欧洲东南方被奥斯曼帝国封堵之后，西南方收复失地运动取得成功。寻找国际贸易的欧洲维京商业文化，在"地理大发现"后，包括俄罗斯在欧亚大陆西伯利亚地区的探险和扩张在内，也顺势开启了"第二次维京扩张"。区别在于，第一次扩张仅限于欧洲地缘文化生态范围，而"第二次维京扩张"的范围则是全球文化生态。承接约五百年前的维京海上探险，欧洲"第二次维京扩张"的全球探险始于：第一、葡萄牙发现大西洋的马德拉群岛（Madeira）及亚速尔群岛（Azores）、非洲海岸和1498年发现通往印度的海路；第二、在1492年至1502年期间，哥伦布代表西班牙前身卡斯提尔（Castile）王室横跨大西洋的航行；第三、1519年至1522年的首次环球航行。对欧洲而言，这些发现引领了无数次越过大西洋、印度洋和太平洋的海上探险和远征，范围覆盖美洲、亚洲、非洲和澳大利亚，一直持续到19世纪后期，结束于20世纪的极地探险。20世纪后，探险范围向空天和海洋深处延伸，引领人类文明史进入空天/信息时代。

葡萄牙以贸易集聚全球财富为导向，率先崛起。15世纪和16世纪期间，葡萄牙构建了规模庞大的帝国从而崛起为世界大国，殖民地包括南美、非洲、亚洲和大洋洲。其后两个多世纪，葡萄牙虽然保持了大部分殖民地，但是，财富和地位逐渐丧失，直接原因在于伊比利亚联盟（Iberian Union）时期的葡萄牙分布广阔而零散的贸易站点和贸易区域被强势对手荷兰、英格兰和法兰西包围或征服，致使香料和奴隶贸易份额日益减少。1578年"三王之战"（Battle of Three Kings）和 1588 年西班牙试图征服英格兰之战标志着葡萄牙军事衰退。自 1415 年，葡萄牙夺取休达（Ceuta）建立第一个殖民地一直到 1999 年把澳门交还给中国，庞大的葡萄牙海外殖民帝国存续了近六个世纪。

从 15 世纪后期至 19 世纪早期，西班牙卡斯提尔王国控制着新世界广大的海外领地。王室财源主要来自墨西哥和秘鲁金银矿。西班牙帝国在 16 和 17 世纪哈布斯堡王朝统治时期达到军事、政治和经济力量的顶峰，18 世纪波旁王朝统治时期领地最广阔。西班牙成为当时首屈一指的全球大国，是第一个被称为"日不落帝国"的国家。

不列颠帝国源于英格兰在 16 世纪后期至 18 世纪早期建立的海外领地和贸易站点。在其顶峰时，不列颠帝国是历史上最大的帝国，并且，在一个多世纪内，是全球第一强国。截至 1913 年，不列颠帝国统治着当时全球人口的 23% 和陆地面积的 24%。不列颠帝国在美国独立前，主要经略北美和印度次大陆，史称不列颠"第一"帝国。美国独立后，不列颠注意力转向亚洲、非洲和太平洋地区，史称不列颠"第二"帝国。法兰西革命和拿破仑战争后，不列颠成为 19 世纪最主要的海上力量。1815 年至 1914 年是欧洲和世界的相对和平时期，后来被称为"不列颠和平"时期（Pax Britannica），主要依靠不列颠霸权维持，不列颠帝国充当了全球警察。不列颠帝国除了控制海外领地之外，其巨大影响力还可以有效控制亚洲和拉丁美洲等很多地区的经济命脉，即实际上还存在着一个远远超越正式不列颠帝国版图的非正式的不列颠帝国势力范围。

法兰西"第一"殖民帝国始于 16 世纪之后，在 17 世纪与葡萄牙、西班牙和英格兰竞争时，法兰西在北美、加勒比和印度建立了殖民地。18 世纪和 19 世纪早期法兰西与大不列颠及欧洲其他主要大国发生的一系列战争导致法兰西几乎丧失了全部殖民地。1830 年法兰西征服阿尔及利亚，开始重建新的殖民帝国，即"第二"殖民帝国，主要集中在非洲、印度支那和南太平洋地区。在其辉煌时期的1920年，包括宗主国在内，法兰西殖民帝国国土面积达到1 150万平方公里，1939年人口规模1.1亿。

美利坚合众国的产生与崛起是通过完整移植维京商业模型。欧洲各维京变异体在"第二次维京扩张"过程中，陆续强势崛起为世界大国。其中，北美扩张者利用欧洲大国博弈的剧烈变动之机，宣告独立，欧洲文化北美变异体分裂出来。美利坚合众国可视为维京文化实体在北美移植后的再生变异体，一个完整复制了维京五位一体结构模型的从海上而来建立在"新大陆"上的移民商业帝国。

与维京移民文化生成一样，美国作为文化实体也是后来者移民占据主导地位并且是绝对统治地位的多元文化混合体。继1000年前后维京数次初探北美之后，1492年哥伦布再次登上北美大陆，而欧洲人建立的大多数北美殖民地则在1600年之后。截至1770年前后，不列颠十三个殖民地在北美大陆大西洋沿岸约有二百五十五万人口。不列颠政府于1765年之后开征新税引发不列颠十三个殖民地的殖民者不满，终于导致1775年武装冲突。次年，不列颠殖民者宣告美利坚合众国成立。在法兰西的大力支持下，1783年《巴黎和约》赋予美国密西西比河以东的土地。1803年美国从法国购买了路易斯安娜领土，成倍扩大了领地，而1812年与不列颠最后一战则巩固了美国的国家自豪感。

以欧洲文化生态和全球文化生态千年跨度观之，维京文化探险模式不仅引领维京在欧洲扩张三百年，生成欧洲大国原型，还引领欧洲大国原型在全球文化生态进行"第二次维京扩张"，生成并崛起为现代西方大国。维京扩张三百年，维京人在全欧洲及其地缘范围内聚敛财富，奠定了强势维京文化变异体即大国原型的物质基础；第二次维京扩张五百年，维京变异体即大国原型在全世界范围内聚敛财富，则奠定了大国原型崛起为全球大国的物质基础。宽泛而言，进入 20 世纪，继"第二次维京扩张"之后，现代西方大国还引领人类文明向更浩瀚的太空探险与扩张，试图发现并向其他星球文明扩张。很难想象，在依附共生与缠绕制衡的人类文明生态系统中，一个缺乏探险精神的民族国家，包括规模大国，如何成为强国，即强势文明体？

(二) 九国通过复制维京文化模式而崛起的渐变和突变机制

与维京扩张一样，"第二次维京扩张"在全球文化生态中还是复制维京商业模型的五种亚文化模式：探险模式、劫掠模式、武士模式、贸易模式和殖民模式。这些以集聚财富为目的的现代经济运行方式在"第二次维京扩张"进程中演化为扩张主义，包括科学研究在内的知识生产和应用知识探索更广阔的未知世界、更大规模的直接掠夺、军国主义及代理人战争、重商主义与自由贸易、殖民主义，以及超越具体财富而反映大国根本利益和长远利益的对国际秩序的安排。

意大利主要凭借发达的贸易和精神文化领域的探索崛起为第一个世界知识（科学技术）中心和列强之一。意大利各海上城邦商业共和国，具有悠久的商贸传统，自然条件优越，即便在奥斯曼帝国封堵期间，仍然可以通过奥斯曼帝国在传统的丝绸之路上从事贸易活动。优越的商贸条件、希腊罗马传统、基督教中心和良好的地缘文化生态使意大利商贸发达，经济繁荣。意大利是商业革命的起源地，也是地缘商业中心。但是，受制于地缘文化生态中强势的天主教中心、东正教中心和穆斯林世界的威逼，受制于神圣罗马帝国、拜占庭帝国和奥斯曼帝国的威逼，意大利难以在军事、经济和殖民等方面再现罗马帝国的辉煌，虽然诺曼西西里王国一度试图建立"地中海帝国"，后世也曾试图建立意大利式的"第三罗马"。无论如何，意大利商业探险精神更多地表现为思想文化和组织制度方面的探索与创新而成为"世界知识中心"。一直到 17 世纪以后，欧洲民族国家兴起、基督教及其各支普遍地方化而天主教廷地位下降、神圣罗马帝国衰退并消亡，独立的意大利王国才打破平衡，成为欧洲和世界列强之一。

葡萄牙、西班牙和荷兰主要依靠全球范围的探险、贸易和广泛建立殖民地而崛起。1494年葡萄牙和西班牙为瓜分当时已知的世界，签订了《托德西利亚斯条约》（Treaty of Tordesillas）。该条约标志着正在崛起的大国为避免冲突而作出的制衡安排，还暗示着：作为维京海上商业文化变异体的欧洲各强势国家将把维京扩张的模式推向全球，包括在全球探险、劫掠全球、武力征服全球、建立全球贸易网络和殖民全球。

或许，与维京出发地毗邻的荷兰，位于西北欧河口地区，最能直观地反映现代大国承接维京商业文化的本质，相应地，荷兰崛起过程就是续写了维京再次扩张的过程。在荷兰已经崛起为全球大国时，荷兰实际上还不是一个主权独立的国家，但是，究其本质而言，荷兰是第一个现代民族国家——一个拥有共同利益和建立在共同利益基础上共同价值观的文化实体。到1433年，勃艮第公爵控制了西北欧低地一带，创建了勃艮第统治的尼德兰/荷兰（Burgundian Netherlands），区域包括现在荷兰、比利时、卢森堡和法兰西部分地区。西班牙天主教国王们采取强硬措施反对新教激起了"荷兰反叛"（Dutch revolt），即"八十年战争"（1568年—1648年）。战争的结果导致尼德兰分裂，操荷兰语、以新教为主而天主教为次的七个"北方联省"（United Provinces）摆脱西班牙统治，实际上建立了"荷兰共和国"，即现代荷兰。荷兰在摆脱西班牙统治之前，就已经崛起为当世大国——荷兰帝国了。"荷兰黄金时代"大体跨越了整个17世纪。期间，荷兰在贸易、科学、军事和艺术各领域为全世界所瞩目。荷兰崛起为首屈一指的海洋和经济大国被史学家称为"荷兰奇迹"。所谓"荷兰帝国"，更像一个企业集团，由荷兰特许公司，主要指荷兰西印度公司和荷兰东印度公司控制和管理的海外殖民地、飞地和贸易站点，后来由荷兰共和国（1581年—1795年）接手，

1830年以后纳入现代荷兰王国范围。

不列颠和法兰西跟随葡萄牙和西班牙海外扩张步伐,将欧洲范围的远交近攻延伸至全球范围,两国侧重于争夺和建立殖民统治,通过垄断贸易等重商主义政策先后崛起为五百年间第二个和第三个世界知识中心并成为具有全球投射力的大国。与葡萄牙、西班牙有所不同,尤其与荷兰不同,不列颠和法兰西更依靠与欧洲列强争夺殖民地和势力范围的零和博弈而崛起。

德意志崛起较为独特,主要不是直接依靠对欧洲以外地区的扩张,也不是直接依靠商业文化的传播,而是间接承接维京商业文化。通过宗教改革、"三十年战争"后民族国家实际形成之后,德意志王国和德意志帝国主要依靠高等教育、科学技术等思想文化领域的探险以及武士文化而崛起。德意志历史上与维京文化同出一源,且远远早于维京扩张建立神圣罗马帝国,又是阻挡维京在欧洲腹地扩张的主要力量。历史文化负担使德意志更多地执着于在欧洲地缘文化范围内试图崛起为真正的罗马帝国,一直到19世纪俾斯麦执政期间,对建立海外殖民地仍然犹豫不决,一度打算将非洲的殖民地转给英格兰。德意志帝国的海外扩张严重晚于其他欧洲强国,这不仅仅因为德意志帝国形成时间晚于其他欧洲列强,主要在于德意志的注意力集中于欧洲地缘文化范围内的争夺。德意志帝国形成前,德意志范围内单个国家已经在此前数个世纪尝试殖民统治,包括汉莎同盟共和国汉堡和不莱梅在非洲和大洋洲通过与部落首领签订购买条约建立殖民地、17世纪后期至18世纪早期勃兰登堡-普鲁士在加勒比地区建立"小威尼斯"和在西非建立"黄金海岸"等。德意志帝国大规模海外殖民活动开始于1884年"瓜分/争夺非洲"(Scramble for Africa)浪潮中。德意志在瓜分非洲浪潮中设法将还未瓜分完毕的殖民地据为己有,紧随不列颠和法兰西之后,建立起当时世界规模第三的殖民帝国,主要包括德意志西非、西南非洲、喀麦隆和东非。这些殖民地随着第一次世界大战德意志战败而被其他列强重新瓜分。

地缘文化决定了俄罗斯崛起主要依靠探险、武士和殖民扩张模式，而较少贸易模式。通过扩张，偏远公国莫斯科罗斯崛起为俄罗斯帝国。从1721年"北方大战"结束至1917年二月革命为止，俄罗斯帝国横跨三个大陆，成为世界历史上仅次于不列颠和蒙古帝国的陆地大国。19世纪初，俄罗斯帝国背靠北冰洋，南抵黑海，西起波罗的海，东至太平洋，并一度在1867年之前越过阿拉斯加至北美的西海岸。1897年人口统计，俄罗斯有1.25亿人口，仅次于中国和印度。在特定意义上，苏联是俄罗斯帝国对立演化的变异体。16世纪，莫斯科罗斯将东正教中心转移至莫斯科，断然拒绝天主教廷试图和解并统一两大教派的努力。17世纪，彼得俄罗斯更将东正教会完全置于沙皇政府的绝对控制之下。19世纪的欧洲社会主义运动于20世纪在俄罗斯开花结果，苏联俄罗斯的财富被剥夺者——无产阶级，否认有神论、废除贵族等级、剥夺财富占有者即资产阶级，取消商业文化模式——"商业革命"在20世纪的苏联以及仿照苏联模式建立的社会主义国家走到了"商业革命"的反面，商业文化变成了革命对象。半个世纪的"冷战"则是商业文化追逐财富集中导致社会阶层两极严重分化而引发对立阶级在全世界范围的激烈对峙时期——在欧洲文化生态和全球文化生态商业化千年进程中，社会主义运动是商业文化变迁过程中的异化表现。

从不列颠民族国家/维京海上商业文化变异体分裂/独立出来的美国是维京文化在北美大陆的再变异体。而作为维京文化新的再变异体，白人盎格鲁-萨克森新教徒（WASP）不断复制自己的新结构，遵循着向着阻力最小方向运行的规律，即包括成本最小化在内的利益最大化原则，在所谓"天定命运"（manifest destiny）理念驱使下，综合运用维京文化五个亚模式——探险、劫掠、武士、贸易和殖民，将美国领土从北美大西洋沿岸一路推向太平洋沿岸，迅速倍增。与此同时，人口规模也呈现出阶段性的增长态势。1790年人口仅四百万，1810年超过七百万，1860年3 200万，1900年达7 600

万，1940年已过1.3亿万，至2015年则超过3.2亿万。较之领土扩大和人口增长，美国的经济发展甚至更显著。作为维京商业文化再变异体，一部美国的发迹史，如同一个商业实体，生成的前提是欧洲移民对北美大陆原住民即所谓"印第安人"土地的剥夺，而第一桶金则是殖民者包括自由民和奴隶主对成本极低的奴隶的使用。

细言之，欧洲维京商业文化变异主导着美国崛起为全球大国。与维京扩张建立殖民国家而再生维京变异体一样，欧洲维京变异体在北美扩张也建立了美利坚合众国而再生出北美维京再变异体。与欧洲维京变异体与殖民地文化融合并依附基督教从而进入欧洲文化生态缠绕制衡状态不一样，维京北美再变异体不是与北美本土文化融合再生，而是各分散的维京变异体在共同的扩张需求、商业利益一致的基础上结成同盟关系并通过一套制度体系彼此制衡，避免彼此冲突、防止任何单一维度或单一实体利益的最大化却保障了结盟整体利益的最大化。美国建国后继续扩张，无论是直接抢夺、军事征服、商业赎买还是继续探险，始终维系着结盟各国（State 通译为"州"，实指自治政治实体"国"，而 the United States 通译为"合众国"较为妥帖）之间制衡关系。即便出现唯一一次内战，结果也不是北方征服南方，而是南、北双方均划分为更多的政治实体结成统一的同盟关系。所以，在本质上，美国文化如同维京文化一样，没有核心，没有凝聚力，只有认同同盟各方利益和认同同盟制衡关系的共同利益及建立在共同利益基础上的共同价值观，即民族国家（nation-state）。美国崛起进程是一部商业集团扩张历史，驱逐并杀戮北美本土居民抢夺土地、利用欧洲列强博弈态势从法兰西、俄罗斯购买殖民地，迫使墨西哥出卖土地，从西班牙手中争夺殖民地，在第一次和第二次世界大战中谋取高额利益。简言之，美国完全秉承维京商业文化本质，充分、综合运用维京五个亚文化模式，通过零和博弈，步步为营地崛起为当世全球大国，并通过"冷战"强化了全球大国地位，成为狭义的、人类历史上唯一真正的全球大国还显现出摆脱全球大国"百年周期律"的趋势。在此进程中，还取得了至关重要的地位——世界知识中心，此为维京探险文化在知识领域希望取得、却从未取得的地位。换言之，美国文化具有内核，不是白人盎格鲁-萨克森新教徒（WASP），而是维京（Viking）；美国文化又确实没有内核，因为作为美国文化内核的维京文化本身就缺少内核。

（三）西方九国崛起进程中的文化生态制衡机制

公元纪年前后，罗马帝国衰退与欧亚"蛮族入侵"打破了罗马地缘文化生态相对平衡，欧洲地缘文化由此进入动态的、相对的制衡状态。4世纪后期，西罗马将传入罗马世界的基督教确立为国教，从而为混乱的欧洲确立了基本价值观和基本秩序。4世纪至6世纪，又一波次欧亚"异教蛮族"入侵使基督教欧洲世界再度失衡。以日耳曼部族为代表的"蛮族"文化、基督教文化和罗马文化三个维度依附共生并缠绕制衡的神圣罗马帝国、拜占庭帝国，即"第二罗马"以及后世数个"第三罗马"，特别是神圣罗马帝国以来延续到21世纪的欧洲联盟，一直试图建立超越国家、经济和宗教的、"欧洲人的欧洲"的、稳定和统一的欧洲文化实体。但是，总体而言，长达两千年的欧洲文化生态基本处于基督教及其分支、欧亚本土及移民蛮族国家和古希腊罗马传统文化三个维度依附共生和缠绕制衡状态。

欧洲文化制衡状态可以分为动态的、相对的三种状态：平衡态、失衡态和远离平衡态。三种制衡状态不仅是基督教、追逐财富的"异教蛮族"移民和以继承罗马传统自居的国家三个维度缠绕制衡关系的表现，而且也是基督教内部分裂和再分裂的派别之间彼此制衡、基督教与非基督教之间互相制衡、欧洲内部移民"蛮族"国家之间及其与欧洲外部国家之间错综复杂制衡关系的表现。欧洲文化生态内部各宗教派别实体、各封建国家政治实体和商业实体均处于依附共生关系当中，虽有沉浮，但是难以消亡，同时又处于缠绕制衡状态，同质化倾向导致任何实体均不能取得绝对优势、甚至难以取得比较优势。总之，在此文化生态中，任何国家的崛起必须突破缠绕制衡状态，失衡态和远离平衡态是大国崛起的先决条件。九国崛起就是在欧洲文化生态内部和地缘文化生态缠绕制衡关系三种平衡状态的转换过程中依次取得最高优势地位的过程。15世纪后期，欧洲地缘文化生态发生重大变化导致欧洲文化生态缠绕制衡状态随之发生相应的重大变化。

维京商业文化改变欧洲文化生态和全球文化生态两个范围的三维结构。宗教维度上，维京商业文化模式从维京扩张时期皈依基督教和依附基督教会构成依附共生关系，同时又与之缠绕制衡，不仅争夺教会权力而且为商业利益屡次突破教规大肆劫掠、基督教国家之间互相攻伐。封建等级维度上，维京商业文化模式以集中财富占为己有为目的，必然要求以财富的占有量为标准划分社会层次，即以经济等级（阶级）取代贵族等级并以此为基础建立民族国家取代家族国家，以资产阶级国家政权取代贵族政权。维京商业文化通过商业革命引发的"蝴蝶效应"转换了欧洲文化生态和全球文化生态中经济利益、宗教信仰和国家关系的三维结构。在此过程中，商业革命的渐变引发的突变表现为11世纪十字军东征、17世纪欧洲"三十年战争"和20世纪"第二次三十年战争"，即将两次世界大战作为一个过程看待。

16世纪初期前后，欧洲东南方，穆斯林奥斯曼帝国强势崛起，取得了从前阿拉伯帝国的地位，对包括俄罗斯在内的欧洲文化生态构成威逼之势。欧洲主要对外贸易通道被奥斯曼帝国封堵之后，欧洲西南部伊比利亚半岛历时数百年的"收复失地"运动却取得最终成功。在此地缘文化变动之后，葡萄牙、西班牙和荷兰一方面继续与欧洲天主教廷、神圣罗马帝国和法、英等列强保持缠绕制衡关系，另一方面又积极从大西洋寻找对外贸易通道。较之俄罗斯武士文化在东方军事征伐取得的重大进展不同，葡萄牙、西班牙和荷兰贸易文化在全球获得了突破性进展。16世纪和17世纪，葡萄牙、西班牙和荷兰三国的重心是海外贸易，在此意义上，三国已游离欧洲地缘文化生态之外，三国与欧洲文化生态的关系表现为远离平衡态，或者，至少是非平衡状态，否则，三个规模小国在欧洲文化生态范围之内难以崛起为全球大国。葡萄牙、西班牙和荷兰从殖民地小国或大国的附属国，一跃成为具有全球投射力的商贸大国，根本原因在于摆脱了欧洲文化生态缠绕制衡羁绊，率先走上了商业立国的道路，即开启了"现代化"进程。

不列颠和法兰西原本就是维京变异体强国，如同维京扩张初期维京在不列颠小规模劫掠成功而引发后续三百年的维京扩张一样，葡萄牙、西班牙和荷兰海外扩张的成功，也引发了不列颠和法兰西跟进扩张。与葡萄牙、西班牙和荷兰规模小国以贸易模式为主崛起为全球经济大国不同，不列颠和法兰西本来就是欧洲文化强势缠绕制衡的主体。两国在维系欧洲制衡的同时也紧跟前三国的步伐按照维京扩张方式综合运用五种商业文化模式循着阻力最小的方向扩张。凭借广阔的海外殖民地、贸易垄断，同时将在欧洲强势制衡的军事势力用于与欧洲国家争夺殖民地所取得的优势，不列颠和法兰西先后超越前三国而依次崛起为全球大国。以商业化为支撑，两国还先后取得世界知识中心地位；反过来，两国将世界知识中心的科学和技术应用于商业化，又取得了两国在欧洲范围的比较优势和在世界范围的绝对优势。不列颠和法兰西跟随葡萄牙、西班牙和荷兰向海外扩张，使两国在欧洲文化生态关系中处于非平衡状态而上升，又依靠制衡力量争夺欧洲其他国家殖民地而强势崛起。

比较而言，德意志崛起始终处于欧洲文化生态缠绕制衡关系的平衡状态。日耳曼各部"入侵"并移民罗马帝国之后，作为德意志国家前身，无论9世纪或10世纪建立的神圣罗马帝国，始终是异教"蛮族"文化依附罗马文化和基督教文化的共生联合体，是整个欧洲文化生态制衡关系的主体力量。由于维京扩张和维京变异体的制衡，神圣罗马帝国在存续的八百年时期内始终没有象基督教完成欧洲基督化一样完成统一欧洲的使命，相反，商业革命进程逐渐瓦解了神圣罗马帝国。17世纪"三十年战争"之后，民族国家兴起标志着神圣罗马帝国名存实亡。作为民族国家的德意志，依靠欧洲商业化进程中的宗教改革和科学革命，取得了19世纪世界知识中心的地位，又依靠世界知识中心地位将科学技术应用到社会生产和生活方式当中，崛起为全球大国。德意志崛起为大国，主要不是依靠文化生态缠绕制衡关系的不平衡和远离平衡状态，而是依靠平衡状态。承接神圣罗马帝国，包括希特勒帝国时期和美苏主导的"冷战"时期，直至21世纪欧洲一体化进程，德意志始终是试图建立统一和平衡的欧洲文化生态的主体力量。

15世纪，东方蒙古帝国内部分裂，引发莫斯科罗斯反抗蒙古金帐汗统治。俄罗斯获得独立后，尽管承接基辅罗斯的关系与西方的欧洲各国继续保持缠绕制衡关系，但是，俄罗斯在阻力相对较小的南方、尤其在东方广袤的西伯利亚地区的扩张取得巨大进展。在此意义上，俄罗斯摆脱了欧洲缠绕制衡状态，与欧洲文化生态的关系呈现出非平衡状态，甚至出现了"东方化"倾向，如绝对君主制、政教合一等。至彼得俄罗斯时期，一个庞大且攻势凌厉的俄罗斯帝国已经赫然耸立在欧亚大陆上，实际上替代了蒙古帝国的地位。尽管在彼得大帝改革时期，为承接欧洲商业化和世俗化趋势，俄罗斯一度"西方化"，并一度强势到可以充当欧洲"宪兵"的角色，但是，直至19世纪，俄罗斯仍然只是强势、庞大而落后的封建军事大国，而不是商业化或"现代化"国家。欧洲商业化发展或"商业革命"引发"蝴蝶效应"，16、17和18世纪陆续发生宗教改革、科学革命、启蒙运动和工业革命，至十九世纪，社会主义运动兴起。社会主义运动没有在欧洲发生地取得成功，很大程度上可以归结于欧洲文化生态盘根错节"缠绕制衡"关系维持的平衡态。20世纪初期，社会主义运动在俄罗斯开花结果，文化生态方面的原因在于俄罗斯与欧洲文化生态处于非平衡态或远离平衡态，是所谓"薄弱环节"，扛住了"十四国干涉"。由此，以俄罗斯为主体的苏联才成为"现代化"大国，在第二次世界大战时期能够激烈对抗当时全球大国希特勒帝国、在"冷战"时期能与当世全球大国美国对峙并一度处于攻势地位。

美利坚合众国是远离欧洲文化生态制衡关系、完整复制维京海上商业文化的北美变异体。美利坚合众国再生和崛起为当世全球大国是欧洲商业文化摆脱欧洲宗教文化中心和封建文化中心制约后，各商业文化实体彼此依附共生与缠绕制衡的产物。从17世纪"五月花"小船的欧洲殖民者抵达北美大陆至18世纪独立战争前，北美大陆的欧洲殖民者与欧洲在全球的殖民者并没有明显差异。"第二次维京扩张"的商业逐利性主导了先期殖民者的价值取向，殖民者追逐利益的主要任务是征服被殖民者和大自然，与欧洲教会和封建国家并无实质性冲突，相反，殖民者扩张还得到欧洲教会和各自国家王室及贵族的支持和参与。16世纪欧洲宗教改革和17世纪欧洲"三十年战争"逐渐改变了北美殖民地文化结构，受宗教和政治迫害及追求宗教自由和政治理想的殖民者、逃避惩罚的刑事罪犯等反欧洲教会控制、反封建国家控制和反社会的殖民者陆续增加。这些反欧洲统治文化的移民在北美建立分散的居民点，因为远离欧洲政治中心和宗教中心而拥有实际的宗教自治权和政治自治权，无需欧洲那样的"宗教改革"和"政治革命"，但是，商业利益冲突导致了18世纪独立战争。共同的反征税（确切言之，反税制）需求促使不列颠十三个殖民地的殖民者联合起来反对本国政府的统治。欧洲文化生态依附共生思想主导了十三个殖民地互相联合，联合起来的十三个殖民地对外再联合法兰西王国制衡英格兰王国。独立战争后，欧洲商业文化思想和欧洲文化生态依附共生与缠绕制衡思想还主导了美利坚合众国的生成。商业文化"去中心化"思想使美利坚合众国避免了政治集权而是选择分权制衡、避免单一宗教或教派中心权威而选择宗教自由和政教分离，据此保障各自的利益和共同的利益。

美国之所以能够一步步崛起，根源是移植完整的维京商业文化，而移植后能够成长壮大则在于美国建国后始终置身于欧洲/西方文化生态的边缘，处于不平衡状态、甚至远离平衡状态。进一步说，很大程度上美国摆脱的是被动制衡状态而处于主动制衡状态。盛行的观点认为，美国文化有核心，以白人盎格鲁-萨克逊新教（WASP）为核心，或者，美国文化具有"熔炉"功能，可以融化一切外来文化，并认为美国崛起得益于新教（勤勉品质等）和资本主义精神（开拓进取的企业家或创业精神）等，要么是种族主义偏见、要么是孤立封闭的观察和分析美国内部现象得出的结论。若是，WASP在欧洲本土建立的大国为什么会衰落？WASP在全球其他各地的殖民地为什么没有崛起、也没有"熔化"各地的本土和外来文化？新教和资本主义遍布全球各地，那些地方为什么没有崛起？若抛开维京商业文化本质、若离开欧洲文化生态制衡关系，美国文化就无从谈起、更勿论美国崛起。

（四）在"商业革命"进程中九国崛起的商业化/现代化价值取向

商业文化属性是区分"现代"大国与非"现代"大国的标准。西方现代九个大国与同时期阿拉伯帝国、蒙古帝国和奥斯曼帝国的差异均在于此。在西方大国崛起期间，阿拉伯帝国航海发达、商贸繁荣程度远超同期包括维京文化在内的整个欧洲，蒙古帝国在世界史上空前强大，奥斯曼帝国更是数百年间直接压迫整个欧洲、迫使欧洲另外开辟国际贸易商道又同时阻挡俄罗斯难以向南方扩张。但是，后者三国均属于自然经济时代强势帝国，以武力兼并崛起、以宗教价值观立国，财富集中方式和所有者均与前者九国不同。九国在崛起为全球大国进程中及之后，均以追求财富集中及以财富为基础的荣誉地位作为一国最基本的价值观即形成普遍的商业文化。世俗化（指宗教自由和政教分离）、市场化及相应的社会流动（阶级地位变化）和人口流动（国内流动和国际流动）是商业文化的特征和反映。其中，苏联时期的俄罗斯是特例：超越商业文化。

　　商业革命是维京文化弥散的必然结果。维京商业文化通过维京扩张和十字军运动弥散到欧洲文化生态的基督教文化、罗马文化及罗马文化边缘的部落文化之中。维京文化植入到基督教和王权国家依附共生与缠绕制衡的欧洲文化生态，与欧洲原有商业文化成分耦合，尤以汉莎同盟贸易范围和意大利城邦商业自治共和国最为明显。通过欧洲河流与沿海的贸易网络，维京商业文化嵌入欧洲各地。在维京扩张与十字军运动时期，维京商业文化在与封建等级文化、与基督教文化依附共生和缠绕制衡的博弈过程中，不断得到复制，弥散到欧洲文化生态中并再生出强势维京文化变异体，形成了欧洲商业革命的社会基础。以欧洲文化生态系统中正在崛起的维京海上商业文化为基础，商业革命于11世纪启动，止于18世纪中期，为工业革命所取代，确切言之，工业革命和19世纪的第二次工业革命以及20世纪的信息革命，都是承接了维京文化启动的商业革命。

　　商业革命以维京诺曼征服意大利半岛及周边海上城邦共和国为发生地、以十字军运动初期为起点。诺曼武士在意大利半岛南部建立的封建国家和西西里王国，实行鼓励商贸和宗教宽容政策，与意大利海上商业自治城邦共和国的商业氛围契合，又与地中海地区不同宗教、不同文化之间进行交流创造了良好条件。商业革命以文艺复兴运动为先导，而文艺复兴运动又以商业文化为社会基础才能产生和传播，否则，很难想象，在基督教会严密控制和封建等级森严的欧洲社会，文艺复兴思想怎么能产生、又怎么能广泛传播？以维京武士为主力的十字军运动，冲击了拜占庭东正教和罗马天主教，商贸活动得到维京各地变异体的新兴国家统治者的支持。欧洲主要的海外贸易通道（丝绸之路等）被奥斯曼帝国封堵（或提高贸易成本）之后，通过"地理大发现"开辟和建立新的国际贸易网络。欧洲新兴国家为寻找新财源，迅速跟进，实行重商主义和殖民主义政策。在此情形下，罗马天主教廷放开了不得以钱直接赚钱（如银行等商业借贷）的禁令，罗马教廷还允许甚至号召教徒征讨非基督教世界（异教和蛮族），为商业革命开启了方便之门，同时也打开了殖民主义及其关联的军国主义、扩张主义和帝国主义的大门，大屠杀、种族清洗和文化灭绝也由此取得了合法性。由此可见，欧洲封建国家和基督教会均加入到商业革命的进程之中。

欧洲商业革命的兴起。11世纪至13世纪，地中海地缘文化冲突加剧，天主教十字军武装援助东正教拜占庭帝国抵抗并反击伊斯兰教对拜占庭帝国的攻击，罗马天主教廷与欧洲各地新兴国家争夺"主教叙任权"之时，意大利海上商业城邦自治共和国应运而生，米兰、威尼斯、佛罗伦萨、热那亚、博洛尼亚、维罗那和卢卡在动荡不安的欧洲地缘文化生态中却呈现蓬勃发展态势，居民人口增长、商贸繁荣。14世纪至15世纪，北欧汉莎同盟突破国家和行业界限，推动农业、手工业和贸易迅速发展。战乱不已的西欧还成就了英格兰的工业制造，羊毛生产一度超过意大利商业城邦。在商业实践发展过程中，包括海上城邦共和国、商业自治城镇等新型商业组织和社会结构在地中海地区、波罗的海和北海地区开始出现。欧、亚、非各地艺术家和知识分子汇集到商业中心，与封建文化、宗教文化对立而反映商业文化的文艺复兴运动也从意大利出发，在全欧洲蔓延。伴随欧洲海外扩张和国际贸易迅猛发展带来的财富激增，欧洲商业革命所需要的包括金银币和金银块受到奥斯曼帝国封堵而严重短缺，城镇化和黑死病大幅削减了欧洲人口带来劳动力成本的上升，冲击了贵族庄园主的地位，而商人阶层和欧洲内外战争推动的武士阶层不断崛起。各国王室和贵族也加入到商业革命运动中，银行业、保险业、股票公司及交易和风险管理等新型机构组织将全欧洲人都卷入到商业革命的浪潮中。法兰西《海上条令》（*Ordinance of Marine*）和英格兰《航海条例》（*Navigation Acts*）奠定了海洋法和国际贸易法基础。欧洲各国在商业革命过程中实行贸易垄断、殖民统治和重商主义政策（后期改为实行自由贸易政策）极大地增强了欧洲各国实力。

商业革命引发连锁反应。在与教会势力和封建势力缠绕制衡的博弈过程中，维京文化商业属性泛化导致"商业革命"，进而在欧洲文化生态中引发一连串变动，产生"蝴蝶效应"，引领欧洲率先走上商业化/现代化进程，创造了"欧洲奇迹"和西方文明兴盛。商业革命引发的连锁反应包括：文艺复兴运动、宗教改革、民族国家产生、启蒙运动、工业革命及二次工业革命、科学革命、政治革命、政教分离，乃至信息革命。而欧洲的现代化进程又反向导致欧洲社会结构重组、社会分化加剧和社会流动加速。欧洲文化生态通过商业革命的渐变和突变，由罗马文化和基督教文化占据统治地位逐渐转变为商业文化占据主导地位。

九国在商业革命的进程中通过商业化而崛起为全球大国。西方九国崛起进程的先后顺序与各国商业化进程顺序大体上保持一致。意大利凭借商业地缘优势和海上城邦商业共和国，首开商业化富国风气；葡萄牙、西班牙和荷兰利用欧洲地缘文化生态的变动和自身地缘文化优势，通过贸易这一最直接的商业模式率先实现商业化而最先崛起；不列颠、法兰西随后跟进，从封建强国崛起为商业化全球大国；俄罗斯和德意志受制于宗教价值观和古罗马价值观，后发崛起；美利坚则是欧洲维京海上商业文化模型移植到北美大陆殖民地的完整变异体。

商业革命的商业化取向主导了欧洲、西方和全球文化生态演化进程。以文艺复兴运动精神指引，经过16世纪新教运动（宗教改革），截至十七世纪欧洲以宗教名义而进行的大规模"三十年战争"结束，商业革命在欧洲文化生态中完成了商业文化以依附宗教文化和封建文化为主过渡到以商业文化缠绕制衡宗教文化和封建文化的历史任务。以共同的经济利益和共同价值观为基础建立的各自独立的民族国家（nation-state）纷纷建立，取代以宗教普世价值观为名的、封建家族统治的个人国家。此后，经过18世纪启蒙运动、科学革命并为工业革命所支撑,欧洲/西方政治革命为商业革命作出了总结。以 18 世纪法兰西政治革命为标志,以财富占有者即资产阶级主导欧洲各国、欧洲文化生态和全球文化生态的时代已经来临。科学革命中的宗教自由和政教分离政治学说,将宗教置于维系社会基本规范的地位,以避免失范或回到史前蒙昧时期的"丛林社会"。狭义的欧洲商业革命历时七百年、广义的全球商业革命历时千年且还在持续进行中。换言之,商业文化已经主导了欧洲文化生态并通过欧洲扩张进而主导了西方文化生态和全球文化生态。

(五)九国崛起与全球文化生态"膨胀与腐蚀"机制

九国依次崛起的进程也是这些全球大国主导全球文化生态"膨胀与腐蚀"的过程,表现为三个维度:第一、欧洲文明西方化、西方文明全球化的膨胀,相应地,全球多元文明的"腐蚀"、萎缩与灭绝。欧洲文明膨胀为西方文明辐射全球文化生态,以至于出现当前全球文明单一化(global civilization)趋势与全球文明多元化(global civilizations)趋势之争,且能够制衡西方文明普世化趋势的主要力量是西方文明内部多元化趋势,而不是非西方文明。第二、基督教在全球传播,相应地,其他宗教和无神论的"腐蚀"、萎缩与消失。

基督教伴随欧化与西方化而传播,即便在科学昌明的 21 世纪,其信众的绝对数量和相对数量仍然前所未有,且承担着为包括但不限于西方世界提供最基本社会规范的使命。与此同时,各种宗教在 21 世纪普遍"复活",特别是各种宗教原教旨主义的产生又是对强势西方文明和强势基督教世界挤压非西方文明和非基督教文明诱发的反叛。第三、全球大国的陆续崛起,其投射力不断增强,大国影响力不断"膨胀",非大国与弱国的地位和实力处于边缘化、被挤压状态,因而被"腐蚀"。无论是殖民主义时代还是当前大国主导的全球治理制度安排,集中财富的商业属性都一样,因为强势文化(文明）实体、政治实体和经济实体与弱势文化、政治和经济实体彼此依附,强势依附弱势而成为中心,弱势依附强势而被边缘化。此为大国崛起的文化生态"膨胀与腐蚀"机制。